毛泽东思想纵横观

郑德荣 王占仁 著

人民出版社

目　录

总　论　篇

体　系　篇

内　容　篇

自　序

　　毛泽东思想是马克思主义中国化第一次历史性飞跃的重大理论成果。中国共产党在毛泽东思想指引下,率领全国各族人民在艰苦奋斗中开辟了中国特色革命道路,夺取了新民主主义革命和社会主义革命的伟大胜利,建立了新中国,确立了社会主义制度,开启了中国历史伟大新纪元。中国由半殖民地半封建社会经短暂的新民主主义社会过渡到社会主义社会,发生了广泛而深刻的历史性社会变革。在社会主义建设征程中,经几个五年计划,初步建立了独立的比较完整的国民经济体系和工业体系,彻底根除了旧中国半殖民地半封建经济畸形的劣迹。在长期的革命斗争中,中国共产党用马克思列宁主义、毛泽东思想哺育培养了几代共产党人和广大干部群众,毛泽东思想深入人心,成为中国共产党人和中国人民的宝贵精神财富与行动指针。这一切都为中国由一个落后的农业国迈向社会主义现代化国家创造了根本政治前提,提供了制度保障,奠定了物质基础。

　　马克思主义认为事物发展的具体道路是曲折的,事物的发展是螺旋式的上升运动,波浪式的前进。毛泽东晚年犯了“文化大革命”那样的严重错误,相当一部分人动摇了对毛泽东思想的信仰,甚至质疑否定,党内思想一度出现混乱。在中国陷入危难的历史关头,邓小平高瞻远瞩,深谋远虑,以党和国家利益为重,以高超的政治智慧,旗帜鲜明地高举毛泽东思想伟大旗帜,坚持毛泽东思想科学体系和立场、观点、方法,支持真理标准大讨论,反对“两个凡是”,主持制订了《关于建国以来党的若干历史问题的决议》,以历史唯物主义观点对毛泽东历史地位和毛泽东思想作出实事求是的公正评价,统一全党思想。党的十一届三中全会实现了伟大的历史转折,开辟了中国特色社会主义道路。改革开放三十多年以来,邓小平、江泽民、胡锦涛、习近平历届党中央领导人始终坚持马列主义毛泽东思想作为党的指导思想,充分肯定以毛泽东为核心的第一代中央领导集体对中国革命作出的历史性贡献,并且一再阐明邓小平理论、"三个代表"重要思想和科学发展观是与马列主义毛泽东思想一脉相承与时俱进的最新理论成果。值得警惕和令人深思的是,改革开放以来,社会上对毛泽东思想总有一些噪音杂音时起时伏,其中除少数别有用心者外,大多属于认识问题。党的十八大报告有关论述再一次宣告种种谣传的破产。胡锦涛在十八大报告中明确指出:"总结十年奋斗历程,最重要的就是我们坚持以马克思列宁主义、毛泽东思想、邓小平理论、'三个代表'重要思想为指导,勇于推进实践基础上的理论创新,围绕坚持和发展中国特色社会主义提出一系列紧密相连、相互贯通的新思想、新观点、新论断,形成和贯彻了科学发展观。"

　　中国共产党九十多年风雨兼程艰苦奋斗的正反两方面历史经验表明:马克思列宁主义指导中国革命的真谛在于用中国化的马克思主义指导中国革命和建设。毛泽东是马克思主义中国化的开创者,是他在党内盛行把马克思主义教条化、共产国际决议神圣化、苏联经验绝对化的政治气氛中,以马克思主义的创新精神和政治勇气,吹响了"反对本本主义"的号角,进而首次提出马克思主义中国化的崭新命题,而且身体力行,成为马克思主义中国化的光辉典范,创立了毛泽东思想。毛泽东思想成为中国共产党领导中国革命和建设胜利的伟大旗帜,成为中国各族人民团结奋斗、中华民族伟大复兴的光辉旗帜。

　　毛泽东思想的历史地位最集中地体现在毛泽东思想成为党的指导思想。毛泽东思想伟大实践集中体现为开辟了中国特色革命道路,建立新中国,确立了社会主义制度和建立了独立的比较完整的工业体系和国民经济体系。作为马克思主义与中国实际相结合第一次历史性飞跃的伟大理论成果的,毛泽东思想是中国特色社会主义理论体系的思想渊源和思想先导。它与后者是分别属于马克思主义中国化历史进程中的不同历史范畴的两大理论成果,二者所处的历史时期、面临的历史任务和解决的主要问题是不同的,但两者是一脉相承、与时俱进的关系。

毛泽东思想形成发展历史轨迹。毛泽东思想萌芽于第一次大革命时期,其主要标志是新民主主义革命基本思想的初步提出。诞生于从大革命失败到土地革命战争兴起的历史性转变时期,其主要标志是农村包围城市道路理论。形成于第五次反"围剿"战争的失败到抗日战争兴起的历史性转变时期,主要标志是实践论矛盾论的哲学思想、政治策略思想以及战争和战略问题。成熟于抗日战争进入相持阶段到延安整风运动,主要标志是新民主主义革命理论和中国革命三大法宝的高度的精辟总结。发展于社会主义革命和建设时期,主要标志是社会主义改造理论、社会主义社会基本矛盾和两类矛盾学说、中国式工业化道路和四个现代化思想。毛泽东思想形成和发展的过程就是马列主义与中国实际相结合的过程。毛泽东思想的形成发展过程中遇到了三次阻挠、扭曲和攻击。一次是20世纪20年代末和30年代初"左"倾教条主义。一次是"文化大革命"期间林彪、江青反革命集团阉割毛泽东思想的精神实质。一次是80年代后期资产阶级自由化思潮。

毛泽东思想是一个完整的科学体系。毛泽东思想科学体系的形成具有客观必然性。这是由于中国革命斗争的长期性、曲折性和复杂性,中国革命面临着世界上其他国家都未曾遇到过的一系列全新的问题,毛泽东用马克思主义立场观点方法给予回答的结果,是由于中国革命斗争经验极其丰富,毛泽东给予科学的总结进行高度理论概括的结果。毛泽东本人并没有论述它的体系,邓小平提出毛泽东思想是个体系,并要求理论工作者要下大工夫进行研究。对毛泽东思想科学体系的概括基本上可以分为四种:一是按照马克思主义三个组成部分的学科体系,即哲学、政治经济学、科学社会主义;二是按照政治、经济、文化、军事、党建、国际关系和外交思想等各条战线各个领域;三是按照中国革命基本问题基本理论;四是进行结构性立体分析。所谓结构性立体分析系指各个理论在整个体系中的地位、作用及其相互关系,这是体系的更高层次的分析,有立体感,便于人们深刻理解和把握。毛泽东思想基本内容总体上是由一系列基本理论构成,可分为精髓、主体和基本理论三个层次。精髓就是灵魂:灵魂贯穿于毛泽东思想科学体系始终,即:实事求是、独立自主、群众路线。其主体思想分别回答各个历史时期的主题,概念大范畴广,民主革命时期是新民主主义革命理论,社会主义革命时期是社会主义改造理论,社会主义建设时期是社会主义建设理论。基本理论可以从不同的角度进行概括,笔者按照人们通常的逻辑思维习惯大致划分。按此逻辑,笔者认为毛泽东思想科学体系的总体结构无论按照哪一种方法归纳,都是以基本理论为其基本单位。毛泽东思想体系具有鲜明的特点。一是全面性与完整性;二是独创性;三是实践性与开放性;四是多视角多层次。

　　毛泽东思想内容极为丰富。《毛泽东思想纵横观》只能是以其主体思想为主,阐述其基本思想。一是新民主主义革命理论;二是中国革命三大法宝;三是社会主义改造理论;四是社会主义建设理论。既然毛泽东思想是马克思主义中国化的理论成果,就应着重笔墨强调毛泽东思想理论基础是马克思列宁主义以及其理论价值和实践意义。其基本内容也只是强调基本点,不做展开。

　　上述是笔者多年来潜心研究的心得,也是《毛泽东思想纵横观》的基本要义。供读者和学界参考。

郑德荣

2013 年 4 月 15 日

总　论　篇

第一章 毛泽东是马克思主义中国化的奠基人

　　20 世纪的中国发生了几千年未曾有过的深刻巨大的历史性变化。中华民族由受帝国主义压迫凌辱走上独立和振兴之路；中国由沉沦到崛起，由贫穷落后的农业国走向富强的现代化工业国；中国人民由贫困走向小康。究其原因，乃是由于中国各族人民在中国共产党领导下经过长期的艰苦斗争，把马克思主义同中国实际相结合，走自己的路，经过农村包围城市，武装夺取全国政权，推翻三座大山，建立人民民主专政的国家政权，完成三大改造确立社会主义制度，走上建设有中国特色的社会主义道路。毛泽东是伟大的马克思主义理论家。他创造性地提出了马克思主义中国化这一关系中国共产党和中华民族历史命运的重大时代课题，创立了马克思主义与中国实际相结合产生的伟大理论成果——毛泽东思想，开创了中国特色革命道路，开辟了伟大历史新纪元。毛泽东不仅是马克思主义中国化的倡导者和奠基人，而且身体力行，成为马克思主义中国化的巨匠和典范。他坚持实事求是，深入实际调查研究，用马克思主义解决中国革命的实际问题，提出了一系列符合中国实际的理论原则，形成了新民主主义革命理论，创立了毛泽东思想，实现了马克思主义与中国革命实际相结合的第一次历史性飞跃。

一、马克思主义指导中国革命和建设的
真谛在于使马克思主义中国化

　　马克思主义是无产阶级的科学世界观和方法论,是指导世界无产阶级和被压迫民族解放斗争的思想武器。这个 19 世纪中叶产生于欧洲的"幽灵"迅猛勃兴,成为风靡全球同资产阶级民主主义相较量的世界潮流。如今,虽然国际共产主义运动陷入低谷,但是马克思主义这面旗帜仍然在中国和其他一些国家高高飘扬,表明它具有顽强的生命力。它是发展的科学。一个半世纪以来,它始终严格地以客观事实为依据,总是随着时代前进而前进,随着实践发展而发展。各国无产阶级和劳动人民直接斗争的舞台就是本国,为了使社会主义由空想变为现实,就首先必须把它置于现实的基础之上。列宁在全俄东部各民族共产党组织第一次全国代表大会上也指出,一切被压迫民族都将走向社会主义,但走法并不完全相同。马克思主义是一个博大精深的科学理论体系。它的诞生,实现了唯物史观与自然观、唯物主义与辩证法的完美统一,揭开了资本主义剥削的秘密,结束了人类被压迫阶级对未来社会主义和世界大同限于憧憬梦幻的阶段,完成了从空想社会主义到科学社会主义的飞跃。因而成为无产阶级、被压迫民族和人民解放的思想武器。马克思主义学说的基本特征是:理论与实践的统一、科学性与革命性的统一,是不断发展的科学。"马克思主义的最本质的东西,马克思主义的活的灵魂,就在于具体地分析具体的情况。"[①]这一科学理论对人类社会的主要贡献,并不在于对一切问题提供现成的答案,也不可能如此,而在于给予了科学的世界观和方法论。离开具体的时间、地点和条件,机械地搬用马克思主义本本,阉割它的活的灵魂,恰恰扼杀了它的生命力。马克思主义理论的固有属性,要求必须与客观实际相结合,并

---

　　① 《毛泽东选集》第一卷,人民出版社 1991 年版,第 187 页。

在实践斗争中不断丰富与发展。否则,反而会成为桎梏人们头脑的教条。

中国共产党是在马克思主义的指导、列宁的关怀和共产国际的帮助下建立的。因此,在党的思想政治建设上,主要问题不是要不要以马克思主义为指导,而是怎样对待马克思主义,要不要、能不能把马克思主义中国化的问题。在这个根本问题上,中国共产党内部产生过原则分歧和复杂的斗争。党内曾盛行过照搬照抄马克思主义经典著作的词句和结论,把共产国际决议和苏联经验神圣化、教条化的错误倾向,给中国革命造成很大危害。

中国共产党是马克思主义的政党,马克思主义指导中国革命和建设的真谛在于使马克思主义中国化。这是由两个方面的基本因素所要求和决定的。一方面是马克思主义本身的固有属性和特点。马克思主义不是僵化的教条,而是行动的指南,是世界无产阶级和被压迫民族解放斗争的思想武器,是与实践紧密结合并在斗争中不断发展的科学,与时俱进是其独具特色的理论品格。马克思、恩格斯早在 1872 年为《共产党宣言》(以下简称《宣言》)德文版写的序言中,就告诫各国共产党人,对这些基本原理的实际运用正如《宣言》所指出的,要随时随地以当时的历史条件为转移。马克思主义所具有的这一独特理论品格,正是它诞生一个半世纪后仍有顽强的生命力,赢得中国共产党人坚定信仰的根本原因;另一方面是中国的特殊国情。中国的共产主义运动不是发生在马克思所构想的发达的资本主义国家,也不是发生在资本主义不够发达的俄国,而是发生在一个以农民为主体的,经济文化十分落后的,受若干帝国主义宰割的政治经济发展很不平衡的半殖民地半封建社会。这个社会的经济结构既多样又落后,阶级结构既复杂又有自己的特点,民族资产阶级力量弱小,具有两面性,同工人阶级既有剥削与被剥削的矛盾又有反帝反封建的一致性。社会的主要矛盾不是资产阶级同无产阶级的矛盾,而是帝国主义和中华民族、封建主义和人民大众的矛盾,两种矛盾相互交织,而尤以民族矛盾最为突出。在这种特殊国情下发动共产主义运动,显然在马克思主义本本中是无现成答案可找的。这就决定了必须把马克思主义基本原理同中国实际相结合,总结中国革命独创性历史经验,概括出符合中国实际的理论原则,也就是说用中国化了的马克思主义指导中国革命和建设。

中国共产党领导中国革命的正反两方面历史经验一再表明,什么时候马克思主义与中国革命的实践相结合得好,什么时候革命就取得胜利;否则,革命就会遭受挫折和失败。中国革命胜利发展的历史,实际上也是马克思主义基本原理同中国革命实际相结合,马克思主义中国化的历史。以教条主义为特征的王明"左"倾冒险主义给中国共产党和中国革命造成的危害及其沉痛历史教训,中国共产党人永志难忘。以王明为代表的"左"倾教条主义的领导者,何曾不渴望中国革命取得成功、社会主义早日实现? 何曾不自以为是马克思主义的忠诚战士? 他们不是自诩为是"百分之百的布尔什维克"吗? 然而,历史是无情的。由于他们盲目地推行共产国际以"第三时期"理论为依据而制定的"左"的进攻路线,对马克思主义进行教条主义的理解,给中国革命造成了难以估量的损失,有多少共产党人和革命群众成为"左"倾冒险主义的牺牲品! 血的教训唤醒了那些执迷于教条主义的受其俘虏的共产党人,使他们觉悟到只有坚持马克思主义与中国革命实践相结合,才能使中国革命走向胜利。遵义会议确立毛泽东的领导地位,有力地证明了这一历史经验。

二、马克思主义中国化科学命题的提出

中国共产党人对马克思主义中国化必然性的认识,曾经历了一个漫长而曲折的历程。在前进与倒退、胜利与挫折的分歧和斗争中,以血的代价换取了由不自觉到自觉、由少数人到多数人的逐步觉醒,而后取得全党的共识。在此曲折的斗争中,毛泽东率先觉醒、贡献卓著。

首先,毛泽东率先吹响反对"本本主义"的号角,向全党提出马克思主义中国化的历史任务,树立了马克思主义学风。

中国共产党诞生伊始,就高举马克思列宁主义旗帜,坚定不移地以马克思主义作为观察国家命运的工具,同敌人展开英勇斗争。尽管党内多次发生右的和"左"的错误,产生过路线分歧和斗争,然而对马克思主义的信念和指导作用始终未有动摇和质疑。中国共产党的思想政治建设,主要倾向是如何认识和对待马克思主义,是坚持马克思主义与中国革命实际相结合,是马克思主义中国化的问题。恰恰在这样一个根本性问题上党内产生过严重分歧与原则斗争:一种是"左"倾教条主义者,照搬照抄马克思主义经典著作的词句和个别结论,把共产国际决议神圣化、苏联经验绝对化。另一种是真正的马克思主义者,坚决主张把马克思主义基本原理与中国革命实际相结合使马克思主义中国化。20 世纪 20 年代后期和 30 年代初期,前一种倾向曾盛行一时,且占据统治地位。在中国共产党人探索以马克思主义指导中国革命的艰难历程中,觉醒最早、旗帜最鲜明的是毛泽东。

1930 年年初,当中国革命转入低潮,党陷入教条主义危机的关头,毛泽东以无产阶级革命家、战略家的胆略和马克思主义的理论勇气,顶住把共产国际决议和苏联经验神圣化、绝对化的强大压力,深入农村进行调查研究,首先举起"反对本本主义"的旗帜,同"左"倾教条主义展开斗争。毛泽东严厉尖锐地批评了"唯书"、"唯上"的思想,明确了什么是马克思主义,什么是本本主义。既坚持要学习运用马克思主义,又反对本本主义。首次划清了马克思主义同教条主义的界限,明确指出马克思主义的书必须读,但是必须同我国的实际情况相结合。他有针对性地提出了富有哲理的两句话:提出"没有调查就没有发言权"、"中国革命斗争的胜利要靠中国同志了解中国情况"的重要见地,这些论断闪烁着从中国实际出发,理论联系实际和独立自主的思想光芒,成为解放思想、使马克思主义中国化的理论先导。"反对本本主义"的号召,为中国共产党人摆脱来自共产国际和苏联的束缚、冲破党内教条主义的统治,提供了理论依据和精神支柱,是党内的一次马克思主义的思想启蒙和解放,指明了马克思主义中国化的航向,成为马克思主义中国化的奠基石和理论先导。

其次,发表《实践论》、《矛盾论》,从哲学上奠定了党的思想路线和马克思主义中国化的理论基础。

1937 年,在抗日战争爆发的严峻时刻,为了使中国共产党肩负起领导抗日战争的历史重任,为了贯彻执行抗日民族统一战线政策,开展以弱对强的抗日民族解放战争,为了从思想认识根源上清理理论与实践相割裂的主观主义,特别是囿于马克思主义本本和共产国际决议的教条主义,总结两次国内革命战争的历史经验,从哲学上揭示主观主义特别是教条主义的思想根源,制定和贯彻正确的路线和政策,动员和组织千百万群众和一切可以团结的力量参加伟大的抗日民族解放战争,毛泽东在红军大学讲授唯物主义与辩证法时作了以《实践论》和《矛盾论》为题的著名讲演。他着重用马克思主义的认识论和辩证法观点揭露党内教条主义和经验主义——特别是教条主义这些主观主义的错误。其中心思想是从马克思主义哲学高度,论证了理论与实践的辩证关系,强调实践在认识过程中的重要地位与作用,实践是人们认识的基本来源。"真理的标准只能是社会的实践。实践的观点是辩证唯物论的认识论之第一的和基本的观点。"[1]强调对立统一是唯物辩证法的基本法则,深刻阐述了矛盾普遍性与特殊性的关系,指出普遍性寓于特殊性中,具体问题具体分析是马克思主义活的灵魂。论证了共性和个性的统一,强调具体事物具体分析,把握矛盾特殊性的重要。依据马克思主义认识论和辩证法的观点,毛泽东深刻而尖锐地指出:"唯心论和机械唯物论,机会主义和冒险主义,都是以主观和客观相分裂,以认识和实践相脱离为特征的。"[2]因此,要求中国共产党人必须运用马克思主

---

[1]　《毛泽东选集》第一卷,人民出版社 1991 年版,第 284 页。
[2]　《毛泽东选集》第一卷,人民出版社 1991 年版,第 295 页。

义基本原理和方法,从中国特殊国情出发,总结中国革命独创性经验,找出中国革命的特殊规律,概括出符合实际的理论原则,使马克思主义具有中国特点。

《实践论》和《矛盾论》既为党的思想路线作出了哲学论证,也从哲学上为马克思主义中国化奠定了坚实的理论基础。它表明毛泽东对马克思主义中国化的认识达到了完全自觉的高度。1938 年 9 月,毛泽东在党的六届六中全会上明确提出了把马克思主义中国化的命题。这是他一贯坚持以马克思主义指导中国革命理论逻辑发展的必然。

最后,树立理论联系实际,实事求是的学风,开拓马克思主义中国化的新路子。

在抗日战争发生不久,1938 年 10 月,在以国共合作为基础的抗日民族统一战线旗帜下,抗日战争的烽火燃遍祖国大地。与此同时,来自共产国际的王明新投降主义,否认统一战线内部左、中、右的不同政治势力和阶级区别及抗日战争中国共两党两条抗战路线的分歧,无视人民群众力量,竟主张"一切经过统一战线",反对独立自主原则,把抗战胜利的希望寄托在国民党身上。毛泽东敏锐地洞察到这一新的动向,在党的六届六中全会上作《论新阶段》的报告时,毛泽东首次提出并精辟地阐释了马克思主义中国化的科学含义,适时地向全党明确提出马克思主义中国化的历史任务。他说:"使马克思主义在中国具体化,使之在其每一表现中带着必须有的中国的特性,即是说,按照中国的特点去应用它,成为全党亟待了解并亟须解决的问题。"①这里,毛泽东把运用马克思主义于中国革命实际,使马克思主义中国化问题,不仅视为一个学风问题,而且提到了关系党能否担负起领导抗日战争的历史重任,关系党和民族历史命运的高度。毛泽东对马克思主义中国化历史任务的提出,并非一般性的逻辑推理,而是对党内斗争历史经验的深刻总结,是从中国共产党成立近 20 年的历史经验中得出的至理名言。因为

---

① 《毛泽东选集》第二卷,人民出版社 1991 年版,第 534 页。

党内右的或"左"的错误,从认识根源上看,都是主观与客观、理论与实际相割裂的必然结果。

　　他着重强调全党要普遍地、深入地学习研究马克思主义理论,把马克思主义同中国具体实际相结合,反对教条主义。根据毛泽东的有关论述及其理论实践,中国特性的基本内容可以归纳为三个层面:一是从中国实际出发,认清中国社会性质,这是有的放矢地运用马克思主义基本原理的客观依据。二是总结中国革命的独创性经验,这是马克思主义中国化的实践基础。三是汲取中国传统文化的精华用民族形式表述,这是马克思主义中国化的文化底蕴。马克思主义中国化也就是使马克思主义的理论在中国具体化、民族化。翌年 12 月,毛泽东在中央政治局会议上听取准备陕甘宁边区文代会报告内容的介绍时说:马克思主义中国化问题,不能说马克思主义早已中国化了。马克思主义是普遍的东西,中国有特殊情况,不能一下子就完全中国化。马克思主义中国化的涵义应该如何理解?综合毛泽东的系列论述,马克思主义中国化的涵义可以归纳为以下三点:一是运用马克思主义的基本原理和它的立场、观点、方法。二是从理论内容上"使之在其每一表现中带着必须有的中国的特性"、"按照中国的特点去应用它"。这就是说,从中国特殊国情出发,并吸取中国革命历史经验和优秀文化思想的精华所概括出的理论原则。三是在语言形式上要以新鲜活泼的为中国老百姓喜闻乐见的中国作风、中国气派代替洋八股和教条主义,以民族语言形式来表述。

　　毛泽东这时把"马克思主义在中国具体化"提到议事日程,一方面固然是由于共产国际明确表态承认毛泽东在中国共产党中的领袖地位,为此提供了有利条件;更重要的直接动因还在于肃清教条主义的影响的确已成为紧迫的任务。遵义会议虽然结束了王明为代表的"左"倾教条主义的统治,但并未来得及进行思想理论上的清理。王明"左"右逢源,打着共产国际的旗号,空喊马克思主义口号,在党内俘虏了一部分人。这种情况,对于从中国革命实际出发,运用马克思主义原理制定和推行符合实际的正确路线是个思想障碍,不解决这个问题,中国共产党就不能担负起领导抗日战争的重任,中国共产党人把马克思主义中国化,曾引起共产国际的误解和指责。他们担心中共以乡村为中心,重视农民运动,远离工人阶级,不能够使党布尔什维克化,认为这是"狭隘的民族主义"、"民粹主义"。然而,以毛泽东为代表的中国共产党人,坚持独立自主的原则,坚持理论与实际相结合的原则,一改教条主义者以所谓"国际利益"实际是以苏联利益为出发点考虑问题的做法,立足于本国实际,将民族利益和中国革命利益放在首位,正确处理爱国主义与国际主义的关系,以此为基点制定和完善党的各项方针政策,在理论上、实践上进行了卓有成效的工作。

在抗日战争关键时刻毛泽东向全党明确提出马克思主义中国化的历史任务,有力地推动了马克思主义中国化的历史进程,为毛泽东思想在多方面展开而达到成熟,实现马克思主义与中国实际相结合的第一次历史性飞跃开创了新局面。

对待马克思主义,有一个学风问题。毛泽东树立理论联系实际、实事求是的学风,开拓马克思主义中国化的路子。1941 年开展的以反对主观主义特别是教条主义、整顿学风为主要内容的延安整风运动,为把马克思主义中国化提供了成功的经验。在延安整风时期,毛泽东强调:"学风问题是领导机关、全体干部、全体党员的思想方法问题,是我们对待马克思列宁主义的态度问题,是全党同志的工作态度问题"。在《改造我们的学风》和《整顿党的作风》报告中,毛泽东尖锐地批评了那种对国内各方面情况不作系统周密的调查研究,"闭塞眼睛捉麻雀","瞎子摸鱼",粗枝大叶,夸夸其谈的主观主义作风,明确指出必须理论联系实际,"有的放矢","中国共产党人只有在他们善于应用马克思列宁主义的立场、观点和方法,善于应用列宁斯大林关于中国革命的学说,进一步地从中国的历史实际和革命实际的认真研究中,在各方面作出合乎中国需要的理论性的创造,才叫做理论和实际相联系","马克思列宁主义之箭,必须用了去射中国革命之的。这个问题不讲明白,我们党的理论水平永远不会提高,中国革命也永远不会胜利"①。这就是"有的放矢"。毛泽东把理论联系实际,实事求是作为提高马列主义水平、关系革命成败的关键而加以强调,从而引起全党的高度重视。而那种轻视实践的教条主义却遭到众多人的反对,被人们所唾弃。从此,理论联系实际、实事求是成为中国共产党人的风尚。这里,毛泽东把树立马克思主义学风问题,提高到关系革命成败的高度而加以强调。历史经验证明,能不能坚持马克思主义学风,以科学的态度对待马克思主义,是理论上和政治上是否成熟的一个重要标志,是关系党的前途和社会主义命运的一个重大问题。延安整风,树立了马克思主义学风,为把马克思主义中国化提供了成功经验,开拓了新路子。

　　开拓马克思主义中国化的新路子,需要正确对待马克思主义。1943 年由毛泽东主持的中共中央政治局会议通过的《中国共产党中央委员会关于共产国际执委主席团提议解散共产国际的决定》中再次强调指出:中国共产党人是马克思列宁主义者。因为马克思列宁主义是科学,而科学是没有国界的。中国共产党人必须继续根据自己的国情,灵活地运用和发挥马克思列宁主义,以服务于我民族的抗战建国事业。中国共产党在延安整风运动中反对主观主义、宗派主义、党八股就是要使得马克思列宁主义这一革命科学更进一步地和中国革命实践、中国历史、中国文化深相结合起来,这一运动表现出中国共产党把思想和实践相结合,反对教条主义、有所创造的才能。在延安整风运动中,毛泽东尖锐地批评了主观主义作风,强调理论与实践相结合是马列主义的基本原则。他把理论联系实际、实事求是作为关系革命成败的关键加以强调,并把它作为党的思想原则确定下来。通过整风运动,党内存在的陋习得到改正,长期被扼杀的新鲜活泼的马克思主义学风,如枯木逢春获得新生,全党思想解放、精神振奋,推动了马克思主义中国化的历史进程。至此,马克思主义中国化由以毛泽东为代表的少数人的行为

---

① 《毛泽东选集》第三卷,人民出版社 1991 年版,第 820 页。

发展成为多数人的自觉行动。马克思主义与中国实际相结合的结晶——毛泽东思想,这一中国化的马克思主义,成为全党所共识,并由七大确定为党的指导思想载入史册。

马克思主义中国化是中国共产党实事求是和理论创新思想的集中反映,这个命题的提出为党的思想理论建设树起一座历史丰碑,对中国共产党和中华民族的历史命运产生深远影响。尽管"马克思主义中国化"这一崭新的命题和主张,曾被共产国际和苏联视为"狭隘的民族主义"、"民粹主义"而遭到责难和无理指责,但是毛泽东基于他高度的政治责任感和历史使命感,基于对马克思主义理论品格的深刻理解和对中国特殊国情的深刻理解与熟悉掌握,仍然坚定不移地把马克思主义与中国实际相结合,把马克思主义中国化事业推向前进。在中国抗日战争伊始的重要时刻,毛泽东向全党明确提出了把马克思主义中国化的历史任务,有力地推进了马克思主义中国化的历史进程,为毛泽东思想在多方面展开而达到成熟,实现马克思主义与中国实际相结合的第一次历史飞跃开创了新局面。

三、践行马克思主义中国化的光辉典范

毛泽东不仅是马克思主义中国化的倡导者和奠基人,而且身体力行,成为马克思主义中国化的巨匠和典范。列宁关于民族殖民地理论的重要思想是把帝国主义和无产阶级革命时代的各国民族划分为压迫民族和被压迫民族,据此提出两大具有战略意义的口号:一是全世界无产阶级同被压迫民族革命运动联合起来;二是被压迫民族的无产阶级同本国的资产阶级民主派联合起来,共同反对压迫民族的资产阶级——帝国主义。列宁还论述说:"任何民族运动都只能是资产阶级民主性质的,因为落后国家的主要居民群众是农民,而农民是资产阶级资本主义关系的体现者。认为无产阶级政党(如果它一般地说能够在这类国家里产生的话)不同农民运动发生一定的关系,不在实际上支

持农民运动,就能在这些落后国家里实行共产主义的策略和共产主义的政策,那就是空想。"①列宁还认为:"在先进国家无产阶级的帮助下,落后国家可以不经过资本主义发展阶段而过渡到苏维埃制度,然后经过一定的发展阶段过渡到共产主义。"②为此他对落后的东方殖民地半殖民地的共产党人说:"你们面临着全世界共产党人所没有遇到过的一个任务,就是你们必须以共产主义的一般理论和实践为依据,适应欧洲各国所没有的特殊条件,善于把这种理论和实践运用于主要群众是农民、需要解决的斗争任务不是反对资本而是反对中世纪残余这样的条件。"③毛泽东在投身革命,转而信仰马克思主义伊始,就坚定不移且独具风格,他十分注重理论与实践相结合,重视群众的实践斗争,认真考察中国国情,深入社会脚踏实地进行调查研究,从不拘泥于马克思主义本本的词句,不为共产国际决议和苏联模式所束缚,坚持实事求是,富于开拓勇于探索,这就使得毛泽东对中国国情了如指掌,其革命觉悟和理论水平不断提高,因而当革命转入低潮,很多人为此而感悲观、陷于困惑境地之时,他能够及早醒悟到对待马克思主义本本和共产国际决议不能教条式地照搬照抄,必须使之与中国革命实际相结合。并且在实践中逐步地在各个领域里自如地运用和发展马克思主义。在大革命失败的紧急关头,是他果敢地提出枪杆子里面出政权的真理。随之,当秋收起义军攻城受挫,便率部转向敌人统治薄弱的山区,开辟井冈山革命根据地。他鉴于中国社会政治经济发展不平衡和白色政权之间的分裂与战争,深刻地论证了在四周白色政权包围中,能够实行"工农武装割据","星星之火,可以燎原"。中国革命应走与十月革命先城市后农村的相反道路——农村包围城市武装夺取政权的理论;是他创立了把以贫苦农民为主要成分构成的中国工农红军,建设成新型的人民军队,让以贫苦农民为主要成分,基层组织长期生活在农村环境里的共产

---

① 《列宁选集》第4卷,人民出版社1995年版,第276页。
② 《列宁选集》第4卷,人民出版社1995年版,第279页。
③ 《列宁选集》第4卷,人民出版社1995年版,第79页。

党保持无产阶级先锋队性质的马克思主义建军原则和建党原则；是他高度灵活地运用马克思主义策略思想，创立了抗日民族统一战线的理论以及统一战线中的独立自主的原则和又团结又斗争的策略；是他灵活地运用历史唯物主义和辩证法创立了一系列中国革命战争的战略战术原则；是他把统一战线、武装斗争和党的建设总结为中国革命三大法宝，深刻地论述了三者的关系。毛泽东在民主革命时期，把马克思主义中国化的成果集中起来，创立了新民主主义革命理论。他解决了中国革命的方向和历史方位，开创了中国特色革命道路，实现了马克思主义与中国实际相结合的第一次历史性飞跃。标志着马克思主义与中国实际相结合的产物——毛泽东思想形成一个完整的理论体系，在各方面展开而达到成熟。

纵观马克思主义中国化的历程：毛泽东为此作出过历史性的贡献，也有晚年言行上的偏颇。邓小平拨正航向，树立新的历史丰碑。由此，人们不难发现马克思主义中国化及其曲折的根本性原因和经验，从而找到规律性问题。这对于正确认识深刻理解建设中国特色社会主义理论和不断丰富发展这一理论，有着重要的现实意义。

首先，解放思想，实事求是，反对教条主义，以唯物辩证法观点去认识马克思主义的基本特征和属性。毛泽东之所以能够成为马克思主义中国化的倡导和奠基人，是由于他在20世纪30年代初及40年代里，针对把马克思主义教条化的倾向，提出"反对本本主义"，清理轻视实践、把理论与实践相割裂的主观主义错误，正确认识和对待马克思主义。他指出："我们说马克思主义是对的，决不是因为马克思这个人是什么'先哲'，而是因为他的理论，在我们的实践中，在我们的斗争中，证明了是对的。我们的斗争需要马克思主义。"[1]所以学习马克思主义，不但要学习那些从实践中总结出来的"关于一般规律的结论"，也要学习"他们观察问题和解决问题的立场和方法，用来指导中国革

---

[1]　《毛泽东选集》第一卷，人民出版社1991年版，第111页。

命"。他本人就是坚持马克思主义基本原理与中国实际相结合,从中国特殊国情出发,总结中国革命独创性经验,提出一系列理论原则,着力于马克思主义中国化,把坚持和发展马克思主义结合起来的代表。遗憾的是他晚年也陷入主观主义的迷雾中。以王明为代表的"左"倾教条主义者可谓对马克思主义经典著作背得滚瓜烂熟,但是他们不是着力于理解和掌握马克思主义的精神实质,而是依据背诵马克思主义经典著作的词句,把本本视为圣经来指导革命。邓小平汲取了"文革"期间,林彪、"四人帮"歪曲马克思列宁主义、毛泽东思想,断章取义,阉割其精神实质的历史教训,极力倡导解放思想、实事求是,坚持实践是检验真理的标准,强调完整准确地掌握毛泽东思想体系,反对教条主义,把坚持与发展结合起来,从而才能在马克思主义中国化的进程中树立新的里程碑。

其次,正确认识中国的特殊国情,坚持一切从实际出发。国情是共产党人制定路线、政策的客观依据和出发点,也是以毛泽东为代表的中国共产党人坚持以马克思主义为指导、使马克思主义中国化的基本客观依据。毛泽东领导中国革命的一个重要特点就是重视了解国情,深入社会调查研究。在他的著作中,有相当篇幅论述中国特殊国情和调查研究而成的报告。他对中国特殊国情的了解和重视,是他能够把马克思主义与中国实际相结合,作出理论创造的一个基本条件。他晚年偏离了正确的航向,一个根本原因也在于脱离实际。邓小平所以能够拨正马克思主义中国化的航向,创造性地提出建设有中国特色社会主义的理论,为马克思主义中国化树立新的历史丰碑,一个根本原因和经验,也是由于他抓住了我国现阶段的特殊国情,考虑到我们的社会主义不是马克思主义经典作家当年构想的从发达资本主义过渡而来的社会主义,而是在一个生产力水平低下,以经济不发达的社会历史条件为起点的政治、经济、文化现状。从而才能对我国现阶段的历史方位作出科学的论断——社会主义初级阶段,并提出建设中国特色社会主义的理论。

再次,尊重群众实践,集中群众智慧。党在领导各族人民进行革命的斗争中,增强了对中国国情和社会实际的了解,提高了对中国革命基本问题的认识,积累了中国革命的经验。群众革命斗争的实践和集体智慧,构成实现马克思主义中国化的物质基础和精神财富。没有群众革命实践,漠视集体智慧,单凭个人钻研本本,冥思苦想,不可能把马克思主义中国化。深入群众调查研究,重视中国革命的实践经验,实质上就是尊重群众实践,集中集体智慧。马克思主义与中国革命实践相结合产生的两次历史性飞跃,正是毛泽东、邓小平等党的领导人在不同历史时期,尊重群众实践,集中集体智慧的丰硕成果。

最后,革命家的胆略和马克思主义的理论勇气。即使认识中国国情,正确对待群众的经验与智慧,也不等于就自然地能够把马克思主义中国化。还离不开主观条件,主要是要具备革命家的胆略和马克思主义理论家的勇气。解放思想,实事求是在不同的政治环境和背景下,会得到不同的社会效应。它是党所极力提倡的作风,然而,在把马克思主义教条化,把共产国际决议和苏联经验神圣化的年代里,往往把是否按照“本本”办事当作衡量是非、判断是否是马克思主义者的标准。毛泽东则冲破教条主义的禁锢,大胆提出反对“本本主义”,强调没有调查就没有发言权,指出了与俄国革命相反的以农村包围城市的道路。在把毛泽东偶像化、神圣化和“两个凡是”盛行的氛围中,是邓小平敢冒政治风险,大胆地提出解放思想、实事求是,肯定实践是检验真理的唯一标准,并且把毛泽东提出而没有做好的做好,做错的纠正过来,没有遇到的新课题给予马克思主义的回答,把坚持与发展毛泽东思想结合起来,创造出中国当代的马克思主义理论体系,开创了建设中国特色社会主义的道路。

第二章 毛泽东思想的历史地位
与当代价值

　　澎湃激荡的 20 世纪中叶,在毛泽东思想伟大旗帜的指引下,以毛泽东为代表的中国共产党人历经艰辛,开辟了波澜壮阔的中国特色革命道路,使中国社会历史发生了具有世界意义的深刻变革。毛泽东思想教育、哺育、影响了几代中国共产党人和无数中华儿女,是中国人民的宝贵财富,深深地融入我们的血液之中。毛泽东思想的历史地位与当代价值早已经载入史册,随着历史的推移、时代的变化和形势的发展,人们对毛泽东思想的认识也发生了新的变化,学术界和理论界对其认识也不尽一致。事实上,虽然世界在发展,形势在变化,但是毛泽东思想的历史地位没有也不会动摇,且依然在新时代彰显其真理光芒。毛泽东思想的历史地位和当代价值可从两方面认识。其一,历史地位与理论功能:毛泽东思想开拓了马克思主义新境界,是马克思主义与中国实际相结合产生第一次历史性飞跃的理论成果;开创了用中国化马克思主义指导中国革命和建设的先河,是中国共产党的指导思想;是20 世纪创造性继承与弘扬中国传统优秀文化的杰出代表和集中体现,是中国人民宝贵的精神财富。其二,当代价值与实践效果:毛泽东思想是中国特色社会主义理论体系的思想渊源和中国特色现代化建设的思想先导;对中国国际地位的提高和当代世界政治格局产生重大深远的影响。

一、马克思主义中国化第一次历史性
　　飞跃的理论成果

正确认识理解毛泽东思想的科学内涵。从党的文献来看,对于毛泽东思想科学内涵的阐述比较严谨的有三次:其一,刘少奇在七大修改党章的报告中正式阐述了毛泽东思想的科学含义,他指出:"毛泽东思想,就是马克思列宁主义的理论与中国革命的实践之统一的思想,就是中国的共产主义,中国的马克思主义"、"就是马克思主义在目前时代的殖民地、半殖民地、半封建国家民族民主革命中的继续发展"①,等等。这些论断充分揭示出毛泽东思想是马克思列宁主义与中国实际相结合民族化的结晶。其二,党的十一届六中全会通过的《建国以来党的若干历史问题的决议》科学评价并论述了毛泽东的历史地位和毛泽东思想,现在所通常采用的就是该决议。邓小平在领导这个决议的起草过程中,反复地强调这个决议的核心就是正确认识科学评价毛泽东的历史地位和毛泽东思想。这是与当时的社会环境和历史条件分不开的,在粉碎"四人帮"、批判"两个凡是"、经过十一届三中全会伟大历史转折的重要关头后,中国社会面临着两个课题必须回答:一是中国向何处去;二是如何科学认识评价毛泽东历史地位和毛泽东思想。这二者密不可分,其中关键就是如何科学认识评价毛泽东的历史地位和毛泽东思想,这是关系到我们党兴旺发达和国家前途命运的至关重要的问题。汇聚集体智慧,历经反复斟酌修改,《关于建国以来党的若干历史问题的决议》终于作出定义性的科学论断:"毛泽东思想是马克思列宁主义在中国的运用和发展,是被实践证明了的关于中国革命的正确的理论原则和经验总结,是中国共产党集体智慧的结晶。"②这次阐述与

① 《刘少奇选集》上卷,人民出版社 1981 年版,第 333 页。
② 《十一届三中全会以来重要文献选读》(上),人民出版社 1987 年版,第 332 页。

七大时的阐述没有原则的不同,但也有很大的差别,表述中有两个创新之处:一是增添了毛泽东思想是"被实践证明了的关于中国革命的正确的理论原则和经验总结";二是强调毛泽东思想是"集体智慧的结晶"。据此,毛泽东晚年坚持的"无产阶级专政下继续革命理论"显然不属于毛泽东思想的范畴,因为是被实践证明完全错误的理论原则。这就把作为科学概念的毛泽东思想同毛泽东个人晚年的错误思想和错误著述区别开来,让我们能够完整准确地掌握毛泽东思想的科学理论体系,排除了对毛泽东思想采取语录式机械式运用、使其神圣化教条化的错误。其三,党的十五大在十一届六中全会的基础上对毛泽东思想的科学含义和评价又有两个创新之处:一是把毛泽东思想置于马克思主义中国化的历史进程中,强调指出它是马克思列宁主义同中国实际相结合产生了第一次飞跃的理论成果;二是把毛泽东思想置于中国社会主义建设实践中,进一步指出毛泽东思想是"被实践证明了的关于中国革命和建设的正确的理论原则和经验总结"。①

正确理解什么是马克思主义中国化。马克思主义是国际主义的、指导世界革命的普遍性真理,在毛泽东之前从没人说过"某国化"的问题,"马克思主义中国化"是毛泽东最早提出来的。1938 年 10 月,在党的六届六中全会上毛泽东作了题为《论新阶段》的著名报告,其中第七部分《中国共产党在民族战争中的地位》深刻地指出:"马克思主义的中国化,使之在其每一表现中带着中国的特性,即是说,按照中国的特点去应用它,成为全党亟待了解并亟须解决的问题。"②这在党的历史上首次提出了"马克思主义中国化"的命题和任务,并强调它是全党"亟待了解并亟须解决的问题"③。实际上就是要"把马克思主义应用到中国具体环境的具体斗争中去",要以新鲜活泼的为中国老百姓喜闻乐见的中国作

① 《十五大以来重要文献选编》(上),人民出版社 2000 年版,第 9 页。
② 《中共中央文件选集》第十一册,中共中央党校出版社 1991 年版,第 658—659 页。
③ 《中共中央文件选集》第十一册,中共中央党校出版社 1991 年版,第 659 页。

风、中国气派代替洋八股和教条主义,以民族语言形式来表述。根据毛泽东字里行间的叙述和历史经验的实际来看,人们在理解马克思主义中国化的内涵上取得的共识主要有两点:一是坚持马克思主义的基本原理,运用马克思主义的立场、观点、方法,树立正确的马克思主义观,反对教条主义。二是坚持马克思主义与中国实际相结合。中国的实际国情比较特殊,主要指中国的社会性质,当年是半殖民地半封建,现在是初级阶段的社会主义。当然,还包括了中国共产党领导中国人民革命、建设和改革实践经验的总结及中华民族优秀传统文化等。一句话概括马克思主义中国化就是马克思主义与中国实际相结合进行理论创新的成果。

马克思主义中国化命题是马克思主义发展史和国际共运史上突破性的论断和崭新的课题,为马克思主义赋予了时代精神和新的生命力,为各个国家用马克思主义指导本民族革命,使马克思主义与本国实际相结合,选定革命道路提供了宝贵的历史经验。毛泽东不仅提出了马克思主义中国化的崭新命题,而且还是践行的表率,实现了马克思主义基本原理与中国实际相结合的第一次历史性飞跃,创立了中国化马克思主义——毛泽东思想,开拓了马克思主义新境界。

马列主义基本原理是毛泽东思想的理论基础。毛泽东思想是马列主义与中国实际相结合的产物,其主体是新民主主义理论。新民主主义理论是在马克思主义世界观方法论的指引下,运用马列主义基本原理(主要是国家与革命学说、民族和殖民地问题理论以及“两个策略”和“左”派幼稚病中的思想理论),与中国革命实际相结合并创造性地丰富发展的理论结晶。其一,马克思列宁主义的国家与革命学说认为:国家是阶级矛盾不可调和的产物。其实质是剥削阶级镇压被剥削阶级的机器,是上层建筑的重要组成部分。列宁指出:“一切革命的根本问题是国家政权问题。不弄清这个问题,便谈不上自觉地参加革命,更不用说领导革命。”①所以,被剥削被压迫阶级要改变自己的政治和经济

---

① 《列宁选集》第3卷,人民出版社1995年版,第19页。

地位,就必须首先夺取政权,革命阶级只有掌握了国家政权,才有可能实现革命的最终目的。无产阶级必须坚持暴力革命原则,必须用暴力打碎资产阶级国家机器,"不用暴力破坏资产阶级的国家机器并用新的国家机器代替它,无产阶级革命是不可能的"①。这是无产阶级革命的基本原则。其二,列宁的民族和殖民地问题理论告诉我们,被压迫民族的无产阶级革命不是一般的反对本国资产阶级,而是反对国际资产阶级压迫和本国封建主义压迫,因此,无产阶级要联合本国的资产阶级反对共同的敌人。"殖民地革命在初期并不是共产主义革命,然而,如果它从一开始就由共产主义先锋队来领导,革命群众就将逐渐获得革命经验,走上达到最终目的的正确道路。"②民族殖民地问题理论明确指出了被压迫民族和殖民地、半殖民地革命的基本道路和共产党在民族民主革命中应采取的基本方针、基本策略,这些对于中国革命具有直接的指导意义。特别是对党的二大影响深远,主要体现在两方面:一是正确分析了中国的社会性质,制定了最低纲领;二是通过了《关于"民主的联合战线"的议决案》,为国共第一次合作奠定了的基础。其三,列宁"两个策略"和"左"派幼稚病中的思想理论。1905 年面对俄国革命的新形势,列宁强调指出:无产阶级只有积极参加资产阶级民主革命,同农民结成联盟,才能够掌握资产阶级民主革命的领导权,才能夺取民主革命的胜利;无产阶级在取得民主革命胜利后,应不失时机地向社会主义革命过渡;在民主革命阶段要与资产阶级作必要的妥协。20 世纪 30 年代初,毛泽东第一次阅读《两个策略》、《共产主义运动中的"左"派幼稚病》等书后得到了深深的启发和教育,又把书送给彭德怀。据彭德怀回忆,1933 年"接到毛主席寄给我的一本《两个策略》,上面用铅笔写着(大意):此书要在大革命时读着,就不会犯错误"③。后来党

---

① 《列宁选集》第 3 卷,人民出版社 1995 年版,第 596 页。
② 《共产国际第二次代表大会文件》,中国人民大学出版社 1988 年版,第 718—719 页。
③ 《彭德怀自述》,人民出版社 1981 年版,第 183 页。

内有人犯了"左"派幼稚病,毛泽东又和彭德怀说,如果早得到这本书,我们就不会犯"左"倾冒险主义错误。

中国的特殊国情是毛泽东思想的客观依据和基本出发点。列宁曾指出,马克思主义理论"所提供的只是总的指导原理,而这些原理的应用具体地说,在英国不同于法国,在法国不同于德国,在德国又不同于俄国"①。而之所以不同是因为各国国情不同。国情是指一个国家在一定发展阶段所处的历史方位和国际环境,包括社会情况和自然情况、历史情况和现实情况,包括基本国情即一个国家的社会性质及其历史发展阶段、各个领域的基本状况。国情集中到一点就是社会性质。毛泽东指出:"只有认清中国社会的性质,才能认清中国革命的对象、中国革命的任务、中国革命的动力、中国革命的性质、中国革命的前途和转变。"②中国的社会性质是形成新民主主义理论的基本客观依据,是解决中国一切革命问题的最基本的出发点。只有坚持一切从本国实际出发,实事求是,坚持一切从本国所处的外部环境出发,与时俱进,冲破传统习惯的思维定势的束缚,冲破主观偏见和教条主义的桎梏,才能把握时代脉搏,实现党的理论创新。列宁指出:"一切民族都将走向社会主义,这是不可避免的,但是一切民族的走法却不会完全一样,在民主的这种或那种形式上,在无产阶级专政的这种或那种形态上,在社会生活各方面的社会主义改造的速度上,每个民族都会有自己的特点。"③

国情是客观存在的,但是如何认识国情,我们党经历了一个反复的认识过程。1927年大革命失败以后,中国展开了一场社会性质大论战。各种思想鱼龙混杂,这场大论战基本上以马克思主义者的胜利而告终。通过这场论战,"半殖民地半封建社会"的概念,成为更多人的共识。毛泽东虽然没有参加这场论战,但吸收了这次论战的成果。土地革命战争前期党内连续出现的"左"倾错误是同对国情的错误认识

---

① 《列宁全集》第4卷,人民出版社1984年版,第161页。
② 《毛泽东选集》第二卷,人民出版社1991年版,第633页。
③ 《列宁全集》第28卷,人民出版社1990年版,第163页。

和判断分不开的。毛泽东在与党内的主观主义特别是"左"倾教条主义的斗争中,在丰富的革命实践基础上深化了对中国的特殊国情和中国革命所处的历史方位的认识,指出:"马克思列宁主义的伟大力量,就在于它是和各个国家具体的革命实践相联系的……离开中国特点来谈马克思主义,只是抽象的空洞的马克思主义。"①毛泽东运用马克思列宁主义的立场观点方法准确地认清了中国的社会性质。他指出:"帝国主义和中华民族的矛盾,封建主义和人民大众的矛盾,这些就是近代中国社会的主要矛盾。"据此得出明确结论:中国已不是一个封建社会。"自从一八四〇年的鸦片战争以后,中国一步一步地变成了一个半殖民地半封建的社会"②,"这就是现时中国社会的性质,这就是现时中国的国情"③。以毛泽东为代表的中国共产党人,正是从中国特殊国情出发,科学地分析了革命的性质、任务、对象、动力和前途等基本问题,才实现了马克思主义中国化,形成了新民主主义理论,制定了新民主主义革命总路线,领导中国人民取得了新民主主义革命的伟大胜利。

　　国情问题总的看来在相当长时期内是相对稳定的,但也不是绝对静止而是有所变化的。比如说民主革命时期可以分为四个历史阶段,各个历史阶段的实际国情并不是完全一样的。因此,在制定路线方针政策时既要考虑相当长时期的基本国情,也要考虑各个历史阶段变化着的国情现实,要把两者有机结合科学统一起来。只有这样,才能使党的路线方针政策更符合实际,才是真正符合马克思主义的。

　　中国革命独创性经验是毛泽东思想的实践基础和不竭动力。恩格斯指出:"每一个时代的理论思维,从而我们时代的理论思维,都是一种历史的产物,它在不同的时代具有完全不同的形式,同时具有完全不同的内容。"④马克思主义是在批判地吸收人类关于自然科学、社会科

---

① 《毛泽东选集》第二卷,人民出版社 1991 年版,第 534 页。
② 《毛泽东选集》第二卷,人民出版社 1991 年版,第 626 页。
③ 《毛泽东选集》第二卷,人民出版社 1991 年版,第 665 页。
④ 《马克思恩格斯选集》第 4 卷,人民出版社 1995 年版,第 284 页。

学和思维科学的优秀成果,深刻总结19世纪上半叶英、法、德等国工人运动实践经验的基础上诞生的。列宁主义是在20世纪初揭示帝国主义发展不平衡规律,总结俄国十月革命和苏联社会主义建设初期的实践经验,把马克思主义发展到新阶段的重大理论成果。毛泽东思想是创造性地运用马克思列宁主义基本原理和立场观点方法,系统总结中国革命独创性经验,凝聚集体智慧而形成的。正如毛泽东所说的:"在抗日战争前夜和抗日战争时期,我写了一些论文,例如《中国革命战争的战略问题》《论持久战》《新民主主义论》《〈共产党人〉发刊词》,替中央起草过一些关于政策、策略的文件,都是革命经验的总结。那些论文和文件,只有在那个时候才能产生,在以前不可能,因为没有经过大风大浪,没有两次胜利和两次失败的比较,还没有充分的经验,还不能充分认识中国革命的规律"①。中国革命两次胜利、两次失败正反两方面历史经验的鲜明对比,使中国共产党对中国革命客观规律的认识更加全面深入,对丰富历史经验的总结更加系统深刻,从而为毛泽东思想的形成提供了实践基础和不竭动力。

　　中华民族优秀文化是毛泽东思想的思想渊源。马克思主义指导中国革命和建设的真谛在于运用中国化的马克思主义。马克思主义作为外来先进的思想文化要植根于中国,不仅要适应中国政治和经济的现实需要,还必须与中国的历史和文化相结合,做到中国化、民族化、具体化。对中国传统文化要以历史唯物主义和辩证法的观点批判地吸收,去其糟粕,取其精华,使马克思主义与之相结合,体现为中国风格、中国特点、中国的民族形式的马克思主义,以发挥其指导中国革命和建设思想武器的作用。正如列宁所指出的:"每个民族文化,都有一些民主主义的和社会主义的即使是不发达的文化成分,因为每个民族都有被剥削劳动群众,他们的生活条件必然会产生民主主义的和社会主义的意

---

① 《毛泽东文集》第八卷,人民出版社1999年版,第299页。

识形态。"①毛泽东极为重视吸收中华民族优秀文化,他号召党的干部要认真学习马克思列宁主义的同时,指出:"学习我们的历史遗产,用马克思主义的方法给以批判的总结,是我们学习的另一任务……我们是马克思主义的历史主义者,我们不应当割断历史。从孔夫子到孙中山,我们应当给以总结,承继这一份珍贵的遗产。这对于指导当前的伟大的运动,是有重要的帮助的。共产党员是国际主义的马克思主义者,但是马克思主义必须和我国的具体特点相结合并通过一定的民族形式才能实现。"②从毛泽东思想的主要载体毛泽东著作来看,引用的古籍、历史人物、成语典故、传说故事、军事战例非常之多。关于中国古典文学的引文就约占引文总量的 13.7%。

正确理解历史性的飞跃。按哲学观点,飞跃系指量变到质变的突变过程。历史性的飞跃是把哲学的概念运用到社会科学领域,把飞跃引申到马克思主义发展史上,系指解决重大历史性课题,在理论上有重大突破性跃进,用以表述毛泽东思想,更彰显出它伟大里程碑式的历史地位和恒久意义。马克思主义中国化不同时代有不同的重大的历史性课题。半殖民地半封建的旧中国的历史课题是民族独立和人民解放,因此必须解决中国革命走什么道路、这个道路怎么走的问题。以毛泽东为代表的共产党人创立了毛泽东思想,用以指导中国革命实践,开辟了中国特色革命道路。在毛泽东思想伟大旗帜的指引下,取得了新民主主义革命的胜利,成功地解决了近代百年史上从未解决的民族独立和人民解放的重大历史性课题,建立了人民当家作主的新中国,开辟了中国历史的新纪元。马克思主义与中国实际相结合第一次历史性飞跃的起点是农村包围城市道路理论,在这之前虽有结合,但不能说是飞跃。而标志第一次历史性飞跃的完成则是新民主主义理论的形成,此后都是马克思主义在中国实现第一次飞跃后继续丰富和发展的问题。

① 《列宁选集》第 2 卷,人民出版社 1995 年版,第 336 页。
② 《毛泽东选集》第二卷,人民出版社 1991 年版,第 533—534 页。

毛泽东也曾经提出第二次结合的思想,探索如何在落后的国家进行社会主义建设,遗憾的是探索中没有完全取得成功,甚至出现曲折和错误,第二次结合并没有实现。

二、开创用中国化马克思主义指导中国革命和建设的先河

从党的指导思想层面上来说。毛泽东创立的毛泽东思想启迪全党认识到一个真理和规律:以马克思主义指导中国革命必须使马克思主义中国化,用中国化的马克思主义。中国化的马克思主义就是与马克思主义一脉相承,与时俱进,适应时代的变化和中国革命建设的历史进程,不断进行理论创新,开拓新境界,用发展着的马克思主义指导中国革命和建设。

党的第一次代表大会没有制定党章,通过的纲领也没有明确规定党的指导思想,党的二大制定第一个党章以及从三大到六大历次党章修正案中都没有明文规定党的指导思想。直到 1945 年 4 月 23 日至 6 月 11 日,中国共产党第七次全国代表大会在延安召开,刘少奇在会上所作《关于修改党章的报告》中科学地阐述了毛泽东思想,指出:"毛泽东思想,就是马克思列宁主义的理论与中国革命的实践之统一的思想,就是中国的共产主义,中国的马克思主义。"①七大把毛泽东思想作为全党一切工作的指导思想,写入了党章。新党章规定:"中国共产党以马克思列宁主义理论与中国革命实践之统一的思想——毛泽东思想,作为自己一切工作的指针,反对任何教条主义的或经验主义的偏向。"②此后,中国共产党一直把毛泽东思想作为指导思想。1956 年 9 月,党召开了八大,邓小平主持修改党章的工作,并作了修改党章的报

---

① 《刘少奇选集》上卷,人民出版社 1981 年版,第 333 页。
② 邓小平:《永远记取党的斗争经验和教训(一九五一年六月二十五日)》,《党的文献》2005 年第 6 期。

告。当时考虑到中苏关系,加上我国面临的社会主义现代化建设完全是崭新的课题,新党章总纲中没有明确提到毛泽东思想,而是规定:"中国共产党以马克思列宁主义作为自己行动的指南。"但与此同时强调"马克思列宁主义不是教条,而是行动的指南;它要求人们在实现社会主义和共产主义的斗争中从实际出发,灵活地、创造性地运用它的原理解决实际斗争中的各种问题,并且使它的理论不断地得到发展。因此,党在自己的活动中坚持马克思列宁主义的普遍真理同中国革命斗争的具体实践密切结合的原则,反对任何教条主义的或者经验主义的偏向。"①这在实际上,以毛泽东思想为指导的原则并没有变化。文化大革命中虽然名曰高举毛泽东思想伟大旗帜,但是由于极"左"思潮的影响和毛泽东本身的错误,党的指导思想脱离了实际,严重偏离了毛泽东思想。直至 1982 年十二大,党的指导思想恢复和继续了马克思列宁主义、毛泽东思想的科学指导,适应了新的历史时期的需要和执政党的特点。此后,我们党用发展着的马克思主义对党的指导思想不断充实,以适应改革开放和建设中国特色社会主义的需要。延至 1997 年党的十五大,在党的指导思想中正式使用"邓小平理论"这一概念。2002 年党的十六大把"三个代表"重要思想写入新修改的党章中。2007 年党的十七大把科学发展观,作为我国经济社会发展的重要指导方针和重大战略思想载入新党章。2012 年党的十八大明确提出:"中国共产党以马克思列宁主义、毛泽东思想、邓小平理论、'三个代表'重要思想和科学发展观作为自己的行动指南。"②这些都是在新的历史条件下对毛泽东思想的继承和发展,是当代中国的马克思列宁主义,与马克思主义和毛泽东思想是一脉相承与时俱进的。

从毛泽东思想指导中国革命层面上来说。马克思主义指导中国革命的真谛在于运用中国化的马克思主义,走自己的路。毛泽东思想是

① 《建国以来重要文献选编》第九册,中央文献出版社 1994 年版,第 314 页。
② 《中国共产党章程》(2012 年 11 月 14 日中国共产党第十八次全国代表大会通过)。

马克思主义第一次历史性飞跃的理论成果，就是中国化的马克思主义，它是适合中国情况的科学的指导思想，是被中国革命实践检验所证明了的正确理论原则，是中国共产党的指导思想。

在大革命失败后共产党人陷入白色恐怖的紧要关头，在毛泽东创立的"农村包围城市道路理论"的指引下，中国共产党开辟了井冈山等农村革命根据地，有了星星之火的燎原之势，开展了土地革命。在毛泽东正确的军事战略战术思想指导下，四次反"围剿"的胜利，取得以少胜多、以弱胜强的军事奇迹，保卫了根据地和红色政权。第五次反"围剿"的失败是由于执行了"左"倾路线，违背了毛泽东思想的正确理论原则和军事战略战术，使党的事业遭受了重大损失。遵义会议确立了毛泽东的领导核心地位，形成了以毛泽东为核心的第一代马克思主义的中央领导集体，实现了党的历史上的伟大转折，挽救了全党，挽救了中国革命。随着抗日战争的兴起，在毛泽东思想的指引下，中国共产党积极倡导建立了以国共合作为基础的抗日民族统一战线，坚持了独立自主的原则，制定了统一战线的策略总方针和斗争原则，坚持了又团结又斗争、以斗争求团结的政策，克服了国民党顽固派的投降分裂倒退，广泛地争取了抗日民主力量，巩固和扩大了抗日民族统一战线。正是在毛泽东思想的指引下，党领导下的军队和人民武装在抗战中坚持全面抗战路线，坚持持久战方针和人民战争的军事路线，开展敌后游击战争并把它上升到战略地位，开辟了大面积的抗日民主根据地，使日本侵略军陷入人民战争的汪洋大海。在毛泽东思想的指引下，中国共产党在抗日战争的战火中发展壮大为一个全国范围的、思想上政治上组织上巩固的马克思主义政党，经整风运动，全党达到空前团结和统一，形成了以毛泽东为核心的坚强的中央领导集体，以巨大的感召力、凝聚力、影响力团结各民主党派和民主力量，成为抗战的中流砥柱，最终打败了日本侵略者，又经过人民解放战争迅速打败国民党反动派，推翻了长期压在中国人民身上的三座大山，建立了新中国，实现了民族独立和人民解放。

从毛泽东思想指导社会主义建设层面上说。新中国成立后,在毛泽东思想伟大旗帜的指引下,中国共产党制定并执行了"一化三改"的过渡时期总路线,1956 年基本完成生产资料私有制的社会主义改造,确立社会主义制度。中国社会发生深刻变化,由一个半殖民地半封建社会经短暂的新民主主义过渡到社会主义。正如胡锦涛在十七大报告中指出:"新民主主义革命的胜利,社会主义基本制度的建立,为当代中国一切发展进步奠定了根本政治前提和制度基础。"①尔后,毛泽东开始探索大规模的中国社会主义建设道路和工业化道路,尽管在探索中出现了失误,历经了曲折的发展,但毕竟使中国由积贫积弱的农业大国转变为一个独立的拥有比较完整的工业体系和国民经济体系的社会主义国家,为开辟中国特色社会主义道路奠定了物质基础。如同美国学者莫里斯·迈斯纳评价的:"尽管曾经存在着失败和挫折,但是毛泽东时代是中国现代工业革命时期这一结论是不可避免的。曾经长期被轻蔑为'亚洲病夫'的中国,20 世纪 50 年代初期以小于比利时工业规模的工业开始,在毛泽东时代结束时,却以世界上 6 个最大工业国之一的姿态出现了。中国的国民收入在 1952—1978 年的 25 年间增加了 4 倍,即从 1952 年的 600 亿元增加到 1978 年的 3000 亿元,而工业在增加的国民收入中所占的比例最大。人均国民收入指数(以不变价格计算)从 1949 年的 100(1952 年的 160)增加到 1957 年的 217 和 1978 年的 440。在毛泽东时代的最后 20 年间(这是毛泽东的后继者们对他评价不高的一个时期),而且连大跃进的经济灾难也估计在内,中国的国民收入在 1957—1975 年期间翻了一番多——人均增加 63%。""其实毛泽东的那个时代远非是现在普遍传闻中所谓的经济停滞时代。而是世界历史上最伟大的现代化时代之一,与德国、日本和俄国等几个现代工业舞台上的主要的后起之秀的工业化过程中最剧烈时期相比毫不逊色。"②

---

① 《十七大以来重要文献选编》(上),中央文献出版社 2009 年版,第 6 页。
② [美]莫里斯·迈斯纳:《邓小平时代:1978—1994,对中国社会主义命运的考察》,转引自《旁观毛泽东时代》,《书刊报文萃》第 192 期。

三、20世纪中国先进文化的
杰出代表和集中体现

中国是一个有着五千年悠久历史文化的东方文明古国。但当历史步入近代，中国人民却为封建思想所麻痹。1840年，鸦片战争轰开腐朽中国的大门。中国传统文化受到西方资本主义文化空前的冲击和挑战，两种异质文化不断冲突、渗透和融合的过程中形成了始终围绕着挽救民族危亡和改革中国社会这一主题而展开的中国近代文化。20世纪初孙中山领导的辛亥革命推翻清王朝，建立了中华民国，民主共和观念深入人心，三民主义成为近代救亡图存思想的主流。随后，各种"主义"开始在社会上广泛流传，各阶级、各阶层的代表人物纷纷登台亮相，出现各种名目的政纲、政论、宣言。

1924年1月，在广州召开的中国国民党第一次全国代表大会通过的宣言重新阐释了三民主义，确定了联俄、联共、扶助农工的三大政策，旧三民主义变为新三民主义，成为国共两党合作的政治基础，也成为爱国救亡的人民的精神支柱。这次国共合作促进了民主革命的发展，广泛地动员了工农群众，开创了民主革命的新局面，可悲的是，1927年蒋介石发动了"四一二"反革命政变，背叛革命，导致了大革命失败。之后，中国展开了一场社会性质大论战。各种思想鱼龙混杂，这场大论战基本上以马克思主义者的胜利而告终。通过这场论战，"半殖民地半封建社会"的概念，成为更多人的共识。毛泽东虽然没有参加这场论战，但吸收了这次论战的成果。尔后，随着日本帝国主义发动全面侵华战争，中国进入抗日战争阶段。自1939年1月国民党蒋介石召开五届五中全会，确立了"溶共、防共、限共"的方针开始，国民党控制的报刊，刊登了大量的反共文章。国民党还出版了许多小册子，进行反共宣传。共产党的叛徒、国民党文人叶青充当了反共急先锋，以研究三民主义为名，纠集一些人发起"三民主义研究及三民主义文化运动"，出版刊物，发表了一系列反动文章。1939 年 5 月,蒋介石还亲自上阵作了《三民主义之体系及其实行程序》的演讲,篡改孙中山的三民主义。国民党打着三民主义的旗号,在政治思想战线上向中国共产党发起了一场猖狂的进攻。蒋介石及其御用文人肆意歪曲孙中山三民主义,儒化三民主义,否定以联俄、联共、扶助农工三大政策为基础的新三民主义。妄图用所谓"一个党、一个领袖、一个主义"的叫嚣削弱和取消共产党、共产主义。一时间造成了人们思想上的混乱。

共产党人纷纷著文揭露、批判国民党蒋介石的"三民主义",由此掀起三民主义论战。所有这些,都要求我们党把马克思主义关于社会革命的基本原理同中国的社会历史条件和中国革命的特点结合起来,对整个中国民主革命的历史经验进行系统的总结,从根本上有针对性地回答和解决这些重大课题。毛泽东继发表《中国共产党与中国革命》阐明中国革命的性质、任务、对象、动力及前途等重大问题后,于1940 年 1 月又发表《新民主主义论》,对中国民主革命的丰富经验进行了系统的科学总结。揭示了中国革命发展的客观规律,系统阐述了新民主主义革命的路线、纲领和政策,深刻地准确地阐明了三民主义与共产主义的异同,从政治上和理论上对国民党鼓吹的谬论进行了有力的批驳,戳穿了国民党的谎言,澄清了革命队伍中一些人的模糊观念,维护了抗日民族统一战线,坚持了团结抗战,指明了实现民族独立人民解放的正确道路,从而使新民主主义理论形成完整的体系。新民主主义理论代替了三民主义,新民主主义民族的、科学的、大众的文化取代了三民主义的民族、民权、民生的文化,毛泽东思想深入人心。

毛泽东思想不仅来源于马克思主义,扎根于中国革命实际,也是中国优秀传统文化的集中体现和继承弘扬。其中代表性的有毛泽东哲学思想、民本思想、军事思想。

毛泽东思想中的哲学思想的直接理论来源是马克思主义哲学。毛泽东历来重视中国的文化遗产,并善于把马克思主义哲学的内容与中国传统文化紧密结合起来。他提出要用唯物史观来继承中国文化遗产,认为马克思主义必须和中国的具体特点相结合并通过一定的民族形式才能实现。他对先秦哲学、楚辞汉赋、唐宋古文和历代史实等都有深厚的造诣,并且对中国古典哲学拥有深厚的根基,使他能把马克思主义哲学同中国的民族形式、民族作风和气派结合起来,并且对中国古代朴素唯物论、朴素认识论、朴素辩证法继承、改造和运用。《实践论》和《矛盾论》是毛泽东哲学思想的重要组成部分,这"两论"不仅来自于毛泽东对马克思主义哲学原理的运用发展和中国革命经验的总结,还是对中国哲学与文化传统的批判继承。《实践论》扬弃了中国五千年来传统的知行观,解决了中国哲学中的知行关系问题。《矛盾论》则是对中国丰富而古老的辩证法思想的革命性再创造。

　　毛泽东思想中重视民本的思想。我国的传统文化中蕴含着丰富的人民观。由孔子的"仁爱"思想到孟子"民为贵,社稷次之,君为轻"、"养民"、"爱民"、从柳宗元的"民为本"至孙中山的民生史观,民本思想发挥到了极致,构成了中国传统文化中最具根本性的价值信念。毛泽东思想中的民本思想反映了中国传统文化的思维特点。他的人民民主专政思想、正确处理人民内部矛盾思想、为人民服务思想等等,都是在传统文化基础上的延伸和发挥。"毛泽东通过密切联系人民群众,深入分析和对中国人民的悠久历史进行研究的方法获得了一种关于中国人民的知识,并把它带进了这样的联合政府。他还带来了对中国人民的信念,这种信念不是唯心主义的,而是对中国人民的能力、毅力和可以启发的革命觉悟具有一种永不动摇的信念。"①

　　毛泽东思想中的军事思想很多都直接来源于中国传统文化。毛泽东在其代表性的军事论著《中国革命战争的战略问题》和《论持久战》等文章中多次提到中国历史上以弱胜强,以少胜多的著名战例:官渡之战、赤壁之战等。《孙子兵法》的作战原则被毛泽东作为例证而引用。在第二次反"围剿"作战中毛泽东曾引用《管子》中的名言"故凡用兵

---

① 付丰豪等译:《斯特朗文集》第3卷,新华出版社1988年版,第260—261页。

者,攻坚则韧,乘瑕则神。攻坚则瑕者坚,乘瑕则坚者瑕"①。打破了敌人的"围剿"。新中国成立后毛泽东还总结中国历史上农民起义、农民战争的经验教训提出"备战、备荒、为人民"和"深挖洞,广积粮,不称霸"的战略口号。

　　在革命战争年代,毛泽东思想滋养了几代共产党人、无数革命群众和青年学生。鼓舞造就了一代一代的英雄群体,共产党员、干部和群众将毛泽东的教导铭刻在心中,溶入到血液中并落实到实际行动上。无数革命先烈和革命群众坚定理想信念,直到流尽最后一滴血。新中国成立以后,毛泽东思想更是深入人心,成为广大人民群众和干部的主流思想。新中国成立之初,中国共产党接手的是国民党政府遗留下的秩序混乱、满目疮痍的社会,生产力遭到严重破坏。新中国成立后,毛泽东和党中央适时号召全党全国人民把中国建设成强盛的社会主义国家,集中力量发展生产力。在毛泽东思想的激励鼓舞下,中国共产党的带领下中国人民仅仅用了三年时间就恢复了遭到严重破坏的国民经济,社会治理井然有序,人民生活初步改善。尔后成功地进行农业、手工业和资本主义工商业的社会主义改造,确立了社会主义制度。尔后掀起社会主义建设的高潮,在那火红年代里,在毛泽东思想的哺育下,出现了"宁肯少活二十年,拼命也要拿下大油田"的大庆精神和铁人精神、"两弹一星"精神、红旗渠精神、雷锋精神、焦裕禄精神等可贵的民族精神风貌。"毛泽东同志的科学思想和革命精神,培育了一代又一代的中国的马克思主义者。现在我们党的各级领导骨干,可以说没有哪一个没有受到他的科学思想和革命精神的感染、熏陶和锤炼。"②站在新的历史起点上,毛泽东思想还一直激励鼓舞着中国人民在中国共产党的领导下建设有中国特色社会主义。

――――――――

①　意思是用兵的一般道理是,进攻强会碰钉子,一时难以取胜,进攻弱易于速决和成功;攻强攻不下来,弱就会变成强,攻弱成功了,因强失去友邻,也会变成弱。

②　胡耀邦:《最好的怀念》,《人民日报》1983 年 12 月 26 日。

四、中国特色社会主义理论体系的思想渊源 和中国特色现代化建设的思想先导

　　时代是社会历史发展的特定阶段,生活在一定社会历史发展阶段的人们对理论的认识同样会受到自己所处时代历史条件的限制,多年前的理论工作者根据当时的实践需要和认知水平从毛泽东浩瀚的理论著作中挖掘、提炼、概括出的毛泽东思想的主要内容,形成了符合那个时代要求的毛泽东思想科学理论体系。今天,在毛泽东思想中仍闪烁着许多有价值的理论观点,为中国特色社会主义理论体系的形成和发展提供丰厚的理论来源,为中国特色现代化建设提供思想先导,对今天建设中国特色社会主义有着重要的指导意义。正如邓小平说:"三中全会以后,我们就是恢复毛泽东同志的那些正确的东西嘛,就是准确地、完整地学习和运用毛泽东思想嘛。基本点还是那些。从许多方面来说,现在我们还是把毛泽东同志已经提出,但是没有做的事情做起来,把他反对错了的改正过来,把他没有做好的事情做好。今后相当长的时期,还是做这件事。当然,我们也有发展,而且还要继续发展。"①

　　从理论形态的表述看,中国特色社会主义理论体系是当代中国的马克思主义,是马克思主义中国化的最新成果,是新时期中国特色现代化建设最有现实意义的指导思想和理论武器。中共十七大报告提出中国特色社会主义理论体系这一科学理论概念,明确指出:"中国特色社会主义理论体系,就是包括邓小平理论、'三个代表'重要思想以及科学发展观等重大战略思想在内的科学理论体系。"这一理论体系,凝结了几代中国共产党人带领人民不懈探索、实践的智慧和经验。中国特色社会主义理论体系没有包括毛泽东思想。但这并不等于放弃了毛泽东思想的指导地位,不意味着失掉了毛泽东思想的行动指南,毛泽东思

----

　　① 《邓小平文选》第二卷,人民出版社1994年版,第300页。

想作为党的指导思想的地位丝毫没有动摇。中国特色社会主义理论体系，不是无源之水，无本之木，它坚持和发展了马克思列宁主义、毛泽东思想，是改革开放新时期创造性地发展了的当代马克思主义新成果，是同马克思列宁主义、毛泽东思想既一脉相承又与时俱进的科学理论。毛泽东思想是中国特色社会主义理论体系的思想渊源，中国特色社会主义理论体系是对毛泽东思想的继承和发展。因为"理论不是教条，而是对包含着一连串互相衔接的阶段的发展过程的阐明"①，"今天的中国是历史的中国的一个发展；我们是马克思主义的历史主义者，我们不应当割断历史"②。

从社会实践的发展看，人类的实践活动总会打上时代的深刻烙印，而理论形态则是人类实践活动的主观反映和理论升华，科学理论总是以满足实践发展的要求为前提，不断拓展其理论内容和理论形态。从历史演进的规律看，任何一种理论形态的产生都是一定历史时代的产物。任何一种科学理论体系都是由基本原理、灵魂思想和具体结论构成的。产生于19世纪40年代自由资本主义时期的马克思主义也不例外，马克思主义科学理论体系是由基本理论(一般规律的结论)、灵魂思想(立场、观点和方法)和具体结论(符合当时需要的某些结论)构成的有机统一体。马克思主义的某些具体结论由于时代的变化和认识的局限不合时宜了，但马克思主义的基本原理及其立场、观点和方法则仍然不失其为放之四海而皆准的真理，仍然是指导世界无产阶级革命和被压迫民族解放斗争的思想武器，为马克思主义中国化奠定了理论基础，指明了方向。毛泽东思想作为马克思主义中国化的第一个理论成果同样是由基本理论、灵魂思想和具体结论构成的多层理论体系。毛泽东思想形成于20世纪40年代初战争与革命的时代主题之下，在当时特殊的历史背景下得出的某些具体结论确实因为时过境迁而过时

---

① 《马克思恩格斯选集》第4卷，人民出版社1995年版，第680页。
② 《毛泽东选集》第二卷，人民出版社1991年版，第534页。

了,但我们不能因为毛泽东思想的某些具体结论的不合时宜而无视甚至否定其灵魂思想的恒久价值和普遍意义。中国特色社会主义理论体系的理论基础就是马列主义、毛泽东思想。随着实践的发展、历史的推移、形势的变化,我们要站在发展中国特色社会主义的时代高度,立足全面建设小康社会和现代化的新实践、新需要,重新学习并与时俱进地认识毛泽东思想,毛泽东思想宝库中所蕴涵的许多思想火花和理论观点是中国特色现代化建设的思想先导。

五、对中国国际地位的提高和当代世界格局产生重大影响

（一）中华人民共和国的建立和社会主义制度的确立,结束了近代中国一个多世纪任人宰割的屈辱历史,为中国重新进入世界大国之林奠定了基石

1840 年的鸦片战争打开了封建中国腐朽的大门,中国逐渐沦为半殖民地半封建社会,中华民族屡遭欺负、备受屈辱。国人不断找寻中国贫弱的根源,探索中华民族振兴的道路。中华民族的仁人志士一刻也没有停止过为民族昌盛而艰辛奋斗的历程,从"洋务运动"到"维新变法"、从"晚清新政"到"民主共和",艰辛求索,前赴后继,但却屡遭失败。辛亥革命虽然跳出了几千年封建王朝轮回的历史怪圈,打开了中国社会进步的闸门,但帝国主义、封建主义压迫依然如故,中华民族依旧处于任人宰割、受尽欺凌的屈辱状态。

人类社会进入到 20 世纪中叶,在毛泽东思想的光辉指引下,在中国共产党的领导下,中国人民经过长期的、艰巨的、曲折的复杂斗争和浴血奋战,取得了新民主主义革命胜利,经过人民政治协商会议筹建,在 1949 年 10 月 1 日,在占世界人口四分之一的神州大地上中华人民共和国成立了! 经过生产资料的社会主义改造,社会主义制度建立起来,开辟了伟大历史新纪元。把在此 92 年前——恩格斯在 1857 年的预言变成了活生

生的现实,恩格斯当年对中国近代的人民革命运动非常关注,满腔热情地加以歌颂,他在文章中有一段话:"过不了多少年,我们就会亲眼看到世界上最古老的帝国的垂死挣扎,看到整个亚洲新纪元的曙光。"①

新民主主义革命的胜利和新中国的建立,废除了帝国主义利用不平等条约夺榨中国的一切特权,建立起一个独立、自由、民主、统一的新中国,中国彻底摆脱了西方帝国主义附庸的历史命运,实现了中国人民梦寐以求的国家独立和人民解放。也率先打破了雅尔塔体系,宣告帝国主义霸权体系的破产,鼓舞了世界被压迫民族和被压迫人民争取解放的斗争,为第二次世界大战后第三世界国家独立和民族解放,走符合本国国情的发展道路提供了重要的历史借鉴。新中国的成立和社会主义制度的确立,壮大了世界和平、民主和社会主义的力量。当世界社会主义运动陷入低谷之际,社会主义中国则呈现出蓬勃发展的良好势头,使世界社会主义运动看到了新的生机和希望。社会主义中国坚持科学社会主义的基本原则与中国特殊国情和时代特征紧密结合,形成了科学社会主义在当代中国的创新模式,中国特色社会主义为世界社会主义运动走出低谷提供了新的发展经验。赢得世人的广泛关注和各国政要的高度赞扬。

(二)中国在急剧变动的世界格局中实现了从赢得国家独立到在世界中赢得重要战略地位的历史性飞跃,成为遏制霸权主义、强权政治的主要力量,并且找到了一个与国力和国家利益相符合的战略地位,即中国属于第三世界

第二次世界大战后,上百个国家纷纷独立,新中国如何处理与原来的大国和强国的关系,这是国际关系中的一个重大问题。为此,毛泽东提出了大小国家一律平等的思想。他说:"我们认为,国家不应该分大小。我们反对大国有特别的权利,因为这样就把大国和小国放在不平等的地位。大国高一级,小国低一级,这是帝国主义的理论。一个国家

① 《马克思恩格斯选集》第1卷,人民出版社1995年版,第712页。

不论多么小，即使它的人口只有几十万或者甚至几万，它同另外一个有几万万人口的国家，也应该是完全平等的。""不论大国小国，互相之间都应该是平等的、民主的、友好的和互助互利的关系，而不是不平等的和互相损害的关系。""大国就不应该损害小国，不应该在经济上剥削小国，在政治上压迫小国，不应该把自己的意志、政策和思想强加在小国身上。"①这一思想为广大亚非拉地区新独立的国家反对帝国主义、霸权主义和强权政治，争取平等地位和正当权益提供了强有力的理论依据。中国坚定的与第三世界国家站在一起。"尽管我们在思想上、社会制度上有不同，但是我们有一个很大的共同点，那就是我们都要对付帝国主义。"②毛泽东多次强调，中国的命运和广大第三世界国家是在一起的，"中国属于第三世界。因为政治、经济各方面，中国不能跟富国、大国比，只能跟一些比较穷的国家在一起"③。

在20世纪六七十年代，美苏两个超级大国推行霸权主义和强权政治的背景下，毛泽东不畏强暴，不仅带领中国人民进行了坚决的斗争，而且对于世界各国人民反对霸权主义和强权政治的斗争给予了坚决的支持，甚至不惜作出重大的民族牺牲。从亚洲的朝鲜、越南人民的抗美救国战到非洲人民争取独立的武装斗争以及拉丁美洲人民的反美帝国主义的斗争，中国政府和人民都给予了无私的支持和援助。当美帝国主义入侵柬埔寨事件发生后，尽管此时中国正处在与美国改善外交关系的时刻，但中国政府毅然在1970年5月20日发表了《全世界人民团结起来，打败美国侵略者及其一切走狗》的声明，严厉谴责美军的侵略行径，指出："无数事实证明，得道多助，失道寡助。弱国能够打败强国，小国能够打败大国。小国人民只要敢于起来斗争，敢于拿起武器，掌握自己国家的命运，就一定能够战胜大国的侵略。这是一条历史的

---

① 《毛泽东文集》第六卷，人民出版社1999年版，第378页。
② 《毛泽东文集》第六卷，人民出版社1999年版，第361页。
③ 《毛泽东思想年编(1921—1975)》，中央文献出版社2011年版，第950页。

规律。全世界人民团结起来,打败美国侵略者及其一切走狗。"①从新中国建立到 20 世纪 80 年代,在中国自己经济物质基础尚属薄弱的情况下,中国先后同 70 多个第三世界国家签订了中国提供经济援助的协议。

中国大力支持第三世界的民族解放事业和正义斗争,中国政府伸张正义、援助弱小、蔑视强权的举动,赢得了许多发展中国家的钦佩和赞誉。第三世界国家和人民也以多种方式支持中国。1971 年 10 月 25 日,第二十六届联合国大会以 76 票赞成、35 票反对、11 票弃权的压倒优势通过了恢复中华人民共和国在联合国的一切合法权利、驱逐台湾蒋介石集团代表问题的提案,主要靠的是第三世界国家的支持。

面对风云突变的国际形势,毛泽东从我国国情着眼,为了中华民族的利益,为了争取有利的国际环境、打破旧的思维模式和感情藩篱,迈出了与美国解冻的步伐。1970 年的会见斯诺、1971 年的乒乓外交、1972 年会晤尼克松,始终亲自掌握着处理中美关系的主动权,推动着两国关系正常化的进展。1972 年 2 月,两国签署了历史性文件——《上海联合公报》,实现了中美关系的正常化。

毛泽东还向世界明确宣布,中国永远不称霸,永远不做超级大国。1974 年,邓小平在联合国大会特别会议上进一步向世界表明毛泽东的永远不称霸的国际战略思想,他说:"中国现在不是,将来也不做超级大国",如果中国有朝一日"变成了一个超级大国,也在世界上称王称霸,到处欺负人家、侵略人家、剥削人家",那么,那时世界人民就应当"揭露它,反对它,并同中国人民一道,打倒它"②。这一声明,充分表明了中国政府和人民反对霸权主义和强权政治的坚强决心。

毛泽东被公认为是反对霸权主义和强权政治的伟大战士,中国被

---

① 《建国以来毛泽东文稿》第十三册,中央文献出版社 1998 年版,第 97 页。
② 《邓小平在联合国大会第六届特别会议上的发言》,《人民日报》1974 年 4 月 11 日。

认为是反对霸权主义、强权政治,维护世界和平的重要力量。即使美苏两国也不得不承认,中国是世界政治力量的决定性因素之一。今天,中国的国际地位和国际威望空前提高,在反对霸权主义、强权政治,维护世界和平、发展、合作、共赢的斗争中发挥着越来越重要的作用,这是与当年毛泽东开创的新格局是分不开的。

第三章　毛泽东思想和中国特色革命道路

一、中国特色革命道路是革命时期毛泽东思想伟大实践的集中成果

中国特色革命道路是中国革命经验的基本总结,是中国社会发展规律的深刻揭示,是新民主主义革命认识上的升华与诠释,是中国特色社会主义道路的历史由来,是革命时期毛泽东思想伟大实践的集中体现。它既是理论又是实践。认真研究,全面准确理解中国特色革命道路的内涵,具有重大的理论价值、学术价值和现实意义。

(一)中国特色革命道路的科学内涵

中国特色革命道路概括起来就是"从新民主主义到社会主义的道路"①。分两步走,第一步是新民主主义革命,第二步是社会主义革命。新民主主义革命属于世界无产阶级革命的一部分,但它不同于俄国十月社会主义革命。在革命性质和步骤上,俄国十月社会主义革命是直接从资产阶级手里夺取政权一步到位,新民主主义革命则是分两步走的革命。在暴力革命原则的运用上,俄国是无产阶级通过社会主义革命、议会斗争、城市武装起义,建立社会主义社会这种革命模式和社会发展模式。新民主主义革命与此相反,通过农村包围城市武装夺取新

---

① 《邓小平文选》第三卷,人民出版社 1993 年版,第 62 页。

民主主义革命的胜利,尔后实现和平过渡。更不同于西方旧式的资产阶级革命,新民主主义革命既是新式的资产阶级民主主义革命,又不走资本主义道路,是无产阶级领导的以社会主义、共产主义为最终奋斗目标,先进行新民主主义革命,然后再对生产资料私有制进行社会主义改造,由新民主主义社会和平过渡到社会主义社会。

中国共产党是以马克思主义为指导建立起来的,中国的共产主义运动是在俄国革命的直接影响下发生的。马克思、恩格斯、列宁关于无产阶级对待资产阶级民主革命的理论,特别是列宁的民族殖民地学说,对中国革命具有直接的指导意义。但是无论是马克思、恩格斯还是列宁,都没有也不可能系统地提出一个完全适合中国革命需要的理论。如何在半殖民地半封建的落后农业大国以马克思列宁主义为指导领导中国革命? 中国革命的性质是什么? 如何取得革命的胜利? 这些问题只能靠中国共产党人自己去创造性地解决。

以毛泽东为代表的中国共产党人,运用马克思主义的世界观、方法论以及科学社会主义原理,正确分析了中国特殊的国情,认清了中国社会性质、主要矛盾,总结了中国革命的独特经验,从而在宏观上指明了中国革命的方向和方位,指出中国革命的性质是新民主主义革命,前途是社会主义的。"就是在无产阶级领导之下的人民大众的反帝反封建的革命。"①创造性地把民主革命与无产阶级领导联系起来,使中国民主革命成为无产阶级责无旁贷的历史使命,这就决定了中国革命的社会主义前途。新民主主义理论科学地回答了中国革命的性质问题,以独创性的内容和鲜明的中国特色,发展了马克思主义。新民主主义革命理论突破了世界近代史上的革命要么是资产阶级民主革命,要么是社会主义革命两种模式,创造了第三种革命类型,解决了在半殖民地半封建的落后国家,无产阶级领导资产阶级民主革命、实现民族独立和人民解放的新课题。新民主主义社会理论关于中国革命分两步走,以新

---

① 《毛泽东选集》第二卷,人民出版社 1991 年版,第 647 页。

民主主义社会和国家为中间站实现向社会主义转变的构想,解决了经济落后国家在夺取政权后,如何建设新国家,创造条件,以最小的代价和平地实现由新民主主义向社会主义转变的难题,发展了马克思主义的不断革命论和革命转变论。这就从根本上解决了在半殖民地半封建社会里如何进行共产主义运动,如何在中国实现社会主义道路问题,为从半殖民地半封建到社会主义架起一座桥梁,打开一个通道。

浴血奋战开辟中国特色革命道路。中国共产党诞生伊始,就以马克思列宁主义为行动指南,以实现共产主义为最终目标。但是,半殖民地半封建的旧中国如何走向社会主义最终达到共产主义,这是"一个全世界共产主义者所没有遇到过的任务",是"困难而特殊的任务"。以毛泽东为代表的中国共产党人总结中国近代历史经验教训,在革命斗争中不断探索中国革命道路。大革命失败后,在白色恐怖笼罩、党面临生死存亡的危急关头,毛泽东提出"枪杆子里面出政权"的思想,根据"八七"会议精神领导了秋收起义,创建了工农红军,开辟了井冈山、赣南闽西农村革命根据地,并深刻分析了若干帝国主义宰割的半殖民地半封建中国的特殊国情,论证了四周白色政权包围中实行"工农武装割据"的可能性,进而提出"星星之火,可以燎原"的论断,形成了"农村包围城市,武装夺取政权"的理论。抗日战争全面爆发后,中国共产党为了执行全面抗战路线和坚持抗日民族统一战线中的独立自主原则,挺进敌后,开展游击战争,开辟抗日民主根据地。面对国民党顽固派对共产主义的诋毁和人们思想上的模糊,毛泽东运用马克思主义的世界观方法论及科学社会主义学说,进一步分析了中国特殊国情,明确阐述了中国革命性质、对象、动力和前途,总结中国革命经验,提出了中国革命分"两步走"的新民主主义理论,标志着毛泽东思想的成熟。

新民主主义理论指明了中国特色革命道路,即由新民主主义到达社会主义。中国特色革命道路伟大实践的成果,就是经长期浴血奋战农村包围城市推翻国民党反动统治,夺取新民主主义革命的伟大胜利,建立了新中国,经社会主义改造和平过渡到社会主义,相继实现了从半殖民地半封建社会到民族独立、人民当家作主新社会的历史性转变,从新民主主义革命到社会主义革命和建设的历史性转变,开辟中国历史伟大新纪元。这就为解放和发展生产力、全面建设社会主义、开辟中国特色社会主义道路提供了根本政治保障,奠定了制度基础。

(二)中国特色革命道路的思想精髓

中国革命历史经验的基本总结。中国革命的历史经验异常丰富,是党的宝贵精神财富。党历来十分重视历史经验,并从不同的视角,不同的层次进行过多次总结。集中起来,最根本的就是两个方面,第一个方面是关于中国革命的历史经验,第二个方面是中国社会主义建设的历史经验。

关于中国革命的历史经验,邓小平同志从坚持马克思主义,坚持把马克思主义同中国实际相结合的角度,深刻地指出:"中国自鸦片战争以来的一个多世纪内,处于被侵略、受屈辱的状态,是中国人民接受了马克思主义,并且坚持走从新民主主义到社会主义的道路,才使中国的革命取得了胜利。"①这就是中国革命取得胜利的基本经验,这条道路是一条既不同于西方资产阶级民主革命,又不同于俄国十月革命的新路子,是不经过资本主义阶段而逐步变为社会主义社会的道路,是中国特色的革命道路。这条道路"既坚持了革命的阶段论,同'左'倾冒险主义和民粹主义划清了界限;又坚持了革命的发展论,同'二次革命论'划清了界限,从而实现了中国'卡夫丁峡谷'的历史性跨越"②。

关于中国社会主义建设的历史经验,邓小平同志从社会主义现代化建设"照抄照搬别国经验、别国模式,从来不能得到成功"的基本经验教训的角度,指出中国的社会主义建设必须从中国的实际出发,要"把马克思主义的普遍真理同我国的具体实际结合起来,走自己的道

---

① 《邓小平文选》第三卷,人民出版社1993年版,第62页。
② 李捷:《毛泽东与新中国的内政外交》,中国青年出版社2003年版,第267页。

路,建设有中国特色的社会主义,这就是我们总结长期历史经验得出的基本结论"①。中国特色社会主义道路是中国特色革命道路发展的必然结果,也是中国社会主义建设历史经验的高度概括。

党的十三大报告,纵观马克思主义中国化六十多年的历史进程,从马克思主义与我国实践的结合实现的两次历史性飞跃的角度,深刻指出:"第一次飞跃,发生在新民主主义革命时期,中国共产党人经过反复探索,在总结成功和失败经验的基础上,找到了有中国特色的革命道路,把革命引向胜利。第二次飞跃,发生在十一届三中全会以后,中国共产党人在总结新中国成立三十多年来正反两方面经验的基础上,在研究国际经验和世界形势的基础上,开始找到一条建设有中国特色的社会主义的道路,开辟了社会主义建设的新阶段。"②实际上所谓飞跃,就是指马克思主义与中国实践相结合的历史进程中,以毛泽东、邓小平为代表的老一辈革命家,对中国革命和社会主义建设事业,在认识上发生了质的变化,在思想理论上取得的突破性的进展,为马克思主义理论宝库增添了新的原理或新的论断,是中国革命独创性经验的科学总结。这两次历史性的飞跃,都是通过"把马克思列宁主义的基本原理同中国实际相结合,走自己的路"来实现的。这是中国共产党人在中国革命和建设的过程中,"吃了苦头总结出来的经验"③。有了这个基本经验,就会使中国的社会主义现代化建设不再犯大的错误。

中国革命发展规律的深刻揭示。人类社会的进步和发展是由低级到高级的逐步发展,但这种依次向前发展的历史趋势未必就是按部就班进行的。因为人类社会发展是统一性和多样性、共性和个性、普遍规律和特殊规律辩证统一的历史过程。在这一过程中生产力和生产关系之间、经济基础和上层建筑之间的矛盾是人类社会的基本矛盾,正是它们的矛盾运动推动着人类社会由低级形态发展到高级形态。奴隶社会

---

① 《邓小平文选》第三卷,人民出版社1993年版,第3页。
② 《十三大以来重要文献选编》(上),人民出版社1991年版,第56页。
③ 《邓小平文选》第三卷,人民出版社1993年版,第95页。

发展到封建社会,资本主义社会发展到社会主义社会都是社会内部生产力和生产关系之间、经济基础和上层建筑之间的矛盾运动的必然结果。由于每一个国家和民族都有属于自己的国情特点和发展态势,不同国家和民族在向更高一个社会形态过渡的过程中总是呈现出自身的特色和模式。因此马克思主义的人类社会发展一般规律并非指所有国家和民族都必须依次经过这五种社会形态的历史演进。事实上迄今为止,我们看到的大多数国家、民族和地区,都没有完整地依次经历这五种社会形态。美国从氏族社会与奴隶制度共存的发展阶段直接过渡到资本主义社会。中国经过漫长的封建社会也没有自然进入到资本主义社会,而是在鸦片战争以后形成了畸形的、另类的半殖民地半封建社会。这种不同国家和民族的各自基本国情,注定其社会发展道路会各不相同。马克思晚年通过对东方社会的研究,发现东西方社会形态的演变过程确有不同特点,认为俄国的农村公社"能够不通过资本主义制度的卡夫丁峡谷,而占有资本主义制度所创造的一切积极的成果"①列宁领导的俄国十月革命把马克思主义基本原理与俄国落后的政治经济文化状况相结合,建立了世界上第一个社会主义国家,把马克思晚年的科学预言变成了现实,为人类社会的发展提供了有益启示。

　　近代中国半殖民地半封建社会的性质,决定中国革命既有一般规律又有特殊规律,一个革命政党只有认识、掌握并熟练运用这个规律,才能推动事业发展。中国共产党高度重视认识和掌握规律,毛泽东在研究中国革命战争的战略问题时指出:"不论做什么事,不懂得那件事的情形,它的性质,它和它以外的事情的关联,就不知道那件事的规律,就不知道如何去做,就不能做好那件事。"②中国共产党领导中国人民长期的奋斗历程,反复证明了无论是战争年代还是和平建设时期,都要站在对中国特殊规律探索的最前列,站在马克思列宁主义与中国实际

----

① 《马克思恩格斯选集》第3卷,人民出版社1995年版,第770页。
② 《毛泽东选集》第一卷,人民出版社1991年版,第171页。

相结合的最前列,结合中国的特殊国情,探索中国革命的特殊道路,从战略上解决走什么路,举什么旗的问题,只有这样才能取得革命的胜利。中国特色革命道路是由现代中国特殊的国情所决定的,是近现代中国社会发展的必由之路,是近现代中国特殊历史规律的反映。中国共产党人在世界无产阶级革命的影响下,依据马克思主义基本原理,领导中国人民在半殖民地半封建的旧中国开辟了经新民主主义社会过渡到社会主义社会的中国特色革命道路。

中国特色新民主主义革命道路的鲜明特点主要体现在:第一,无产阶级领导的资产阶级民主革命。中国共产党成立之后,中国面临资本主义和社会主义两条道路,即资产阶级领导的民主革命和无产阶级领导的社会主义革命。资本主义道路在中国屡试不通,俄国十月社会主义革命模式又脱离中国现实,如何在中国走社会主义道路,经典著作中亦没有现成答案可供遵循。以毛泽东为代表的中国共产党人把马克思主义基本原理与中国实际相结合,创造性地把资产阶级民主革命与无产阶级领导联系起来,使中国资产阶级民主革命成为无产阶级责无旁贷的历史使命,开辟了无产阶级领导的新民主主义革命道路,决定了中国革命的社会主义前途,从根本上解决了在半殖民地半封建的落后国家,无产阶级领导资产阶级民主革命、实现民族独立和人民解放的全新课题。第二,农村包围城市武装夺取政权。在半殖民地半封建的中国,"共产党的任务,基本地不是经过长期合法斗争以进入起义和战争,也不是先占城市后取乡村,而是走相反的道路"①。即农村包围城市武装夺取政权。"马克思、列宁从来没有说过农村包围城市,这个原理在当时世界上还是没有的。但是毛泽东同志根据中国的具体条件指明了革命的具体道路,在军阀割据的时候,在敌人控制薄弱的地区,领导人民建立革命根据地,用农村包围城市,最后夺取了政权。列宁领导的布尔什维克党是在帝国主义世界的薄弱环节搞革命,我们也是在敌人控制

---

① 《毛泽东选集》第二卷,人民出版社1991年版,第542页。

薄弱的地区搞革命,这在原则上是相同的,但我们不是先搞城市,而是先搞农村,用农村包围城市。"①农村包围城市武装夺取政权的道路,突破了俄国十月革命城市中心道路的模式,解决了在经济政治发展不平衡的农业大国,弱小的无产阶级怎样发动和组织农民这个最大的革命力量,最有效打击敌人,积蓄和发展革命力量,最后夺取全国政权的问题,为马克思主义暴力革命理论增添了崭新内容。第三,壮大人民民主统一战线协商建国。民主革命阶段,中国的阶级结构是"两头小中间大",中国共产党作为中国工人阶级的先锋队在领导长期革命斗争中,只能把争取和团结一切可以团结的力量,组成革命统一战线,建立工人阶级领导的以工农联盟为基础的人民民主专政的国家作为奋斗目标。随着解放战争顺利展开和局部政权的控制,以何种组织形式筹建新中国的问题逐渐提到议事日程上来。中国共产党和毛泽东决定通过召开政治协商会议来实现。因为"中国的政治协商会议,是中国革命民族统一战线的为群众所熟悉的新的便当的组织形式"②。中国人民政治协商会议代表工农兵学商各被压迫阶级、各人民团体、各民主党派、各少数民族、各地华侨和其他爱国分子,充分显示其代表的广泛性、决策的民主性和程序的合法性。中国人民政治协商会议依《中华人民共和国中央人民政府组织法》、《中国人民政治协商会议组织法》民主选举中华人民共和国中央人民政府委员会和中国人民政治协商会议全国委员会,中央人民政府为代表中华人民共和国全国人民的唯一合法政府。

新民主主义理论认识上的升华。中国共产党成立后的 28 年间,领导中国人民进行革命斗争的全部历史集中到一点,就是赢得了新民主主义革命的伟大胜利。以人民民主专政的国家政权代替了大地主大资产阶级对全国的统治,使中国由半殖民地半封建社会进入新民主主义社会,为过渡到社会主义社会奠定了基础,创造了基本条件。解决了在

---

①　《邓小平文集》第二卷,人民出版社 1994 年版,第 126—127 页。

②　《中华人民共和国开国文选》,中央文献出版社 1999 年版,第 66 页。

经济落后的半殖民地半封建的社会里,无产阶级如何开展共产主义运动的根本问题,指明了中国革命的方向和方位。这一切,都是在新民主主义理论指引下,经过艰苦奋斗取得的。新民主主义理论是对近代中国特殊规律的深刻揭示和总结,中国特色革命道路正是在新民主主义革命理论的基础上,以宏观视角和世界上资产阶级民主革命和无产阶级社会主义革命相比较,用世界眼光考察中国革命道路得出的结论,是新民主主义理论认识上的升华和诠释。过去只是注重新民主主义理论和近代中国资产阶级革命的联系和区别,着眼于新民主主义革命的内涵思考和内涵本身的把握,而中国特色革命道路理论则具有世界视角,从道路的深度和高度进行再认识,这是用全新的视角和视野进行的最高的概括,与中国特色社会主义道路是等量齐观的。实际上到目前为止,共产党领导人民所走的就是这两条道路。这一理论上的精辟概括既是对新民主主义理论认识上的升华,也是对中国革命和建设特殊规律的深刻揭示,更加坚定了我们走中国特色社会主义道路的信心和决心。

(三)新民主主义革命道路是中国特色革命道路的第一阶段,而且是最重要的阶段

中国共产党成立之后,有资本主义和社会主义两条道路可供选择。"帝国主义的侵略打破了中国人学西方的迷梦。很奇怪,为什么先生老是侵略学生呢？中国人向西方学得很不少,但是行不通,理想总是不能实现。"①资本主义道路在中国走不通;中国国情特殊,俄国十月社会主义革命,城市武装起义道路又脱离中国现实。到底走什么道路？经典著作中虽有所启迪,但没有现成答案可寻,只能把马克思主义与中国实际相结合,走自己的路,这就是中国特色革命道路。

毛泽东创立的新民主主义理论是马克思主义中国化第一次历史性

---

① 《毛泽东选集》第四卷,人民出版社1991年版,第1470页。

飞跃的集中成果,为马克思主义、科学社会主义宝库增添了重要内容,在这一理论指导下,我们党开创了中国新民主主义革命道路,新民主主义理论解决了中国特色革命道路问题。

如果说新民主主义理论完满地解决了中国革命的性质是什么的问题,那么农村包围城市道路理论则解决了取得革命胜利的路径问题。毛泽东系统地总结了土地革命战争的历史经验和抗日战争的新鲜经验,批判了在中国革命道路问题上照抄照搬外国经验的教条主义,科学地论证了中国革命为什么必须走农村包围城市的道路,而且能够走这条道路夺取革命的胜利,形成了完整的农村包围城市道路的理论。"共产党的任务,基本地不是经过长期合法斗争以进入起义和战争,也不是先占城市后取乡村,而是走相反的道路"[①]。这一理论具有鲜明的中国特色。它突破了俄国十月革命城市中心道路的模式,解决了在半殖民地半封建经济政治发展不平衡的农业大国,弱小的无产阶级怎样发动和组织农民这个最大的革命力量,最有效打击敌人,积蓄和发展革命力量,最后夺取全国政权的问题,为马克思主义暴力革命原则增添了新内容。

必须着重指出的是,新民主主义这条中国特色的革命道路,包括农村包围城市道路。农村包围城市理论是毛泽东的一大创造,是标志性理论,正是因为这个原因,以往很多人就把它和中国特色革命道路相混同。农村包围城市道路和新民主主义革命道路既密不可分,又有明显的区别。区别在于范畴不同、理论层次不同、回答问题角度不同。新民主主义是大范畴、大概念,带有总体性的宏观理论;农村包围城市道路是在中国特殊社会历史条件下,实现武装夺取政权的途径,也是完成新民主主义革命任务的必经之路,它是服从和从属于新民主主义道路的。前者范畴更广,后者是服从服务于前者的需要,范畴窄,理论层次低,属于前者的内涵。可以说,农村包围城市理论固然是中国特色革命道路,

---

① 《毛泽东选集》第二卷,人民出版社1991年版,第542页。

但中国特色革命道路不只是人们通常所理解的农村包围城市的道路，而是站在宏观研究的角度，对中国整个革命历程（两个阶段）进行广角触视，综合归纳，是就中国革命经由新民主主义，继而进入社会主义的道路而言的。

探寻这条中国特色革命道路是极其艰辛的。以毛泽东为代表的共产党人克服了党内存在的把马克思主义教条化、把苏联经验神圣化的错误倾向，排除了共产国际对中国革命的干扰，以新民主主义理论为指导，坚持走农村包围城市道路，经过28年艰苦卓绝的奋斗，开创了中国特色革命道路，建立了新中国，为由新民主主义向社会主义转变奠定了基础，确立了社会主义新制度，开创了中国历史新纪元，实现了20世纪中国第二次历史性巨变。

（四）社会主义改造道路是中国特色革命道路的第二阶段

《关于建国以来党的若干历史问题的决议》指出："在过渡时期中，我们党创造性地开辟了一条适合中国特点的社会主义改造的道路。"①过渡时期是融合于新民主主义社会之中，与其同步进行的。"社会主义改造是我国经济战线上的社会主义革命"②。它使毛泽东构想的中国特色革命道路的第二步得以顺利实现。

毛泽东在《中国革命和中国共产党》一文中深刻地指出："整个中国革命是包含着两重任务的。"这两重任务就是资产阶级民主主义性质的革命（新民主主义的革命）和无产阶级社会主义性质的革命。"而一切共产主义者的最后目的，则是在于力争社会主义社会和共产主义社会的最后的完成。"③这就是毛泽东所构想的中国特色革命道路的总体框架，至于如何使民主主义革命与社会主义革命成功对接，实现由新

---

① 《十一届三中全会以来重要文献选读》（上），人民出版社1987年版，第306页。
② 沙健孙：《关于社会主义改造问题的再评价》，《当代中国史研究》2005年第12期。
③ 《毛泽东选集》第二卷，人民出版社1991年版，第651—652页。

民主主义社会向社会主义社会的过渡,毛泽东再一次超越了苏联国家在彻底砸碎资产阶级的国家机器,废除资本主义社会的经济基础的前提下,"必须在所谓'空地上'创造新的社会主义的经济形式"①的突如其来的革命性变革模式。"毛泽东则把这场必然的社会变革变成了一种不流血的、和平的过渡,通过许多中间环节,在新民主主义社会同社会主义社会之间架起了一座渐变的桥梁,每天都在过渡,每天都在变化,做到'瓜熟蒂落','水到渠成',避免了社会动荡和生产力的破坏。"②社会主义改造理论突破了苏联模式的束缚,创造了工业化和改造同时并举的道路,突破了一举过渡的框框,顺利地实现了逐步过渡,使"我们党创造性地完成由新民主主义到社会主义的过渡,实现中国历史上最伟大最深刻的社会变革,开始了在社会主义道路上实现中华民族伟大复兴的历史征程。"③

二、新民主主义革命理论指引中国共产党领导 新民主主义革命取得伟大胜利

毛泽东思想的主体内容在新民主主义革命时期是新民主主义革命理论。

新民主主义革命理论完满地解决了中国特色革命道路问题,是马克思列宁主义与中国革命相结合的第一次历史性飞跃的伟大成果。

新民主主义革命理论在实践上的伟大价值,在于指引中国共产党,领导中国人民,经长期浴血奋战、艰苦奋斗,推翻三座大山,取得新民主主义革命的胜利,建立新中国,进而转到社会主义革命,开创了中国特色革命道路。

新民主主义革命理论回答了中国革命的对象、任务、动力、性质和

①　《斯大林文集》,人民出版社 1985 年版,第 601 页。
②　《中外学者纵论 20 世纪的中国》,江西人民出版社 2003 年版,第 36 页。
③　《十六大以来重要文献选编》(上),中央文献出版社 2005 年版,第 43 页。

前途等问题,指明了在半殖民地半封建社会的中国,开展社会主义运动,走向社会主义的方向和前途。以毛泽东为代表的中国共产党人,以高度的革命精神、科学态度和理论勇气,在领导中国革命实践过程中,深入实际,深入群众,调查研究,分析国情,逐渐懂得了马克思主义不是教条,而是行动的指南,必须把马克思主义基本原理与中国革命实践相结合,批评了那种把马克思主义教条化、把共产国际决议和苏联经验神圣化的"唯上"、"唯书"的本本主义错误倾向,提出了"没有调查就没有发言权"、"中国革命胜利要靠中国同志了解中国情况"等重要论断。从而把马克思主义基本原理与中国革命实践相结合,总结出中国革命的独创性经验,提出了符合中国国情的理论与原则——新民主主义革命理论。

新民主主义革命理论坚持运用历史唯物主义观点、方法及列宁关于殖民地问题的学说分析中国国情,坚持和发展了马克思关于无产阶级在民主革命中的领导权的原理,坚持和发展了被压迫民族无产阶级要联合本国资产阶级共同反对压迫民族资产阶级的理论,坚持和发展了马克思主义的暴力革命原则,坚持和发展了马克思主义的无产阶级专政学说,坚持和发展了马克思主义的阶级分析法和具体情况具体分析的辩证方法。依据新民主主义革命理论,中国共产党认识到,中国革命必须分两步走,经新民主主义到社会主义。

中国共产党在新民主主义革命理论指引下,在大革命失败,党生死存亡的紧急关头召开了八七会议,确定土地革命和武装反抗国民党反动派的总方针。毛泽东率领秋收起义部队适时转向农村,登上井冈山,实行工农武装割据,开辟了农村包围城市,武装夺取政权的道路。在日本军国主义发动全面侵华战争,中华民族危亡关头,中国共产党积极推动建立了国共合作为基础的抗日统一战线,针对国民党的两面政策,制定了一系列抗日统一战线的策略总方针和斗争原则,坚持抗战、团结和进步,巩固扩大了统一战线,成为抗日战争的中流砥柱。抗战胜利前夕,在新民主主义革命理论指引下,党的七大及时提出打败日本侵略

者,建立新中国——联合政府的伟大号召,并在这一伟大号召激励下最
终夺取抗战胜利。抗战胜利后,面对国民党反动派发动的全面内战,中
国共产党果敢地领导了人民解放战争,提出"打倒蒋介石,建立新中
国"的口号,经过三大战役取得决定性胜利。在新民主主义理论指引
下,中国共产党提出"五一"口号,筹备召开新政协、建立新中国的工
作。随后毛泽东发表《论人民民主专政》,为新中国的建立奠定了坚实
的理论基础。1949 年中华人民共和国成立,标志着新民主主义革命的
基本结束和社会主义革命的开始。

　　在成立后的 28 年间,中国共产党领导中国人民进行革命斗争的全
部历史集中到一点,就是取得了新民主主义革命的伟大胜利,以人民民
主专政的国家代替了大地主大资产阶级对全国的统治,使中国由半殖
民地半封建社会进入新民主主义社会,为过渡到社会主义社会创造了
基本条件。这一切,都是在新民主主义革命理论指引下,中国共产党领
导中国人民,经过艰苦奋斗取得的。

三、过渡时期总路线指引社会主义改造和平过渡到社会主义

　　毛泽东思想主体内容在社会主义革命时期是社会主义改造理论,
在毛泽东思想指引下进行社会主义改造的总路线就是过渡时期总
路线。

　　学术界对过渡时期的几个问题一直都有争议,就像新民主主义社
会与过渡时期是否属于同一个历史范畴？如何评价过渡时期总路线？
是否提出过早,不合时宜？

　　按照毛泽东在新民主主义革命时期提出的对新民主主义社会的构
想,它显然是一个相对独立与稳定并且是相当长的过渡性的历史时期。
在条件具备、人们有过渡到社会主义的愿望和要求时,再从容地由新民
主主义过渡到社会主义社会。这种思想一直到制定共同纲领时,周恩

来、刘少奇还有针对性地解释,并依此来说明社会主义不记入纲领的理由。毛泽东在 1950 年 6 月党的七届三中全会的讲话中,也强调"不要四面出击"。

然而,1952 年 9 月以后,毛泽东多次讲到过渡时期总路线的问题。1953 年 6 月 15 日,毛泽东在中央政治局扩大会议上第一次对党在过渡时期的总路线和总任务的内容作了比较完整的表述。在修改中宣部起草的关于过渡时期总路线的宣传提纲时,毛泽东把党在过渡时期的总路线进一步完整准确地表述为:"从中华人民共和国成立,到社会主义改造基本完成,这是一个过渡时期。"这里的提法和表述显然同新民主主义革命时期对新民主主义社会及向社会主义过渡的论述是有变化的,这时明确地把过渡时期与新民主主义社会作为同一历史范畴。十一届六中全会决议由此也称这一段为"基本完成社会主义改造的七年"。可见,过渡时期的起始是新中国成立到 1956 年三大改造基本完成的整个新民主主义社会历史时期。刘少奇在 1954 年 9 月全国人大一届一次会议上所作《关于中华人民共和国宪法草案的报告》中说,从中华人民共和国成立以后,我国已经走上了社会主义的道路。宪法草案序言中说:"从中华人民共和国成立到社会主义社会建成,这是一个过渡时期。"这里姑且不论建成的时期与标志,至少说明了从新中国成立就开始过渡,属于过渡时期。

对上述毛泽东和党中央其他领导人在新民主主义革命时期直到新中国成立之初的有关提法和表述与 1953 年以后的不同如何理解?某些同志一度以为前者正确后者"左"了,从而有怀疑或否定过渡时期总路线的倾向。

笔者认为前后的提法与表述的确有变化,但两者都是正确的,都是符合当时的国情和实际情况的。搞清这个问题必须把握两点:一是后者提法和表述发生变化的原因和根据是情况的变化。当时,国外美帝国主义发动侵朝战争,国内资产阶级不法工商业者疯狂进攻。国家急需集中人力物力用于抗美援朝,保家卫国,急需实现社会主义工业化,增加国防经济实力。二是过渡时期总路线与实践中的问题,要区别开来。总路线规定相当长时期逐步过渡,一化与三改是主体与两翼的关系,毛泽东曾讲需要 15 年,即三个五年计划。可见,这是既没有急躁情绪,又不是单纯地抓生产关系。问题发生在实践上,总路线提出不久,1955 年即突然宣布"社会主义高潮",十五年的任务三年多而实现。改造过急过快,工作过粗,形式简单化,过早地结束了过渡时期。因此,还应以十一届六中全会通过的决议为依据分析上述问题,评价过渡时期总路线。

由于改造过急过快,过渡时期结束过早,新民主主义制度的潜力没有来得及充分发挥而提前进入社会主义,"两翼"高飞在前,"主体"远远落在后面,不可避免地留下许多后遗症,加重了初级阶段发展生产力和社会主义建设的任务,这就使中国的社会主义与其他国家实行社会主义的起始阶段更加有所不同。社会主义初级阶段既然是由新民主主义转变而来,就不可避免地带来浓厚的新民主主义的社会遗迹,特别是改造后期出现了问题,提前结束过渡时期。

新民主主义与中国特色社会主义有着密切的联系:

在经济所有制形式上,由于新民主主义是从半殖民地半封建社会脱胎而来,生产力水平低下,五种经济成分并存,以社会主义国营经济为主导,社会主义初级阶段虽比新民主主义生产力有所发展,但水平仍较低,并且发展不平衡呈现多层次。与此相适应再加上两者的渊源关系,在初级阶段所有制形式上,以社会主义经济为主体,同时允许其他经济成分作为社会主义的必要补充或重要组成部分。尽管社会性质上两者泾渭分明;但在形式上二者却是藕断丝连,这是符合生产力决定生产关系的历史唯物主义原理的,也是符合中国国情的。

在政治上,两个时期都是实行共产党领导的多党合作和政治协商制度。共产党领导的多党合作和政治协商制度,是在新民主主义革命时期,在反对国民党卖国、独裁、内战的斗争中,在解放区政权建设中,以及新民主主义革命胜利后全面政权的建设中,形成的有中国特色的一个基本政治制度。这就决定在进入社会主义社会以后,应该继续保持与发扬这种行之有效的政治制度,发挥它的优势,为社会主义建设提供保障。

由于提前进入社会主义,更加深了初级阶段与新民主主义的密切联系。这样,人们易于产生把两个阶段相混同的认识,并进而认为初级阶段,实际上就是新民主主义阶段。因此,在了解两个阶段有密切联系的同时,必须明确二者的区别。

首先,二者是两个不同的历史范畴,社会性质有质的区别。后者是从前者发展而来的,社会主义制度已经确立,社会性质已经由新民主主义社会变为社会主义社会。其次,二者的阶段结构不同,社会主要矛盾不同。前者仍然是有阶级的社会,当然与历史上剥削阶级统治的阶级社会在性质上有区别。后者是剥削阶级基本消灭,剥削制度基本消灭。前者的社会主要矛盾,既有生产力低下与人民生活需要的矛盾,又有两个阶级的两条道路的矛盾。后者则是两个阶级两条道路的矛盾基本解决,主要的是生产力落后与日益增长的社会需要之间的矛盾。再次,二者的主要任务和工作重点不同。前者既抓发展生产力,又要逐步解决两个阶级两条道路的矛盾,后者把党和国家的工作重点转移到经济建设上。最后,二者的社会经济结构不同,各种经济成分的地位和比重不同。前者是以社会主义国营经济为主导,五种经济成分并存。后者是以社会主义国营经济为主体,允许私人资本主义经济和个体经济存在,作为社会主义经济的必要补充或重要组成部分。

总之,站在社会主义初级阶段这一新的、更高的认识层次,客观地总括新民主主义理论体系的内涵和外延,纵横比较,就会得出许多富有教益的结论,就会使人们对我国社会主义改造中的失误和我国伟大的改革事业有更加明确的认识。虽"悟已往之不谏",但"知来者之可追"。我们加深对新民主主义理论的宏观研究,必将产生有利于中国特色社会主义建设的积极效果。

中国特色社会主义改造道路的鲜明特色主要体现在:第一,主题是

"和平赎买",确立社会主义制度。中国特色的社会主义改造道路不同于马克思的理论构想,也不同于传统的苏联式的强制剥夺一举向社会主义过渡。而是对个体农业和手工业按自愿互利、典型示范和国家帮助原则,通过合作化道路变个体所有制为社会主义集体所有制;对资本主义工商业采取国家资本主义的过渡形式,实现对资产阶级赎买,和平过渡到社会主义。和平改造的胜利和社会主义制度的确立突破了苏联一举过渡模式的束缚,解决了中国实现社会变革与经济发展、和平过渡与消灭剥削制度通常难以解决的矛盾问题。第二,过程是"同时并举"。党在过渡时期总路线内容是"一化三改",即社会主义工业化建设与社会主义改造同时并举。中国特色的社会主义改造不但要进行社会制度方面由私有制到公有制的革命,而且进行技术方面由手工业生产到大规模现代化机器生产的革命,两种革命结合在一起。社会主义改造就是变革不适应社会主义工业化发展要求的生产关系,紧紧围绕社会主义工业化建设这个中心任务进行的。在社会主义改造的过程中,党和政府一直没有放松经济建设,总是力求使其与经济发展的要求相适应,使其直接有利于解放生产力、促进生产力的发展。社会主义改造作为一场社会运动不但没有阻碍社会主义工业化建设,反而成为超额完成国民经济和社会发展第一个五年计划和直接推动社会主义建设的重要力量。第三,方式是"水到渠成",避免社会动荡混乱。在农业社会主义改造过程中,党充分利用广大农民土地改革后的积极性和政治热情,趁热打铁领导农民走互助合作的道路,创造了互助组、初级社和高级社这种逐步过渡的办法,引导农民逐步地走向社会主义。在工商业社会主义改造过程中,党把对私营工商业采取"利用、限制、改造"的方针同对民族资产阶级"团结、教育、改造"的政策结合起来,经济上给以补偿,政治上给以地位,思想上给以教育,积极地稳步地进行社会主义改造,让民族资产阶级在逐步过渡中能够比较自然地接受改造,做到"瓜熟蒂落、水到渠成"。一场声势浩大、翻天覆地的社会变革在几亿人口的大国和平、民主、有序地进行,避免了社会动荡和生产力的破坏。通过三十多年的艰辛努力,中国共产党人成功地从中国现实出发独立思考和探索适合自己的道路,进而开启了在落后的以农业生产为主导的东方国家进行社会主义革命、建设社会主义的世界历史新路向。

四、中国特色革命道路成果为中国特色社会主义 道路创造前提条件提供制度保障

以毛泽东为代表的中国共产党人运用马克思列宁主义基本原理,根据旧中国的社会性质和所处历史方位的实际国情、中国社会主要矛盾和工人阶级成长壮大、民族资产阶级具有软弱性的特点以及十月革命后世界历史的时代特征,明确提出中国革命必须分"两步走",第一步是新民主主义革命,第二步是社会主义革命,带领全国人民经过艰苦卓绝的奋斗,取得了新民主主义革命和社会主义革命的伟大胜利,成立新中国,确立了社会主义制度。这就为中国走社会主义道路提供了根本保障,为中国社会的一切发展进步奠定了根本的政治前提和制度基础。

(一)中国特色革命道路成果为中国特色社会主义道路创造政治前提

社会主义中国的建立,是近代中国历史发展的必然,是中国历史上翻天覆地的最深刻最广泛的社会变革,中国人民由奴仆变成主人,中华民族由苦难走向辉煌。中国自近代鸦片战争以来政治上受压迫,经济上被剥削,文化上遭奴役,先进的中国人前赴后继,冥思苦想,艰辛探索走什么样的道路才能实现民族独立和人民解放、国家富强和人民幸福。他们不间断地向西方寻求救国救民的解决方案,力图依照西方资本主义制度来改造中国,把民族复兴的期盼和中国富强的希望寄托于实行和发展资本主义。无论是晚清的洋务运动还是康梁的戊戌变法,无论是清廷的预备立宪还是孙中山领导的辛亥革命,他们或是器物革新,或

是制度引进,或是革命发端,其实都是照抄照搬和移花接木搞君主立宪或资产阶级革命,这些革命虽然对中国社会进步起了不同程度的积极推动作用,特别是辛亥革命打开了中国社会进步的闸门,但最后都以失败而告终。民国有名无实,中国依然是一个四分五裂、千疮百孔的烂摊子,在半殖民地半封建的泥潭中越陷越深。历史以其惨痛的教训告诉我们,在中国封建主义旧统治已无法延续,而资本主义新尝试又屡遭失败。正当中国人民为救亡图存迷茫和困惑之际,俄国十月革命一声炮响给我们送来了马克思列宁主义。中国的先进分子从俄国十月革命的胜利中看到了中国的新曙光。以毛泽东为代表的中国共产党人把马列主义作为中国共产党的行动指南,科学分析判断中国特殊国情和社会性质,总结中国革命正反两方面历史经验,把马克思主义具体化、民族化、中国化,用中国化的马克思主义指导中国革命,终于建立了中华人民共和国,进而确立了社会主义制度。社会主义中国的建立,根本不同于中国历史上的任何封建王朝,它不再是周而复始的改朝换代的历史变迁,更不同于大地主大资产阶级的国民党反动统治,它是工人阶级领导的,以工农联盟为基础的人民民主专政。这是中国亘古未有的代表最广大人民意志的新型民主国家,它彻底结束了极少数剥削者统治广大劳动人民的历史,开创了人民民主的全新时代。1954年中华人民共和国召开第一届全国人民代表大会,制定了我国第一部社会主义类型的宪法《中华人民共和国宪法》,以国家根本大法的形式明确规定,中华人民共和国的一切权力属于人民,人民通过人民代表大会的形式行使权力。人民当家作主,中国人民数千年魂牵梦萦并为之不懈奋斗的美好愿望终于得以实现,这是中国有史以来破天荒的第一次,这是中国人民自己掌握自己命运的新时代,中国人民从此站立起来了。

社会主义中国的建立,为中国现代化和当代中国一切发展进步创造了根本的政治前提。现代化是人类社会文明长期发展的趋势和必然结果,是人类长期以来梦寐以求的理想和目标。现代化是一个综合发展的过程,不仅仅指一个社会单纯经济的科技的发展水平,而且涉及社会发展诸层面的复杂历史变迁,关系到社会结构、人口素质、政治秩序、文化环境、意识形态等方面的整体性变革。从历史和现实的角度来看,世界性的现代化历史过程有资本主义和社会主义两种性质、"先发内源型"和"后发外生型"两种类型的发展道路。由于时代不同、国情不同,各国必然有不同类型的现代化道路。近代中国半殖民地半封建的社会性质和中国革命所处的国际时代背景所决定,软弱的中国资产阶级不能担当起领导完成民主革命的历史任务,资本主义现代化道路在中国行不通,中国只能走"后发外生型"的社会主义现代化道路。而中国走"后发外生型"的社会主义现代化发展道路必须先拥有主权独立、领土统一的国家政权,然后依靠国家政权领导中国的社会主义现代化建设。对此,马克思恩格斯早就指出:革命的根本问题是国家政权问题,无产阶级革命首先必须以暴力夺取政权,以无产阶级专政代替资产阶级专政,才能建立社会主义。因为以生产资料公有制为基础的社会主义经济形式,不可能在以私有制为基础的资本主义社会内部形成。当国家的命运还不掌握在中国人民自己手中的时候,当统治中国的反动势力拒绝一切根本的社会变革的情况下,要在一个半殖民地半封建的落后国家实现现代化,无异于海市蜃楼,痴人说梦。早在新民主主义革命时期毛泽东就指出:"没有独立、自由、民主和统一,不可能建设真正大规模的工业。没有工业,便没有巩固的国防,便没有人民的福利,便没有国家的富强。""在一个半殖民地的、半封建的、分裂的中国里,要想发展工业,建设国防,福利人民,求得国家的富强,多少年来多少人做过这种梦,但是一概幻灭了。"①轰轰烈烈的辛亥革命也只是昙花一现,完成20世纪中国民族独立、人民解放和国家繁荣、共同富裕的两大历史任务的重担必然让位于无产阶级。"从世界的历史来看,资产阶级工业革命,不是在资产阶级建立自己的国家以前,而是在这以后;资本主义的生产关系的大发展,也不是在上层建筑革命以前,而是在这以

---

① 《毛泽东选集》第三卷,人民出版社1991年版,第1080页。

后。都是先把上层建筑改变了,生产关系搞好了,上了轨道了,才为生产力的大发展开辟了道路,为物质基础的增强准备了条件。当然,生产关系的革命,是生产力的一定发展所引起的。但是,生产力的大发展,总是在生产关系改变以后。"①中国共产党领导中国人民经过长期、曲折的艰苦斗争和浴血奋战,终于取得了新民主主义革命的胜利,建立了人民民主专政的新型国家,实现了中华民族的独立和中国人民的解放。人民民主专政的国家政权以民主集中制为组织原则,以人民代表大会为政权组织形式,以政务院(国务院)为政权最高行政机构,它们与共产党领导的多党合作与政治协商制度和民族区域自治制度起,共同构成了社会主义中国的基本政治架构。中国特色社会主义政治制度是由中国国情和国家社会性质所决定的,根本不同于资产阶级民主制的三权分立。它是植根于中华民族几千年来赖以生存和发展的广阔沃土,依据马克思主义国家与革命学说,产生于中国人民为争取民族独立和国家富强而进行的伟大实践。社会主义中国基本政治制度的建构创造了中国走"后发外生型"社会主义现代化道路的根本政治前提,为发展人民民主,促进经济社会发展,维护国家统一、民族团结,实现人民幸福、社会和谐提供根本政治保障。

(二)中国特色革命道路为中国特色社会主义道路奠定制度基础

人民民主专政的国家制度和社会主义公有制的确立,为开辟中国特色社会主义道路,实现社会主义现代化奠定了制度基础。在人类社会发展的历史进程中,从奴隶制到封建制,从封建制到资本主义制度,都是一种私有制形式为另一种私有制形式所代替,一些剥削者的政权为另一些剥削者的政权所代替。半殖民地半封建的旧中国,封建生产关系占据主导地位,现代工业发展缓慢,民族工业在帝国主义和本国封建主义联合挤压的夹缝中艰难生存,在国民经济中占绝对优势的农业,

① 《毛泽东文集》第八卷,人民出版社1999年版,第131—132页。

仍然保持着几千年遗留下来的陈旧生产方式。新中国成立后,中国共产党以人民民主专政的国家政权为杠杆,以社会主义基本政治制度为保障,对生产资料私有制进行社会主义改造,基本消灭了剥削制度,确立了社会主义制度。这是中国历史"三千年未有之大变局",中国从半殖民地半封建社会经短暂的新民主主义社会而过渡到社会主义社会,进而走上民富国强的现代化康庄大道,这是中国社会发生的历史性巨变。社会主义公有制的建立消除了资本主义社会无法解决的生产的社会性和生产资料私人占有之间的矛盾,成为社会主义经济制度的基础。尽管社会主义制度建立初期中国的经济文化还处于落后状态,生产的商品化和社会化程度还比较低,社会主义制度还很不完善,但社会主义经济制度与社会化大生产的高度一致性为中国由一个落后的农业国走向现代化的工业国创造了制度条件,为解放和发展社会生产力开辟了广阔的道路,为中国特色社会主义道路奠定了制度基础,展示了走向社会主义现代化的光辉前景。

以公有制为基础的社会主义经济制度。新民主主义革命胜利后,中国共产党通过没收官僚资本主义经济、和平赎买民族资本主义经济,建立了社会主义全民所有制;在土地改革基础上,通过对个体农业、个体手工业进行社会主义改造,建立了社会主义劳动群众集体所有制。具有社会主义性质的国营经济取代外国资本主义和本国封建官僚资本主义,成为中国经济的主导形式。三大改造的基本完成标志着我国实现了从新民主主义社会到社会主义社会的过渡,建立起以生产资料公有制为基础的社会主义经济制度,把马克思的科学社会主义基本原则变成了社会现实。公有制是我国社会主义经济制度的基础,是确保我国社会的社会主义性质的根基。在中国,离开了公有制经济的主体地位,社会主义就将丧失其自身的经济基础,也就无法坚持和保证社会主义方向和社会主义道路。

以人民民主专政为主体的社会主义政治制度。国体亦称国家性质,即国家的阶级本质,它是由社会各阶级、阶层在国家中的地位所反映出来的国家的根本属性。不同类型国家的宪法对国体的表现方式很不一致。资本主义国家宪法通常以"主权在民"、"全民国家"等超阶级的字样规定国体，掩盖国家的阶级本质。而社会主义国家则公开表明国家的阶级本质，宣布自己是无产阶级专政或人民民主专政的国家。中国共产党运用马克思主义的国家学说，结合中国实际，建立起工人阶级领导的、以工农联盟为基础的人民民主专政的社会主义新型国家政权。我国宪法总纲明确规定：中华人民共和国是以工人阶级领导的、工农联盟为基础的人民民主专政的社会主义国家。社会主义制度是我国的根本制度，人民民主专政是我国国家性质的具体体现。人民民主专政是一种对人民实行民主和对敌人实行专政有机结合的国家制度。民主和专政是一个问题的两个方面。人民民主专政的民主方面和专政方面是辩证统一的，对人民实行民主是对敌人实行专政的基础，对敌人实行专政是对人民实行民主的保障。与人民民主专政国体相适应的人民代表大会制度的政体、中国共产党领导的多党合作和政治协商制度、民族区域自治制度，共同构成了我国社会主义民主政治的基本制度框架。

以马克思主义为指导的社会主义文化制度。无产阶级政党在取得民主革命胜利后，要建立和巩固自己的政治统治，不仅要在新的国家政权中占据统治地位，而且要在整个意识形态领域中占据主导地位。新中国成立初期人们的思想文化状况呈现多样化、复杂化特点。既有领导阶级的无产阶级思想，也有旧社会遗留下来的资产阶级思想、封建主义思想的残余；统治阶级的主流意识形态已经确立，但同时各种社会思潮广泛地存在。新中国成立后，中国共产党和中央人民政府主要通过对旧知识分子的思想改造和旧有教育体制改革运动，逐步消除和肃清资产阶级思想、封建主义思想、法西斯主义思想和各种唯心主义思想，中国人民的思想逐步统一到共产党领导的、毛泽东思想指引的、社会主义道路的共识上来。中国共产党用辩证唯物主义和历史唯物主义来树立知识分子为人民服务的思想，逐步确立和巩固社会主义意识形态的主导地位，逐步制定和实施了以"双百方针"为主要内容的社会主义文化方针和政策,马克思主义的统领地位被确立下来。马克思主义对思想文化领域的领导,指明了中国先进文化的前进方向,为走中国特色社会主义道路奠定了坚实的思想和理论基石。

(三)中国特色社会主义道路继承了新民主主义的"基因"

马克思主义认为,人类社会的发展是由低级到高级逐步发展的历史过程,前一种社会形态为后一种社会形态的发展创造条件。资本主义社会为社会主义的实现准备比较充足的物质基础,生产力水平高度发展,生产社会化程度较高,商品经济发达,建立在这种社会基础上的社会主义是马克思主义理论意义上的理想社会主义模式。然而实践中的社会主义并非都如此,俄国十月社会主义革命是在资本主义欠发达的国度突破了社会主义"多国胜利论"的理论局限,率先实现了社会主义"一国胜利论"的实践跨越。在十月社会主义革命的鼓舞下,中国社会主义社会是由刚刚脱胎于半殖民地半封建社会经短暂的新民主主义社会过渡而来的经济文化比较落后的社会主义,不是经资本主义阶段过渡而来的社会主义。这种差别和特点决定了我国的社会主义既不同于马克思恩格斯构想的建立在发达资本主义基础上的社会主义社会,也不同于俄国十月革命胜利后建立起来的社会主义。新民主主义社会所能提供给社会主义社会的物质基础十分薄弱。当时中国农业在国民经济中占90%的比重,而现代工业在国民经济中仅仅占到10%。因此中国的社会主义"在各方面,在经济、道德和精神方面都还带着它脱胎出来的那个旧社会的痕迹"①。这种"旧社会的痕迹"的集中表现是经济文化比较落后,经济社会发展很不平衡,农业人口占很大比例,贫困人口占很大比重,人民生活水平还很低,在这样经济文化异常落后的社会基础上建立起来的社会主义制度还不完善、不成熟。用邓小平的话说是"不够格"的社会主义。这就决定了必须在社会主义条件下经历

---

① 《马克思恩格斯选集》第3卷,人民出版社1995年版,第304页。

一个相当长的初级阶段,去实现由资本主义社会经几百年完成的工业化和经济的社会化、市场化、现代化的历史任务。这是社会生产力发展的客观规律,是近代中国社会特殊国情发展与作用的结果,是新民主主义社会发展合乎逻辑的历史必然。因为"人们自己创造自己的历史,但是他们并不是随心所欲地创造,并不是在他们自己选定的条件下创造,而是在直接碰到的、既定的、从过去承继下来的条件下创造"①。本来我国既有的生产力水平就低,经济发展不平衡,人口多,底子薄,耕地少,加之中国生产资料私有制社会主义改造后期出现了过急、过快、过粗的缺欠,致使新民主主义制度的优越性没得到充分发挥即过渡到社会主义社会,这就留下了历史"后遗症",加深了社会主义初级阶段与新民主主义的密切联系,增强了我国的社会主义承袭新民主主义"基因"的必然性。

中国社会近代以来面临两大历史任务:一是争取民族独立和人民解放;二是实现国家繁荣富强和人民共同富裕。而近代中国社会的两大历史任务并不是孤立的,乃是相互联系、内在统一的。两大历史任务的关联性、因果性、统一性决定了完成两大历史任务的中国特色革命道路和中国特色社会主义道路的承继性、阶段性、必然性。中国特色革命道路和中国特色社会主义道路如同不可分割的历史链条承载着实现社会主义现代化和中华民族伟大复兴的历史重托。从求得民族独立和人民解放这一任务看,要改变民族受压迫和人民受剥削的状况,必须从根本上推翻帝国主义和封建主义的统治,解决上层建筑和生产关系问题;从实现国家繁荣富强和人民共同富裕这一任务来看,必须改变近代中国经济文化落后的状况,解放和发展社会生产力,变传统农业国为现代工业国,实现社会主义现代化。中国共产党之所以不首先以生产力作为切入点,而是从摧毁反动的国家政权,改变旧的生产关系入手,是因为如果不首先争取民族独立和人民解放,帝国主义强加在中国人民头上的不

---

① 《马克思恩格斯选集》第1卷,人民出版社1995年版,第585页。

平等条约不废除,势必使中国的民族工业欲振不兴,举步维艰,仍旧处于穷困潦倒的境地。而封建土地私有制度又使广大农民欲生不能。这样就不能进行大规模的经济建设,国家的繁荣富强和人民的共同富裕就不可能实现,而要完成这一历史任务,就必须先解决政权问题。马克思主义告诫我们:一切革命的根本问题,就是国家政权问题。只有推翻反动的国家政权,才能使中国从帝国主义的枷锁中挣脱出来,获得民族独立,才能使中国人民从封建主义的压迫下解放出来,建立人民当家作主的主权国家,进而对生产资料私有制实行社会主义改造,建立社会主义基本制度。只有这样才能使国家繁荣富强和人民共同富裕有了根本政治保障。以民族独立和人民解放为重任的中国特色革命道路是中国特色社会主义道路的历史奠基,以国家繁荣富强和人民共同富裕为目标的中国特色社会主义道路是中国特色革命道路历史发展的逻辑结果。

中国特色社会主义的由来和基本客观依据,就是我国的社会主义社会,是由一个原来曾经是经济十分落后的半殖民地半封建社会脱胎而来,经过不长时间的新民主主义过渡到社会主义。中国特色的社会主义是新民主主义发展的必然结果,两者有着血缘的因果关系。因此,抛开对新民主主义社会的认识,便无从真正理解中国特色的社会主义。

中国特色的社会主义有其特定的涵义,它并非泛指在任何国家搞社会主义都有自己的特点。最基本的区别在于中国的社会主义不是马克思、恩格斯、列宁论述的从资本主义过渡而来。因此,对中国特色的社会主义的认识,就应从新民主主义同资本主义的区别及其各自过渡到社会主义所带来的特点加以理解。资本主义为社会主义准备了比较充足的物质基础,生产力水平高度发展,生产社会化的程度较高,商品经济发达。新民主主义社会在这些方面较之资本主义落后,物质基础很薄弱。由此而决定了新民主主义过渡到社会主义以后,必须要经历一个很长的社会主义初级阶段。而这个初级阶段恰恰是中国特色社会主义最基本的客观依据。

第四章 毛泽东思想与中国特色社会主义理论体系的关系

一、马克思主义与中国实际相结合两次历史性飞跃、两大理论体系

党的十七大报告首次提出了中国特色社会主义理论体系这一崭新的科学命题,指出,中国特色社会主义理论体系包括邓小平理论、"三个代表"重要思想和科学观等重大战略思想。这就把改革开放以来马克思主义中国化的创新理论成果统一整合到这一理论体系之中,这是马克思主义中国化发展史上的创举,是对党的思想理论建设的重大贡献,得到了理论界和党内外的广泛认同。但是,对于党的十七大报告为什么没有把毛泽东思想纳入到中国特色社会主义理论体系中,如何理解毛泽东思想与中国特色社会主义理论体系的关系,社会上、理论界还有种种疑惑和曲解,需要深入研究,并给予科学的阐述,以便把思想统一到十七大的崭新论断上来,更好地认识和理解毛泽东思想的历史地位和当代价值,更好地坚持和发展中国特色社会主义理论体系。

毛泽东思想与中国特色社会主义理论体系是分别属于马克思主义中国化历史进程中不同历史范畴的两大理论体系。

中国共产党在领导中国人民进行革命、建设和改革九十多年征途中,实现了马克思主义基本原理与中国实际相结合的两次历史性飞跃,形成了两大理论体系、两大理论成果,即毛泽东思想和中国特色社会主义理论体系。二者所处的历史方位、面临的历史任务和需要解决的主

要问题是不同的。

作为第一次历史性飞跃理论成果的毛泽东思想,其主体部分是新民主主义理论,核心是关于中国革命分"两步走"思想。它形成于新民主主义革命时期,面临的历史任务是反对三大敌人,实现民族独立、人民解放,解决的根本问题是政权和革命道路问题,主要回答了在半殖民地半封建社会进行什么性质的革命,怎样进行革命,革命的步骤和前途是什么的基本问题。在毛泽东思想的指引下,我们党开辟了中国特色革命道路,即经新民主主义到社会主义的道路,在农村建立根据地,以农村包围城市,武装夺取政权,取得了新民主主义革命的胜利,建立了中华人民共和国,进而实行社会主义革命转变,完成生产资料私有制的社会主义改造,确立了社会主义制度。这就为中国走社会主义道路提供了根本保障,为中国社会的一切发展进步奠定了根本的政治前提和制度基础。

作为第二次历史性飞跃理论成果的中国特色社会主义理论体系,包括邓小平理论、"三个代表"重要思想和科学发展观等重大战略思想。它形成于改革开放和社会主义建设新时期,面临的历史任务是如何实现国家繁荣富强、人民共同富裕和社会主义现代化,解决的根本问题是如何巩固和完善社会主义制度,实现社会主义现代化的道路问题,主要回答了什么是社会主义、怎样建设社会主义,建设什么样的党、怎样建设党,实现什么样的发展、怎样发展等重大理论和现实问题。构成中国特色社会主义理论体系的三大组成部分是在改革开放的不同时期、总结不同阶段的新鲜经验,探索和回答不同时期、不同阶段遇到的新矛盾、新问题的过程中形成的,都是围绕中国特色社会主义这一主题。其中,邓小平理论是首创和基础,"三个代表"重要思想和科学发展观等是对其的展开和深化,三者在理论主题、理论基点和理论目标上是一脉相承的,它们是既相互贯通又层层递进的内在统一的科学体系。党的十七大报告把邓小平理论、"三个代表"重要思想和科学发展观等重大战略思想整合为一个理论体系,表明党对三者融会贯通的逻辑关系有了一个深刻的认识,对社会主义建设规律的认识达到了一个新的境界。

在中国特色社会主义理论体系的指引下,我们党开辟了中国特色社会主义道路,坚持"一个中心,两个基本点"的基本路线,建立社会主义市场经济体制,把一个落后的农业大国改变为初步繁荣富强的社会主义现代化国家。三十多年来,改革开放取得了举世瞩目的辉煌成就,中国社会发生了历史性巨变,中国特色社会主义道路在复杂的国际风云变幻中经受住了严峻考验,显示出蓬勃的生命力和巨大的优越性。究其原因,从根本上说就是十一届三中全会以来,我们党坚持把科学社会主义基本原则与中国社会主义建设实际和时代特征相结合,并在改革开放和现代化建设实践中,不断总结经验进行理论创新,开拓马克思主义中国化的新境界。

二、中国特色社会主义理论体系与毛泽东
思想既一脉相承又与时俱进

(一)中国特色社会主义是中国特色革命道路发展的历史必然

毛泽东把马列主义与中国实际相结合,实现历史性的飞跃,创立了毛泽东思想,率领全党全国各族人民开创了中国特色革命道路。中国特色革命道路,就是"从新民主主义到社会主义的道路"[①]。我国的社会主义社会是由原半殖民地半封建社会经由短暂的新民主主义社会过渡而来的经济文化比较落后的社会主义,不是经资本主义阶段过渡而来的社会主义。这种差别决定了我国的社会主义既不同于马克思恩格斯构想的在发达资本主义国家经无产阶级革命,消灭私有制度后建立起来的社会主义,也不同于俄国十月革命胜利后建立起来的社会主义,而是有中国特色的社会主义。正如邓小平所说的,是"不够格"的社会

---

① 《邓小平文选》第三卷,人民出版社 1993 年版,第 62 页。

主义,是初级阶段的社会主义。资本主义社会为社会主义的实现准备了比较充足的物质基础,生产力水平高度发展,生产社会化程度较高,商品经济发达。新民主主义社会较之资本主义社会就要落后很多,它所能提供给社会主义社会的物质基础,还是很薄弱的。因此,我们必须经历一个很长时期的社会主义初级阶段,去实现资本主义国家经几个世纪才完成的生产的商品化、社会化、工业化、现代化这一人类社会经济发展的必经阶段。我们建设社会主义,必须把握好自己的历史方位,把马克思主义的基本原理与中国实际相结合,走自己的路,建设有中国特色的社会主义。这是中国历史发展的必然规律。

由于新民主主义是属于共产主义的理论体系,这种社会形态本身就孕育和不断发展着社会主义因素。"这种社会主义因素是什么呢?就是无产阶级和共产党在全国政治势力中的比重的增长,就是农民、知识分子和城市小资产阶级或者已经或者可能承认无产阶级和共产党的领导权,就是民主共和国的国营经济和劳动人民的合作经济。"①这些社会主义因素不断增长,进行量的积累,经社会主义改造,就发生了质的变化,使中国由新民主主义社会转变为社会主义社会。新民主主义社会在经济、政治、思想文化等各个方面为社会主义奠定了必要的和直接的基础;同时,我国的社会主义也必然承袭新民主主义所给予的"基因",从而形成自己的特色。如:我国新民主主义社会为了提高生产力水平,弥补资本主义的先天不足,实行了五种经济形式并存的所有制结构。过渡到社会主义后,生产力落后状况还需要很长一段时间才能根本改变,生产力发展还很不平衡,当社会主义公有制经济上升和扩大为主体地位时,其他性质的经济形式仍需作为社会主义经济的必要补充和重要组成部分共同发展,并形成中国特色的社会主义经济形态。

综上所述,由新民主主义社会过渡而来的社会主义社会既存在物质基础薄弱的先天不足,又是新民主主义社会本身孕育的社会主义因

---

① 《毛泽东选集》第二卷,人民出版社 1991 年版,第 650 页。

素发展的必然结果。中国必须经过新民主主义社会过渡到社会主义社会,这是历史的选择;带有新民主主义"基因"的社会主义必然是具有中国特色的社会主义。中国特色革命道路是中国特色社会主义的客观依据,社会主义初级阶段是中国特色社会主义的客观依据。

(二)毛泽东思想是中国特色社会主义理论体系的思想渊源和思想先导

毛泽东思想中关于社会主义建设规律探索的积极成果是中国特色社会主义理论体系的思想渊源和思想先导。在 20 世纪 50 年代中期,鉴于"一五"计划实施过程中,照搬苏联社会主义工业化道路的弊端,毛泽东提出以苏为鉴,开始探索中国自己的社会主义建设道路。1956年 4 月 4 日,在《关于无产阶级专政历史经验》讨论修改稿的会议上,他明确指出要把马列主义基本原理同中国具体实际"进行第二次结合",并提出一些具有创造性的重要思想。

第一,1956 年,毛泽东在《论十大关系》和翌年《关于正确处理人民内部矛盾的问题》中,创造性地提出了建设中国式工业化道路的思想。毛泽东指出要从大农业国这个基本国情出发,走自己的路,在优先发展重工业的条件下,工业和农业同时并举。进而党中央提出"以农业为基础,以工业为主导"发展国民经济的总方针,强调实现四个现代化的战略目标,要正确处理农轻重的关系,实现由农业国向工业国的发展。毛泽东的中国式工业化道路和四个现代化思想,勾画出新时期走新型工业化道路的宏伟蓝图,不仅有力地指导着当时的工业化建设,而且为我们党在新时期开辟中国特色社会主义的道路、进行现代化建设提供了思想先导。

第二,社会主义社会矛盾理论。社会主义改造基本完成后,毛泽东在《关于正确处理人民内部矛盾的问题》中,适时地提出了社会主义基本矛盾和两类矛盾理论。他认为,"在社会主义社会中,基本的矛盾仍然是生产关系和生产力之间的矛盾,上层建筑和经济基础之间的矛盾"①。它们之间又相适应又不适应,但与资本主义社会不同,社会主义基本矛盾是非对抗性的矛盾,可以通过改革和调整生产关系、上层建筑与生产力之间不相适应的环节和方面,使社会主义制度得到自我完善和自我发展。社会基本矛盾反映在人与人的关系上,呈现出两类矛盾。一类是敌我矛盾,一类是人民内部矛盾,其中大量的是人民内部矛盾,正确处理人民内部矛盾是国家政治生活的主题,并提出要构建国内生动活泼的政治局面。毛泽东关于社会主义社会矛盾的理论,第一次建立了社会主义社会矛盾学说,成为新时期中国社会主义改革动力论的根源和理论基础,也为我们今天构建社会主义和谐社会提供了重要的理论依据和科学方法。

第三,经济建设必须搞综合平衡的思想。从 1958 年 11 月武昌会议起,到庐山会议召开前夕,毛泽东在总结"大跃进"教训过程中,针对急于求成的"左"的冒进倾向,提出了社会主义经济建设要搞好综合平衡的思想。他指出:"'大跃进'的重要教训之一就是没有搞好综合平衡,这是经济工作中的根本问题"②。过去安排国民经济的次序是重工轻农,今后恐怕要倒过来,首次提出以农、轻、重的次序安排国民经济计划。毛泽东关于经济建设必须搞好综合平衡的思想对于我们今天推进中国特色社会主义经济又好又快发展有着重要的指导意义。

第四,社会主义需要发展商品经济、运用价值法则的思想。1958年年底至 1960 年年初,毛泽东在总结"人民公社化"教训和读苏联《政治经济学教科书》及斯大林《苏联社会主义经济问题》两本书的谈话中,针对党内存在的要取消商品经济的思想倾向,提出了关于发展社会主义商品经济和运用价值法则的一系列独创性见解。他指出:"商品生产,要看它是同什么经济制度相联系,同资本主义制度相联系就是资本主义的商品生产,同社会主义制度相联系就是社会主义的商品生

① 《毛泽东文集》第七卷,人民出版社 1999 年版,第 214 页。
② 《中国共产党历史大事记》,中央党史出版社 2010 年版,第 201 页。

产。"①同时,毛泽东明确指出,农民是劳动者,要"等价交换,不能剥夺农民"②,要"利用商品生产、商品交换和价值法则,作为有用的工具,为社会主义服务"③。毛泽东对社会主义商品经济理论的探索,尽管没有坚持下去,没有也不可能从根本上突破计划经济的框框,但应当说,这些闪光思想是难能可贵的,对邓小平在新时期提出社会主义市场经济思想具有重要的启迪。此外,毛泽东对社会主义建设规律的探索还闪现出一些宝贵思想,如关于社会主义分发达、不发达阶段思想,关于"消灭了资本主义,又搞资本主义"④思想,等等。

毛泽东关于中国社会主义建设探索中的正确理论构成了毛泽东思想的有机组成部分,因而成为新时期中国特色社会主义理论体系的思想先导,从这个意义上说,中国特色社会主义道路的探索始于毛泽东成于邓小平。但是,由于它还不够系统、不够完善,况且,在一个落后的农业大国探索社会主义建设规律过程中,正确思想与错误思想往往是交织在一起的。最终由于"以阶级斗争为纲",酿成全局性的错误,致使毛泽东对社会主义建设规律的探索没有升华为中国特色社会主义理论,没能实现"第二次结合"。这个任务历史地落在以邓小平为核心的党的第二代中央领导集体肩上。但是,毛泽东毕竟是探索中国社会主义建设道路的伟大先驱,其探索中形成的正反两方面历史经验,为中国特色社会主义理论体系的形成发展,提供了宝贵的精神财富和重要的历史借鉴。

毛泽东思想中一些基本理论是中国特色社会主义理论体系的思想渊源和思想先导。毛泽东思想是马克思主义同中国实际相结合的历史起点,它在理论与实践的诸多方面首开先河,给中国未来的发展作出初步定位,为中国未来的发展奠定了坚实的、科学的思想基础,成为中国

---

① 《毛泽东文集》第七卷,人民出版社 1999 年版,第 439 页。
② 《毛泽东传(1949—1976)》(下),中央文献出版社 2003 年版,第 1124 页。
③ 《毛泽东文集》第七卷,人民出版社 1999 年版,第 435 页。
④ 《毛泽东文集》第七卷,人民出版社 1999 年版,第 170 页。

特色社会主义理论体系诞生的逻辑起点和思想渊源。事实上,在改革开放和社会主义建设实践中,我们党始终在坚持、运用和发展着这些基本理论。

第一,关于国体、政体理论。毛泽东把马克思主义国家学说与中国基本国情相结合,形成了一整套符合我国实际的社会主义政治制度的理论与实践,主要包括人民民主专政、人民代表大会制度、共产党领导的多党合作和政治协商制度、民族区域自治制度等。这些是带有根本性、稳定性、全局性的不可替代性的政治制度。今天中国特色社会主义民主政治的发展就是在这一基本政治制度基础上不断完善和逐步推进的。

第二,关于宗教理论和民族政策。我国是一个多民族的国家,少数民族多有宗教信仰,实行民族区域自治,正确处理民族宗教问题,对于维护祖国统一、国家安全和社会稳定至关重要。毛泽东运用历史唯物主义基本原理,坚持宗教信仰自由的基本政策,强调不能用行政命令和强制方法消灭宗教,也不能用行政力量去发展宗教,要引导信教群众为社会主义经济建设服务,主张建立与宗教界政治上团结合作、信仰上互相尊重的爱国统一战线等,卓有成效地解决了民族宗教问题。毛泽东在观察和处理宗教问题上所体现出来的思想理论和真知灼见为我们今天在风云变幻的国内外形势下,发展宗教理论和制定宗教政策提供了理论支撑。

第三,关于社会主义文化建设的基本原则和基本方针。早在新民主主义革命时期,毛泽东就创造性地提出"民族的、科学的、大众的"文化理论以及文艺为人民大众,首先是为工农兵服务的方针,为中国新民主主义文化发展指明了方向。在社会主义时期,毛泽东在新民主主义文化论的基础上,又提出了"百花齐放,百家争鸣"、"洋为中用,古为今用"等繁荣我国科学文化事业的方针。毛泽东创立的这些基本原则和基本方针仍然是我们今天发展中国特色社会主义文化所坚持和遵循的。

第四,关于国防建设和军队建设的基本理论。毛泽东是人民军队的主要缔造者,他规定了全心全意为人民服务是人民军队的唯一宗旨,规定了是党指挥枪而不是枪指挥党的建军原则,提出和总结了一套军队政治工作的方针和方法。新中国成立以后,他还提出必须加强国防、建设现代化革命武装力量、发展现代化国防技术,制定了积极防御的战略方针等。这些原则和方针为今天中国特色社会主义国防和军队建设理论奠定了基本的思想基础。

第五,关于国际战略思想和外交方针。毛泽东是我国独立自主的和平外交政策的决策者和奠基人。他坚决维护中国的主权和尊严,积极倡导和平共处五项原则,开展睦邻友好的和平外交。他提出的"两个中间地带"和"三个世界划分"理论,在国际上产生了广泛影响。他将维护世界和平、反对霸权主义、中国属于第三世界、中国永远不称霸确立为中国外交的基本原则。尽管新时期,党依据国际形势和时代主题的深刻变化,对我国国际战略和外交政策进行了重大调整,但是毛泽东创立的国际战略思想和外交基本原则仍然是今天我国国际战略和外交政策的基础。

第六,关于党建的基本原则和基本思想。中国共产党的党建理论是毛泽东创建的。新民主主义革命时期,毛泽东就对党的性质、宗旨、任务、指导思想、组织原则、优良作风和党员干部教育等一系列马克思主义政党建设的基本问题,作出了科学阐述。中国共产党执政以后,如何保持马克思主义先进政党的本色,如何保持党同人民群众的血肉联系,这是毛泽东始终思考和探索的重大问题。新中国成立前夕,毛泽东在党的七届二中全会上向全党严肃提出"两个务必",特别强调夺取全国革命胜利后务必使同志们继续地保持谦虚、谨慎、不骄、不躁的作风,务必使同志们继续地保持艰苦奋斗的作风、警惕资产阶级糖衣炮弹、反对官僚主义、特权思想,培养千百万无产阶级革命事业接班人等。毛泽东倡导的"两个务必"思想是党在执政条件下长期保持与人民群众血肉联系、加强党风廉政建设、拒腐防变、保持党的先进性、纯洁性的重要思想警示。毛泽东提出的这些要求和警示,今天仍然是我们治党治国所必须特别注意的问题。新时期江泽民把提高拒腐防变和抵御风险作为党的建设新的伟大工程的一个历史课题,以胡锦涛为总书记的党中央上任伊始,即提出全党同志要牢记"两个务必"。可见毛泽东确立的党的建设理论,其丰富的内涵至今仍不失其指导意义。今天,中国特色社会主义理论体系中的党建理论是同毛泽东关于党的建设的理论一脉相承、与时俱进的理论成果。

另外,还有毛泽东农民观:毛泽东指出中国革命的实质是农民革命,农民问题是国民革命的中心问题。农民是中国革命的主力军,工农联盟是人民民主专政的基础。土地革命是新民主主义革命的基本内容,土地改革是实现国家工业化的基本条件。毛泽东的农民观是对中国革命和建设基本特点的科学把握,为邓小平倡导经济体制改革发端于农村,新时期党中央率领全党全国人民全面建设小康社会、构建社会主义和谐社会提供历史借鉴,为党制定新时期"三农"政策提供了理论支撑。

毛泽东科技观:毛泽东认为不搞科学技术,生产力就无法提高;主张科技革命与社会革命并重。指出决定科技革命成败的关键是科技人才,要学习外国先进的科学技术,发展尖端科技,并发出"向科学进军"的伟大号召。毛泽东科技观为探索当代中国科技发展方略提供了思想先导,有力地推动了中国科学技术的发展和进步,为当今科技事业的健康发展指明了方向。毛泽东科技观是科学技术是第一生产力、科教兴国、建设创新型国家等发展战略的思想先导。

毛泽东时代观:毛泽东在继承马列主义时代观的基础上,在领导中国新民主主义革命过程中,主张要把中国革命置于世界历史时代的大背景下,立足于中国现实实践来观察和判断中国的革命事业,认为"中国革命是世界革命的一部分"①。毛泽东的时代观启示我们:一方面通

---

① 《毛泽东选集》第二卷,人民出版社1991年版,第668页。

过科学分析世界历史发展潮流和趋势,正确认识和科学判断时代特征的变化和时代主题的转换,进而抓住革命和建设的重要战略机遇期;另一方面要把中国的革命和建设融入到世界历史发展的主流当中。过去我们搞革命离不开世界人民的支持,现在发展中国特色社会主义更离不开世界。胡锦涛同志在党的十八大报告中就指出:"中国将坚持把中国人民利益同各国人民共同利益结合起来"①,中国的发展离不开世界。

毛泽东思想科学的方法论原则是中国特色社会主义理论体系的思想渊源和思想先导。以毛泽东为代表的中国共产党人依据马克思主义的辩证唯物主义和历史唯物主义基本原理,对中国长期革命和建设实践中的一系列独创性经验进行理论概括和总结,形成了具有长远指导意义的科学方法论。

第一,群众路线。毛泽东坚持运用并发展了"人民群众创造历史"这一历史唯物主义的基本观点,在领导革命斗争中形成了群众路线。把历史唯物主义这一原理化为领导方法和工作方法。新世纪,新阶段,胡锦涛、习近平相继提出,"发展为了人民,发展成果由人民共享","情为民所系、权为民所用、利为民所谋","实干兴邦,空谈误国",等等,都是群众路线的运用和发展,已经成为党的各级领导干部和工作人员不可须臾离开的根本领导方法和工作方法。

第二,矛盾分析方法。毛泽东特别强调辩证法,并将之熟练运用在他的日常工作和领导革命斗争的过程中。他在总结长期的革命和建设实践,用中国的话语方式把马克思主义哲学中国化、大众化。毛泽东对矛盾的普遍性与矛盾的特殊性的关系、主要矛盾与次要矛盾的关系、两点论和重点论的关系等的深刻阐释,对中国特色社会主义建设有着深远的指导意义。中国特色社会主义是把科学社会主义的基本原则即矛

---

① 《坚定不移沿着中国特色社会主义道路前进 为全面建成小康社会而奋斗——在中国共产党第十八次全国代表大会上的报告》,人民出版社 2012 年版,第 48 页。

盾的普遍性与中国社会主义实际即矛盾的特殊性有机结合的光辉典范，也是毛泽东矛盾分析方法的最佳运用。新时期"两手抓，两手都要硬"、"五位一体"战略布局的实施，均衡发展、统筹发展、协调发展的科学发展观等都是对毛泽东矛盾分析方法的具体运用和发展。

第三，调查研究。毛泽东历来十分重视调查研究工作，把进行社会调查作为领导工作的首要任务和决定政策的基础，并从认识论的高度提出"没有调查，就没有发言权"、"不做正确的调查同样没有发言权"、"调查就是解决问题"、"反对本本主义"等著名论断。毛泽东调查研究思想是辩证唯物主义和历史唯物主义在工作方法上的具体运用和生动概括，是中国共产党历史经验的科学总结，是实际工作中必须坚持的重要工作方法。新时期，毛泽东倡导的调查研究优良传统得到很好的继承和发展，为了解各种具体实际情况、制定贯彻落实正确方针政策提供了客观依据，是坚持群众路线和思想路线的有效方法，是我们党科学领导和民主执政的重要路径。

第四，实事求是的思想路线。中国共产党在领导人民进行革命、建设、改革的过程中形成了一条"一切从实际出发，理论联系实际，实事求是，在实践中检验真理和发展真理"①的马克思主义思想路线。这是马克思主义认识论和辩证法中国化的集中体现，是毛泽东思想的精髓和方法论的根本点。毛泽东思想形成于土地革命战争时期，成熟于抗日战争时期。以毛泽东为代表的中国共产党人坚持党的思想路线，不照搬、照抄俄国十月社会主义革命的模式，从中国半殖民地半封建的社会性质出发，总结中国革命独创性历史经验，汲取中国传统文化的精华，运用马克思主义基本原理，提出农村包围城市理论和新民主主义革命理论，开创了中国特色革命道路，实现了马克思主义中国化的第一次历史性飞跃。

十一届三中全会以来，邓小平重新恢复和确立了党的思想路线，强

---

① 《十七大以来重要文献选编》，中央文献出版社 2009 年版，第 796 页。

调解放思想、实事求是,突破苏联社会主义模式和传统社会主义观念的束缚,运用马克思主义基本原理,从社会主义初级阶段的实际出发,总结了中国社会主义建设和国际共产主义运动正反两方面的历史经验,把握了中国社会主义的历史方位,揭示了社会主义本质,开辟了中国特色社会主义道路,实现了马克思主义中国化的第二次历史性飞跃,创立了邓小平理论。进入新世纪,以江泽民为核心的中国共产党第三代中央领导集体继承和坚持解放思想、实事求是的优良传统,弘扬与时俱进的创新精神,在社会主义现代化建设的重大历史关头,在世界社会主义运动处于低潮的状态下,把中国特色的社会主义的事业不断推向前进,形成了"三个代表"重要思想。党的十六大以来,以胡锦涛为总书记的党中央,关注新情况、新问题,紧紧跟上时代发展的步伐,解放思想、实事求是、与时俱进、求真务实,在改革开放的关键时刻,有针对性地提出科学发展观和构建社会主义和谐社会等重大战略思想。毛泽东思想与中国特色社会主义理论体系作为马克思主义中国化的创新成果,在形成发展过程中表现出了鲜明的共同特点,这就是始终坚持党的思想路线,这条思想路线犹如一条红线贯穿于马克思主义中国化两次历史性飞跃和两大理论成果形成的全过程。历史表明,马克思主义理论的每一个重大发展,中国革命和建设实践的每一次巨大进步都是由于坚持党的思想路线的结果。没有党的实事求是的思想路线,就不会有马克思主义中国化的两次历史性飞跃,就不会有中国特色革命道路和中国特色社会主义道路的形成和发展。党的思想路线"是马克思列宁主义的精髓,是毛泽东思想的精髓"①,"是建设有中国特色社会主义理论的精髓,是保证我们党永葆蓬勃生机的法宝"②。中国共产党正是由于运用实事求是的马克思主义思想路线,从对历史规律的不断认识和把握中找到了我们前进的正确方向。

---

① 《江泽民文选》第二卷,人民出版社 2006 年版,第 9 页。
② 《江泽民文选》第一卷,人民出版社 2006 年版,第 246 页。

　　总之,毛泽东思想不属于中国特色社会主义理论体系。同时,二者在马克思主义中国化历史进程中既一脉相承又与时俱进,前者是基础,后者是前者的继承和发展。正如党的十八大报告郑重指出的,在毛泽东探索社会主义建设事业的过程中,"虽然经历了严重曲折,但党在社会主义建设事业中取得的独创性理论成果和巨大成就,为新的历史时期开创中国特色社会主义提供了宝贵经验、理论准备、物质基础"①。

三、中国共产党对中国特色社会主义伟大探索事业的深刻总结和重大发展

　　邓小平解放思想、实事求是,对什么是社会主义,怎样建设社会主义,这一关系党和国家历史命运的重大问题进行了深入思索,继承和发展了毛泽东探索中国特色社会主义的科学思想,摒弃其错误思想,总结了我国社会主义建设正反两方面的历史经验,准确地把握住我国现阶段所处的历史方位,坚持把科学社会主义的基本原则与中国具体实际相结合,赋予鲜明的中国特色。1975年邓小平主持工作期间进行的全面整顿,实际上就是对中国特色社会主义的一次有益尝试。1978年12月,党的十一届三中全会标志着中国社会主义历史的伟大转折,实际上也是中国特色社会主义道路的新起点。1982年10月,党的十二大,邓小平在开幕词中郑重指出:"把马克思主义的普遍真理同我国的具体实际结合起来,走自己的道路,建设有中国特色的社会主义,这就是我们总结长期历史经验得出的基本结论。"②这是中国和世界社会主义史上的一个崭新的历史性命题。十二大还明确提出精神文明建设是社会主义的一个重要特征。建设中国特色的社会主义指明了在一个经济文

---

① 胡锦涛:《坚定不移沿着中国特色社会主义道路前进　为全面建成小康社会而奋斗——在中国共产党第十八次全国代表大会上的报告》,人民出版社2012年版,第10页。

② 《邓小平文选》第三卷,人民出版社1993年版,第3页。

化比较落后的国度里,进行社会主义现代化建设的必由之路,揭示了中国社会发展的特殊规律,解决了长期探索中国特色社会主义过程中存在的困惑,是科学社会主义中国化和中国化科学社会主义的集中成果。1984 年 10 月党的十二届三中全会通过的《关于经济体制改革的决定》,突破了把计划经济与商品经济对立起来的传统观念,首次明确地指出,社会主义经济是在公有制基础上有计划的商品经济。从此改革的重点由农村转移到城市,经济体制的全面改革逐步展开。1984 到 1988 年五年间,我国经济得到较快发展。1987 年 10 月,党的十三大报告,系统地阐述了我国现阶段所处的历史方位——社会主义初级阶段,及据此而制定的基本路线,并从 12 个方面对三中全会以来党对社会主义的再认识、提出的一系列科学理论观点加以归纳和概括,"构成了建设有中国特色的社会主义理论的轮廓,初步回答了我国社会主义建设的阶段、任务、动力、条件、布局和国际环境等基本问题,规划了我们前进的科学轨道"①。标志着经过长期探索的中国特色社会主义理论的基本形成。同时,大会指出,中国特色社会主义理论是继新民主主义理论之后,中国共产党人在马克思主义中国化进程中的又一次历史性飞跃的伟大成果。

邓小平 1992 年年初南方谈话,针对人们在深化改革面前的疑虑和困惑,一针见血地指出:要害是姓"资"还是姓"社"的问题,怕走资本主义道路。他指出:计划和市场不是社会主义与资本主义的本质区别,两者都是手段。这就突破了把计划和市场的体制视为社会制度范畴的传统观念,并深刻地揭示了社会主义本质,提出衡量和判断改革开放"三个有利于"的根本标准,把解放和发展生产力置于突出位置,强调社会主义对解放和发展生产力的强大促进功能,强调在发展生产力的基础上达到共同富裕是社会主义本质的内在要求。1992 年 10 月党的十四大报告贯彻了南方谈话精神,把建立社会主义市场经济确立为经济体

---

① 《十三大以来重要文献选编》(上),人民出版社 1991 年版,第 57 页。

制改革的目标,把中国特色社会主义理论的主要内容归纳为九个问题:社会主义发展道路、发展阶段、根本任务、发展动力、建设的外部条件、政治保证、战略步骤、领导力量和依靠力量、祖国统一。大会还将中国特色社会主义理论同马列主义、毛泽东思想一并作为党的指导思想而载入史册。这表明始于毛泽东探索的中国特色社会主义道路在理论形态上的成熟。党的十五大把中国特色社会主义理论改称邓小平理论,仍把其列为党的指导思想的组成部分。党的十六大确立了"三个代表"重要思想的指导地位。十六大以来,随着中国特色社会主义事业的不断发展,以胡锦涛为首的党中央明确提出科学发展观等建设中国特色社会主义的新的重大战略思想。十七大将它们概括为包括邓小平理论、"三个代表"重要思想、科学发展观等重大战略思想在内的更大范畴的中国特色社会主义理论体系这一新概念。其中,邓小平理论是坚持科学社会主义的基本原则与中国实际和时代特征相结合的历史性飞跃,是中国特色社会主义理论体系的基石。

　　坚持科学社会主义的基本原则,就是根据对社会主义本质的深刻认识,既摒弃人们过去对社会主义认识上一些空想因素和教条主义,又坚持科学社会主义的基本原则,把解放生产力和发展生产力放在首位,作为社会主义的根本任务,坚持以公有制为主体,以共同富裕为目标。对社会主义本质的深刻认识是中国特色社会主义理论的逻辑起点。坚持从中国实际出发,最大的实际是中国仍然处于并将长期处于社会主义初级阶段这一基本国情。邓小平在 1979 年 3 月明确指出:进行现代化建设必须遵循从中国实际出发这个原则。中国实际有两个重要特点必须看到:一是底子薄;二是人口多耕地少。邓小平正是由于深刻认识中国国情,准确地把握我国所处的历史方位,才提出社会主义初级阶段这个科学论断。这个论断成为提出中国特色社会主义崭新命题的客观依据和理论基石。邓小平创立的中国特色社会主义理论、开辟的中国特色社会主义道路之所以完全正确,能够引领中国发展进步,正如胡锦涛同志在十八大报告中深刻指出的,关键在于既坚持了科学社会主义的基本原则,又根据我国实际和时代特征赋予其鲜明的中国特色。

　　总之,邓小平在新的历史条件下继承和发展了毛泽东探索中国特色社会主义的科学思想,总结了社会主义建设正反两方面历史经验,把始于毛泽东的伟大探索事业大踏步地推向前进,创立了邓小平理论,实现了历史性的飞跃,指引全党全国各族人民在改革开放的伟大征程上阔步前进。以江泽民为核心的第三代领导集体受命于中国特色社会主义事业面临严峻挑战的重大历史转折关头,高举邓小平理论伟大旗帜,坚定不移地走中国特色社会主义道路,创立"三个代表"重要思想,继续引领改革开放的航船沿着正确方向破浪前进。以胡锦涛为总书记的党中央在改革开放和现代化建设新的历史起点上,又提出科学发展观、构建和谐社会等一系列战略思想,在全面建设小康社会征程中坚定不移地把邓小平开创的中国特色社会主义道路推向前进,把邓小平创立的中国特色社会主义理论发展为包括邓小平理论、"三个代表"重要思想、科学发展观等重大战略思想在内的中国特色社会主义理论体系这一更大的理论范畴。胡锦涛在十八大报告中指出:"中国特色社会主义既坚持了科学社会主义基本原则,又根据时代条件赋予其鲜明的中国特色"①。这是中国共产党在新的历史起点上,对始于毛泽东、成于邓小平的中国特色社会主义伟大探索事业的深刻总结和重大发展。

---

　　① 胡锦涛:《坚定不移沿着中国特色社会主义道路前进　为全面建成小康社会而奋斗——在中国共产党第十八次全国代表大会上的报告》,人民出版社 2012年版,第 13 页。

体 系 篇

第五章　毛泽东思想形成发展的
历史轨迹

一、毛泽东思想形成发展的基本要件

(一)中国特殊国情和时代背景

《关于建国以来党的若干历史问题的决议》第二十八条,对毛泽东思想的科学含义、毛泽东思想形成发展的历史作了明确的科学的概括,指出:"主要在本世纪二十年代后期和三十年代前期在国际共产主义运动中和我们党内盛行的把马克思主义教条化、把共产国际决议和苏联经验神圣化的错误倾向,曾使中国革命几乎陷于绝境。毛泽东思想是在同这种错误倾向作斗争并深刻总结这方面的历史经验的过程中逐渐形成和发展起来的。它在土地革命战争后期和抗日战争时期得到系统总结和多方面展开而达到成熟,在解放战争时期和中华人民共和国成立以后继续得到发展。"[①]

毛泽东思想是在这样的历史背景下形成的:

第一,毛泽东思想产生的故乡中国,不同于马克思主义诞生的故乡西欧和列宁主义诞生的故乡俄国。旧中国是一个以农民为主要群体的、人口众多的、贫穷落后并受帝国主义宰割的半殖民地半封建大国。政治上,对外没有民族独立,对内没有民主;经济上,资本主义虽有一定发展,但封建主义仍占明显优势,政治经济发展不平衡。在这样的特殊

---

① 《十一届三中全会以来重要文献选读》(上),人民出版社 1987 年版,第 331 页。

国情里,革命对象不是一般的资产阶级,而是帝国主义、封建主义和官僚资本主义;革命性质,不是无产阶级社会主义革命,而是无产阶级(通过共产党)领导的新式资产阶级民主革命,必须经过新民主主义而后进入社会主义社会;革命动力不仅有工人阶级、农民小资产阶级,而且包括民族资产阶级;主要斗争形式不是议会斗争也不是城市武装起义,而是武装斗争走农村包围城市的道路;工人阶级政党的成分主要不是产业工人,而是农民及其他小资产阶级,等等。解决这些特殊而复杂的问题,正如列宁所指出的:是"全世界共产党人所没有遇到过的一个任务",因此,"必须以共产主义的一般理论和实践为依据,适应欧洲各国所没有的特殊条件,善于把这种理论和实践运用于主要群众是农民、需要解决的斗争任务不是反对资本而是反对中世纪残余这样的条件"①。这就是说,在中国这样一种特殊国情里进行革命,靠背诵马克思主义的一般原理是不能解决问题的,机械照搬共产国际决议和苏联经验是行不通的,必须创造性地运用马克思列宁主义。毛泽东思想就是创造性地运用和发展马克思列宁主义的伟大成果。

第二,中国共产党诞生和毛泽东思想形成的国际国内历史背景与马克思主义、列宁主义诞生时期的历史背景不同。马克思主义诞生在资本主义上升时期。从诞生时起,就在资产阶级的各种诽谤和攻击中存在和发展,表现了顽强的生命力。列宁主义诞生时,正值第二国际伯恩斯坦修正主义盛行时期。俄国共产党和马克思主义者,进行革命斗争所面临的危险主要的不是"左"而是国际共运中的修正主义。毛泽东思想则是在第二国际已经破产,修正主义已经败阵,"十月革命"已经胜利,并且由列宁创建的共产国际指导路线在中国革命中已发生重大作用的情况下开始形成的,中国共产党人所直接接受的是马克思列宁主义,是科学社会主义而不是民主社会主义。大革命失败以后,中国共产党的领导机构中,又出现了"左"倾教条主义。毛泽东以坚定的马

---

① 《列宁选集》第 4 卷,人民出版社 1995 年版,第 79 页。

克思主义理论勇气和无产阶级革命家的气概,坚定抵制了共产国际"左"的指导路线和党内把马克思主义教条化、把共产国际决议和苏联经验神圣化的错误倾向,旗帜鲜明地提出反对"本本主义",要重视调查研究,要了解中国国情,并在总结这方面经验的过程中提出了一系列的科学理论。

(二)毛泽东思想的实践基础是中国共产党带领中国人民的革命斗争

毛泽东思想是马克思列宁主义在中国的运用和发展。它的实践基础是中国共产党领导的中国亿万人民参加的共产主义运动。中国共产党是中国工人阶级先锋队,是以马克思主义武装起来的革命政党。它不是诞生于像欧洲那样资本主义比较发达、产业工人占多数或相当比重的社会,而是诞生在一个半殖民地半封建社会的农业大国里,资本主义经济很微薄,产业工人占少数,它的成分是以农民和其他小资产阶级为主体。旧中国半殖民地半封建社会的特殊国情,决定了中国共产党所领导的共产主义运动,首先不是以反对资本主义为对象,而是反对帝国主义的民族压迫、反对封建主义的残酷剥削的民族民主革命,是属于新式资产阶级的民主革命,而不是无产阶级的社会主义革命。实践是认识的基础,理论的源泉。中国共产党发动的中国共产主义运动,遇到了国际共产主义运动中没有遇到的一系列新的课题,在马克思主义经典作家的本本上并没有现成答案,依靠的是马克思主义的指导。党领导的亿万人民的革命斗争实践,在不断探索中国革命道路的征途中,总结经验,得出符合实际的理论原则和科学思想。

中国共产党诞生后,立即投入到发动工人运动的实际斗争中,迅速掀起第一次工人运动高潮。"二七"惨案,使党取得血的教训,认清了北洋军阀吴佩孚的真面目,懂得了工人阶级不能孤军奋战,于是采取了积极步骤,与孙中山领导的国民党合作,建立了统一战线,有力地推动了革命形势的发展。以"五卅"运动为标志的全国革命风起云涌,以湖南为中心的农民运动随着北伐军的胜利进军席卷半个中国,以北伐战争为主要斗争形式的国民革命势如破竹。五卅运动中社会各阶级显露了各自的政治态度及其在革命中的地位、作用。党进一步认识了资产阶级的两面性的特点。随着革命运动的高涨,国民党内左中右派的分化日趋明显,新老右派的反共活动日益嚣张,中国共产党人在同右派斗争中,对中国革命一系列基本问题,如革命领导权、农民同盟军、同资产阶级的关系以及革命性质和前途等问题的认识,都有所提高。从而为酝酿新民主主义革命的基本思想奠定了实践基础。

革命形势的迅猛发展和工农运动的高涨,引起帝国主义、封建势力、买办财阀和蒋介石新右派集团的极大恐惧和仇恨,国内外反革命势力相勾结,共产党的领导机关陈独秀右倾投降主义日益严重,拒绝、压制党内主张反击的意见,遭致蒋介石、汪精卫集团相继叛变革命,千百万革命群众和共产党人被打入血泊中。

轰轰烈烈的大革命的失败,极大地教育了中国共产党人,为中国革命积累了宝贵的正反两方面的历史经验,使他们懂得了"枪杆子里面出政权"的革命真理。中国共产党在共产国际的帮助下,果断地纠正了右倾投降主义,实行战略大转变。确定了开展土地革命,武装反抗国民党反动派的总方针,被"逼上梁山"。从此独立领导武装革命,到敌人统治薄弱的山区,建立农村根据地,实行"工农武装割据",探索中国革命新的道路。党在农村根据地的斗争,独创的革命经验,为以毛泽东为代表的中国共产党人,把马克思列宁主义基本原理运用于中国革命实际,提出符合中国实际的理论原则,奠定了实践基础。

从大革命失败到土地革命战争的兴起这一历史性的转变,为毛泽东思想的形成提供了实践经验。

第一,大革命的失败给中国共产党人提供了深刻地、沉痛地历史教训。主要是共产党要领导中国民主革命,必须自己掌握革命武装,建立人民军队;依靠广大农民,实行土地革命;在同资产阶级联合的时候,要有联合有斗争,以斗争求团结,坚持无产阶级领导权。这就为共产党独立地领导武装革命提供了历史经验。

第二,在八七会议所确定的武装反抗国民党和实行土地革命总方针指引下,各地先后发动的武装起义及其反抗国民党反动派的斗争,为探索中国革命道路在不同程度上提供了经验,特别是毛泽东同志亲自领导的井冈山、赣南闽西根据地以及闽浙赣等根据地建立工农红军、开展土地革命、建立工农民主政权、进行红军战争的经验。在"六大"路线指引下,从1929年到1930年上半年,中国革命得到进一步恢复和复兴。根据地的扩大和革命形势的发展,为提出"工农武装割据"和农村包围城市道路的理论提供了实践经验。

第三,"九月来信"和古田会议决议,肯定了毛泽东同志领导红四军的斗争经验,先农村后城市的道路,解决了在农民为主要成分,长期生活在农村革命战争环境里,中国共产党如何建立人民军队,坚持无产阶级先锋部队性质的建军原则和建党原则。

第四,三次反"围剿"胜利的经验为形成中国革命战争的战略战术原则奠定了基础。

毛泽东同志为代表的中国共产党人正是在中国革命这一历史性转变中,依据马列主义普遍原理,总结了中国革命的独特经验,形成了毛泽东思想。

从第五次反"围剿"的失败到抗日战争兴起的历史性转变是毛泽东思想从形成达到成熟的重要历史条件,而毛泽东思想的成熟对完成这一历史性转变起了重要的指导作用。

第一,遵义会议是我党的历史上生死攸关的转折点,也是第一次独立自主地解决中国革命重大问题的开端和毛泽东思想从形成达到成熟的新起点。

遵义会议上,党中央摆脱了20年代末期和30年代前期把马列主义教条化,国际决议和苏联经验神圣化的错误倾向。因而它能够独立自主地解决中国党的军事路线问题和组织领导问题;批判了"左"倾军事方针,把党的路线转移到马克思主义轨道上来。由于确立了毛泽东在党和红军的领导地位,毛泽东同志能够更多地了解党和中国革命的全局,能够更有利地全面地总结前两次国内革命战争的正反两方面的历史经验,把革命由失败引向胜利,从而使毛泽东思想达到成熟。

第二,华北事变后,中国民族矛盾上升为主要矛盾引起国内阶级关系的重大变化及中央红军胜利到达陕北,这些历史情况的重大变化,使党能适时地确定建立抗日民族统一战线的政治策略及由反蒋抗日、逼蒋抗日到联蒋抗日方针的演变。

第三,抗日战争是在以国共两党合作为基础的抗日民族统一战线情况下进行的,而在统一战线内部两个党执行了不同的抗战路线使斗争极为错综复杂。这种情况是我党提出坚持独立自主原则的客观依据,为党制定一系列策略方针提供了丰富经验。这就是毛泽东同志提出的抗日民族统一战线策略总方针和斗争原则及独立自主原则。

第四,中国抗日战争是一个半封建半殖民地大国战胜强大的帝国主义国家的一场十分艰巨的民族反侵略战争。这要求我党必须制定符合敌我双方情况和特点的军事战略方针,以发挥中国所长,暴露敌人之短,逐步改变敌强我弱的力量对比,并且在反侵略战争中发展人民革命力量,打败日本侵略者。毛泽东同志深刻分析了中日双方的各自特点及其变化趋势,提出了持久战和游击战的战略地位以及人民战争的方针。

第五,延安整风运动。在抗战的困难阶段,党和毛泽东抓住了大生产运动和整风运动两个环节。整风运动为中国共产党的建设提供了重要经验,在理论上有重大贡献。主要是克服党内主观主义,特别是教条主义,坚持理论与实践相结合的原则,以及正确处理党内矛盾,正确对待犯错误的同志,维护党在马列主义毛泽东思想基础上的团结统一的方针方法。

毛泽东思想是在中国共产党领导的革命斗争实践的基础上产生的,没有这种实践斗争,就不会有毛泽东思想。中国革命每向前发展一步,都要求在理论上给以正确的指导,同时也为科学理论的形成与发展提供了物质基础。中国共产党人正是在长期斗争,失败,再斗争……从而取得胜利的实践斗争中,以马克思列宁主义为指导,总结正反两方面的历史经验,提高了对中国革命特点和规律的认识,从而把马克思主义中国化,形成与发展了具有中国特色的科学理论——毛泽东思想。在以国共合作为基础的抗日民族统一战线旗帜下进行的抗日战争中,中国共产党正确处理民族斗争与阶级斗争的关系,在军事、政治、经济、文化和党的建设等各方面积累了丰富的斗争经验,为新民主主义革命在全国范围取得的伟大胜利,为毛泽东思想在各方面展开而达到成熟并得到继续发展奠定了实践基础。新中国成立以后,生产资料所有制的社会主义改造,由新民主主义过渡到社会主义,社会主义建设道路的探索建设社会主义正反两方面的历史经验,为邓小平把马克思主义普遍原理与中国实际和时代特征相结合,创造性地提出中国特色社会主义理论,提供了丰富的深刻的实践基础。

(三)列宁民族和殖民地理论与新民主主义革命基本思想的胚胎

一种思想理论的问世,总是有个酝酿、形成到成熟的发展过程。毛泽东思想体系的主体——新民主主义理论的系统化、完整化是在抗日战争中期,而这一思想的酝酿或胚胎则是在党的幼年时期。人们通常把新民主主义革命基本思想的提出视为毛泽东思想的萌芽。党在幼年时期,在国民革命实践斗争中,中国共产党就酝酿着新民主主义基本思想。这一思想的缘由除了近现代历史上资产阶级革命的经验与教训外,从理论上讲不能不归功于列宁民族和殖民地理论的启迪。1920年,列宁在共产国际第二次代表大会上提出《民族和殖民地问题提纲(初稿)》,成为1922年在莫斯科召开的远东各国共产党和民族革命团体代表大会的指导思想和主题。列宁把帝国主义和无产阶级革命时代世界民族区分为压迫民族与被压迫民族,并把它看成是民族和殖民地理论的最重要最基本的思想。从这一基本观点出发得出帝国主义和宗主国家的无产阶级与殖民地附属国被压迫民族有着共同的敌人——国际资产阶级；被压迫民族的资产阶级与压迫民族资产阶级有所不同，前者具有两面性；东方国家革命主要任务是反对帝国主义的民族革命和反对中世纪封建主义的民主革命等结论。列宁把东方民族解放运动和西方无产阶级革命运动看成是革命总战线上的两个不同道路，民族解放运动是无产阶级革命的同盟军。被压迫民族的无产阶级要同本国民族革命的资产阶级结成同盟，同时保持自己的独立性。1922年7月召开的中国共产党第二次代表大会，根据列宁民族殖民地理论，分析了中国社会性质，制定了反对帝国主义、反对封建军阀的民主革命纲领。大会宣言指出，中国已经变成一个"国际帝国主义宰割的中国"，"中国事实上变成他们的殖民地了"，同时又指出，中国"现尚停留在半原始的家庭农业和手工业的经济基础上面，工业资本主义化的时期还是很远，所以在政治方面还是处于军阀官僚的封建制度把持之下。军阀们一方受外国资本帝国主义者的利用唆使，一方为自己的利益把中国割据得破碎不全……这样的情形，即是中国政治上一切纠纷内讧的复杂基础"①。宣言分析了帝国主义与封建军阀相互勾结后得出结论："列强的压迫不去，军阀的势力不除，中国是万难实际统一的，而且内乱还会不止呢！""真正的统一民族主义国家和国内的和平，非打倒军阀和国际帝国主义的压迫是永远建设不成功。"因此，宣言指出："（一）消除内战，打倒军阀，建设国内和平；（二）推翻国际帝国主义的压迫，达到中华民族完全独立。"宣言根据中国现阶段革命任务和对象，在初步分析社会各阶级状况的基础上作出民主联合战线的决议。其中对民族资产阶级进行分析（当时尚无此概念）指出，由于帝国主义和军阀的压迫，"阻碍中国幼稚资本主义的兴旺。中国幼稚资产阶级为要免除经济上的压迫起见，一定要起来与世界资本主义奋斗"。并且指出中国资产阶级"已能结合全国的力量，反对帝国主义和北京卖国政策"。宣言还分析了中国工人阶级状况，指出工人是一个"伟大势力"，随着革命运

---

①　《中共中央文件选集》第一册，中共中央党校出版社1989年版，第109页。

动的发展，"将会变成推倒在中国的世界资本帝国主义革命领袖"。同时指出，无产阶级在民主革命中，"一方面固然应该联合民主派，援助民主派，然亦只是联合与援助，决不是投降附属与合并，因为民主派不是代表无产阶级为无产阶级利益而奋斗的政党；一方面应该集合在无产阶级的政党——共产党旗帜之下，独立做自己阶级的运动"①。

　　党的二大根据列宁民族殖民地理论初步分析了中国社会性质以及革命的性质、任务、对象和动力，开始酝酿中国式的资产阶级民主革命问题。中国共产党第二次代表大会以后，在与资产阶级民主派合作发动国民革命斗争过程中，对工人阶级和共产党在国民革命中的地位、作用及民主革命的领导权问题进行了探讨。陈独秀在 1923 年 4 月和 12 月先后发表的《资产阶级的革命与革命的资产阶级》、《中国国民革命与社会各阶级》等文章，阐发了他的"二次革命论"思想。基于他对中国资产阶级和无产阶级状况的分析得出的结论公式，中国国民党目前的使命及进行的正轨应该是："统率革命的资产阶级，联合革命的无产阶级，实现资产阶级的民主革命。"这就是现阶段的革命仍然是旧式的资产阶级革命。与此同时，1923 年 5 月，共产国际明确指出："领导权必须属于工人阶级政党。"党的一些其他重要领导人，也提出与陈独秀相反的观点。1924 年 11 月，邓中夏明确指出："中国将来的社会主义革命的领袖固是无产阶级，就是日前的国民革命的领袖亦是无产阶级。""只有无产阶级有伟大集中的群众，有革命到底的精神，只有他配作国民革命的领袖。"②党的四大也明确指出："中国的民族革命运动，必须最革命的无产阶级有力的参加，并且取得领导的地位，才能得到胜利。"③四大还提出了农民是工人阶级主要同盟军的思想。指出："农民问题在中国尤其在民族革命时代的中国，是特别的重要。中国共产党

----

① 《中共中央文件选集》第一册，中共中央党校出版社 1989 年版，第 65 页。
② 《中共中央文件选集》第一册，中共中央党校出版社 1989 年版，第 626—627 页。
③ 《中共中央文件选集》第一册，中共中央党校出版社 1989 年版，第 333 页。

与工人阶级要领导中国革命至于成功,必须尽可能地系统地鼓动并组织各地农民逐渐从事经济的和政治的斗争。没有这种努力,我们希望中国革命成功以及在民族运动中取得领导地位,都是不可能的。"①

中国共产党四大以后,随着党领导的工农运动的发展,全国革命风暴的到来,统一战线内部国民党新老右翼势力争夺领导权斗争的毕露,中国共产党进一步阐述了无产阶级领导权的重要思想。1925 年 9 月,瞿秋白在《向导》上发表的《五卅运动中之国民革命与阶级斗争》一文,总结了国共合作以后特别是五卅运动中资产阶级和无产阶级争夺领导权的斗争情况,指出坚持无产阶级领导权必须对资产阶级篡夺领导权进行斗争。他说:"可以明确地知道:不但国民革命的民族解放运动本身,是中国被压迫剥削的阶级反抗帝国主义的阶级斗争,而且民族解放运动的内部,无产阶级对于资产阶级的阶级斗争亦是必不可少的,是事实上必不可免的。这种斗争里如果无产阶级胜利,便能使民族解放运动得着充分的发展;如果资产阶级得胜,那就中国民族的要求、民权的要求,都要被他们的妥协政策和私利手段所牺牲。"②

孙中山逝世后,随着革命形势的发展和工农运动的开展,国民党右派更加猖狂,同无产阶级争夺革命领导权。1925 年,戴季陶先后发表《国民革命与中国国民党》、《孙文主义的哲学基础》等文章。他篡改了孙中山先生民主主义的革命思想,夸大了孙文主义中的消极思想,认为孙文主义"完全是中国的正统思想,就是继承尧舜以至孔孟而中绝的仁义道德的思想"。他攻击共产党制造阶级斗争,攻击唯物史观,说什么"争得一个唯物史观,打破了一个国民革命"。他用所谓组织的"排他性"反对孙中山联俄、联共、扶助农工的三大政策,等等,从而为国民党右翼反共篡权活动制造理论。与此同时,以曾琦、李璜、左舜生等为首的国家主义派也遥相策应进行猖狂活动。他们公然宣布,"反对阶

---

① 《中共中央文件选集》第一册,中共中央党校出版社 1989 年版,第 358 页。
② 《瞿秋白选集》,人民出版社 1985 年版,第 222 页。

级斗争,主张'全民革命'",对抗共产党的阶级革命。胡说"三民主义就是国家主义",鼓动国家主义派和国民党合作,共同反共。

鉴于政治思想战线上反马克思主义思潮的泛滥,为反对当时党内存在的两种倾向,毛泽东运用马克思主义阶级分析方法,集中全党智慧,对于中国社会各个阶级的经济地位和政治态度作出正确分析,1925年12月,在《革命》半月刊上发表《中国社会各阶级的分析》一文,明确提出分清敌友是革命的首要问题。文中充分肯定了中国工人阶级是先进生产力的代表,分析了它的特点与优点,把中国资产阶级分为大资产阶级和中产阶级两部分,并着重分析了中产阶级具有革命性与妥协性的两面性特点;充分肯定了农民革命主力军的作用,从而指明了中国革命的对象、任务、动力和前途等中国革命一系列基本问题。最后得出明确结论:"一切勾结帝国主义的军阀、官僚、买办阶级、大地主阶级以及附属于他们的一部分反动知识界,是我们的敌人。工业无产阶级是我们革命的领导力量。一切半无产阶级、小资产阶级,是我们最接近的朋友。那动摇不定的中产阶级,其右翼可能是我们的敌人,其左翼可能是我们的朋友——但我们要时常提防他们,不要让他们扰乱了我们的阵线。"[①]翌年3月,以湖南为中心的农民运动如火如荼地席卷江南大地,遭到地主资产阶级的诬蔑、攻击和党内右倾思想的责难,毛泽东亲赴湖南深入五个县做了实地的考察,写了《湖南农民运动考察报告》。《报告》充分估计了农民在中国革命中的作用;提出了建立农村革命政权和农民武装的重要思想;具体地分析了农民阶级各阶层的经济地位及其在革命中的表现;热情洋溢地歌颂了农民运动。

毛泽东以马克思主义为指导集中党内探索中国民主革命道路的智慧,发表了《中国社会各阶级的分析》和《湖南农民运动考察报告》,标志着以毛泽东为代表的中国共产党人关于新民主主义革命基本思想——中国特色革命道路理论雏形的形成。

①　《毛泽东选集》第一卷,人民出版社1991年版,第9页。

二、从大革命失败到土地革命兴起
与毛泽东思想的诞生

（一）党的创立和国共合作的北伐战争时期，是毛泽东思想的萌芽

中国共产党自从诞生那天起，就以共产主义思想为指导，党纲明确规定党的奋斗目标是：以无产阶级的革命军队推翻资产阶级，由劳动阶级重建国家，直至消灭阶级差别；采用无产阶级专政，以达到阶级斗争的目的——消灭阶级；废除资本家所有制，没收一切生产资料归社会所有。这时，并不懂得步子从何迈起。1922年7月，中国共产党第二次全国代表大会发表了具有重大历史意义的宣言。宣言根据列宁关于民族殖民地问题的理论和党成立后对中国革命基本问题的探索，分析了国际形势和中国社会的半殖民地半封建性质，初步阐明了中国革命的性质、动力和对象，制定了党的最低纲领和最高纲领。最低纲领即党在民主革命阶段的主要纲领：消除内乱，打倒军阀，建设国内和平；推翻国际帝国主义的压迫，达到中华民族完全独立，统一中国为真正的民主共和国。然后再进一步创造条件，以实现党的最高纲领："建立劳农专政的政治，铲除私有财产制度，渐次达到一个共产主义社会。"这样，党的第二次代表大会在中国近现代历史上第一次明确提出了彻底地反对帝国主义、反对封建主义的民主革命纲领，澄清了资产阶级提出的换汤不换药的"好人政府"的改良主义思想，向中国人民指明了现阶段的革命任务和方向。当然，由于历史条件的限制和中国共产党人还不懂得马列主义与中国实践相结合的原则，因而对两个革命阶段的关系并不清楚，尚未真正解决中国革命"两步走"问题。

为了贯彻执行党的民主革命纲领，大会还通过了《关于民主的联合战线的决议案》，号召全国的工人、农民团结在共产党的旗帜下进行斗争；同时联合全国一切的革命党派，联合资产阶级民主派，组织民主的联合战线，进行反对帝国主义、封建主义的斗争。不久，中国共产党中央在杭州西湖举行全体会议,根据共产国际指示,决定在孙中山改组国民党,使国民党成为资产阶级、小资产阶级和无产阶级的民主革命统一战线组织的条件下,共产党员以个人名义加入国民党,以实现建立民主联合战线的主张,推动中国民族民主革命的发展。此后,中国共产党第三次代表大会,根据共产国际的指示,正式确定与中国国民党合作。1924 年 1 月,经过国民党第一次代表大会,重新解释三民主义,国民党实行联俄、联共、扶助农工三大政策,标志着国共合作正式建立。

中国共产党的第四次代表大会及其前夕,瞿秋白、陈独秀、邓中夏、周恩来等共产党人,就工人阶级领导权问题、农民问题发表文章,党的"四大"文件明确肯定这一观点。1925 年 12 月,毛泽东首次发表《中国社会各阶级的分析》。毛泽东在这篇文章以及这一时期发表的其他文章中,以马克思主义的阶级分析方法,分析了中国社会各阶级,辨明了中国革命的敌人和朋友,从而集中了当时党内的正确主张,初步提出了关于中国新民主主义革命的基本思想;无产阶级团结占全国人口多数的一切半无产阶级(主要是贫农)、小资产阶级(主要是中农)、争取中产阶级(主要是民族资产阶级)的左翼,以打倒帝国主义、军阀、官僚、地主、买办阶级以及中产阶级的右翼,建立各革命阶级的联合统治,反对在中国建立民族资产阶级一阶级统治的国家;中国革命的前途是非资本主义的。

1926 年秋冬,随着北伐战争的发展,以湖南为中心的农村革命风暴席卷江南十几个省区,震惊了封建军阀、官僚政客和地主阶级,遭到反动势力和党内有右倾思想的人的攻击和责难。1927 年 1 月 4 日到 2 月 5 日,毛泽东回湖南考察农民运动。3 月,他在继李大钊年初发表《土地与农民》一文之后,发表了《湖南农民运动考察报告》,热情洋溢地歌颂农民运动,驳斥党内外怀疑和指责农民运动的种种论调,总结了农民运动的丰富经验,提出了解决中国民主革命的中心问题——农民问题的理论和政策,从而充实了新民主主义革命的基本思想。

新民主主义革命基本思想的提出,标志着毛泽东思想的萌芽。但是,由于党这时还处在幼年时期,对于马列主义和中国革命缺乏统一的理解,大革命后期陈独秀右倾机会主义在党中央占据了统治地位,拒绝接受毛泽东等同志的正确意见,致使蒋介石、汪精卫相继叛变后,大革命遭到失败。土地革命战争初期和中期,是毛泽东思想的产生时期,大革命失败后,蒋介石集团建立了大地主大资产阶级的反动统治,残酷地镇压革命,屠杀革命群众,使中国革命处在十分危险的境地。

党领导的"八一"南昌起义打响了武装反抗国民党反动统治的第一枪。8月7日召开的中央紧急会议,总结了大革命失败的历史教训,批判了陈独秀右倾机会主义,确定实行土地革命和以武装反抗国民党反动派的总方针,并把发动农民举行秋收起义作为当时党的最主要任务。会上,毛泽东批评党中央在国共合作中没有积极去实现无产阶级的领导,强调"要非常注意军事,须知政权是由枪杆子中取得的"的重要思想。

在"八七"会议所确定的方针指引下,共产党人在许多地区先后发动了百余次武装起义。全党都在探索中国革命的新道路,并在不同程度上提出了一些可贵的见解。毛泽东与中国共产党湖南省委一起领导了湘赣边界的秋收起义,创立了井冈山革命根据地,并摸索出一套建立农村革命根据地的经验,成为全党探寻中国革命新道路的一个典型。从此,中国革命在实际上开始走上以农村包围城市的道路。1928年10月,为了回答红军中和党内存在的"红旗能够打多久?"的疑问,毛泽东在为湘赣党的第二次代表大会起草的决议中,阐明了在四周白色政权包围中小块红色政权能够存在的原因和条件,提出了实行"工农武装割据"的重要思想。1930年1月,为了批驳以林彪为代表的"先争取群众,后建立政权","走州过府"流动游击的思想,毛泽东在《星星之火,可以燎原》的长信中,实际上已经开始形成以农村包围城市、最后夺取全国胜利的,中国式的武装夺取政权的理论。这样,连同同年5月发表的《调查工作》(即《反对本本主义》)中初步提出的马克思主义与中国革命相结合的实事求是、群众路线、独立自主的思想,表明马克思列宁主义与中国具体实践相结合的毛泽东思想基本内容的产生。

随着革命战争和红军的发展,在 1929 年 12 月,于古田召开了红四军第九次党代表大会,通过了毛泽东同志起草的决议。在决议中,解决了以农民为主要成分的革命军队如何建设成为一支无产阶级性质的、具有严格纪律的、同人民群众保持亲密联系的新型人民军队的问题和党的建设的重大问题。

毛泽东在井冈山时期,总结开展游击战争的经验,提出了"敌进我退、敌驻我扰、敌疲我打、敌退我追"的游击战十六字方针。在 1930 年年底到 1931 年 7 月的三次反"围剿"战争中,初步形成了关于中国革命战争的战略战术。毛泽东的建军思想和革命战争的战略战术原则,是指导我军战胜敌人的强大思想武器,给马列主义宝库增添了新的内容。毛泽东还在这个时期提出了关于革命根据地建设等思想。

(二)《反对本本主义》与毛泽东思想的产生

毛泽东思想产生的一个重要历史特点是反对教条主义。在这个时期里,在国际共产主义运动中和我们党内,出现了把马列主义教条化,把共产国际决议和苏联经验神圣化的错误倾向。1928 年 11 月,党中央出现的瞿秋白"左"倾盲动主义主要是按照共产国际代表罗明那兹认为中国革命形势"不断高涨"、革命性质"不断革命"的主观臆断,而提出"暴动,暴动,再暴动","进攻、进攻,再进攻"的口号。1930 年 6 月出现的李立三"左"倾冒险主义虽然同共产国际在斗争策略上有分歧,但总体思想也是接受了共产国际关于资本主义总危机"第三时期"的理论及由此而制定的"进攻路线"及其城市中心论。

毛泽东思想产生在一个长期受着封建主义桎梏,后来又沦为半殖民地半封建社会的东方大国的中国,是马克思列宁主义与中国革命具体实践相结合的产物。它的形成与发展有其特殊社会历史条件及特点。这主要是如《关于建国以来党的若干历史问题的决议》指出的,在 20 世纪 20 年代后期和 30 年代前期,同把马克思主义教条化和共产国际决议、苏联经验神圣化的错误倾向作斗争,并深刻总结这方面的历史经验的过程中形成和发展起来的。这是对毛泽东思想形成和发展历史条件和特点的精辟概括。

毛泽东思想的本质特征和它的灵魂,决定了它的形成与发展,必然要同一切"左"的右的思想、特别是同"左"倾教条主义作斗争。因为毛泽东思想既不是马克思主义范畴之外的独立思想体系,又不是马克思主义的照搬,它是马克思列宁主义在中国的运用和发展,形成了符合中国实际的理论原则,是中国化了的马克思主义。它的活的灵魂是实事求是、群众路线、独立自主。实事求是就是要有的放矢,要解放思想,用马列主义之矢射中国革命之的,为此必须反对把马列主义原理与中国革命实践相分离的教条主义。群众路线要求尊重群众斗争实践和党的集体智慧,反对个人崇拜和迷信"本本",强调从群众中来到群众中去,为此必须冲破教条主义的思想禁锢。独立自主,就是要求中国共产党人把国际主义与爱国主义相结合,运用马列主义的立场、观点和方法分析中国革命实际,主要依靠本国的力量,独立自主地解决中国革命和建设问题。

综上所述,毛泽东思想形成过程是反对教条主义斗争的过程,是把马克思列宁主义中国化的过程。这乃是毛泽东思想得以产生与发展的一个重要历史特点。

1931年1月出现的以王明为代表的教条主义为特征的"左"倾冒险主义,对共产国际的决议和苏联经验更是照抄照搬。以毛泽东为主要代表的中国共产党人正是在同这种错误倾向作斗争并深刻总结这方面的历史经验的过程中,逐步形成了毛泽东思想。

三、从第五次反围剿失败到抗日战争兴起与毛泽东思想的形成

土地革命战争后期,随着中国革命从第五次反"围剿"的失败到抗

日战争的兴起,毛泽东思想初步形成了它的科学体系。中国革命由第五次反"围剿"的失败到抗日战争的兴起是毛泽东思想由形成到成熟的社会历史条件。

1935年1月的遵义会议,是中国共产党历史上生死攸关的转折点。它结束了统治党4年之久的以王明为代表的"左"倾冒险主义,确立了以毛泽东为代表的新的中央的领导,把党的路线转移到马克思主义轨道上来,从而使党在危急中绝路逢生,夺取红军长征的胜利,由此打开了中国革命新局面。然而由于遵义会议是在长征途中举行的,当时只能解决最迫切需要解决的军事方针和组织领导问题,还难以从政治上思想上清理"左"的思想根源即主观主义、教条主义。华北事变以后,中国民族矛盾突出、尖锐起来,国内阶级关系发生重大变化,迫切需要党制定新的战略与策略;同时中央到达陕北后,有了暂时稳定的环境,于是毛泽东抓紧时机从事了艰巨的理论研究工作,从哲学上总结了党在两次革命战争中的胜利和失败的历史经验及革命战争的战略与战术原则,把马克思列宁主义中国化的伟大事业推向前进。

1935年12月,毛泽东在瓦窑堡党的活动分子会议上所作的《论反对日本帝国主义的策略》的报告,从理论上阐述了瓦窑堡会议确立的抗日民族统一战线政策。着重阐述了建立抗日民族统一战线的必要性与可能性并提出警惕1927年陈独秀右倾投降主义的教训,坚持共产党和红军的台柱子作用,报告有力地批判了"左"倾关门主义的错误,为党的抗日民族统一战线政策奠定了理论基础,使马克思列宁主义策略思想得到新的发展。1936年12月,毛泽东在红军大学所作的《中国革命战争的战略问题》的讲演,又从军事上批判了"左"倾教条主义,阐述了中国革命战争的规律和特点及战略与战术原则。之后,1937年7月和8月,毛泽东在抗日军政大学先后作《实践论》《矛盾论》讲演,进一步从马克思主义认识论和方法论的高度,批判了"左"和右、特别是"左"的路线错误,结合两次国内革命战争的历史经验,阐述了辩证唯物主义基本原理,强调了实践在认识过程中的地位和作用以及矛盾的普遍性与特殊性的关系,强调认识矛盾特殊性的重要意义,批判脱离中国实际的"左"倾教条主义。《实践论》,《矛盾论》为中国共产党在新的形势下制定正确战略与策略奠定了马克思主义的哲学基础,同时也为毛泽东思想的科学思想体系的形成,充实和奠定了理论基础。中央红军长征到达陕甘后,日本帝国主义侵入华北,引起国内阶级关系的重大变化,毛泽东系统地总结了中国革命战争的战略问题,揭示了中国革命战争的特点与规律,阐明了一系列战略与战术原则;着重分析了国内的主要矛盾和中国民族资产阶级的两面性,并指出了地主买办阶级营垒也不是铁板一块,阐明了建立抗日民族统一战线的理论与政策。西安事变和平解决以后,毛泽东又提出了争取民主,巩固和平与实现抗战的关系。1937年全国抗战爆发前夕,毛泽东又从哲学的高度总结了两次国内革命战争的历史经验,特别是着重批判了主观主义、教条主义的哲学基础,深刻地阐释了实践在认识运动中的地位、矛盾特殊性与普遍性的关系,强调具体事物具体分析是马克思主义辩证法的灵魂,从而从理论上阐明了党的马克思主义思想路线。这样,马克思主义中国化的毛泽东思想初步形成一个科学体系。

上述情况表明,遵义会议以后在中国革命从第五次反"围剿"失败到抗日战争兴起的历史转折关头,西安事变的和平解决成为时局转换的枢纽,国共两党开始由分裂内战转向合作抗日,毛泽东思想也从形成逐步走向成熟。

四、抗日战争与毛泽东思想的成熟

(一)抗日战争为毛泽东思想的成熟提供了丰富的经验和实践基础

抗日战争是在共产党倡导的以国共合作为基础的抗日民族统一战线旗帜下进行的。它是一个大而弱的中国对一个小而强的日本帝国主义所进行的反侵略战争。在抗战初期,由于国民党战场的溃退和某些战役上的胜利,产生了"亡国论"和"速胜论"两种不同的论调。毛泽东在 1938 年 5 月前后发表了《抗日游击战争的战略问题》和《论持久战》等重要著作。毛泽东在这些著作中,提出了持久战战略方针和实行人民战争的军事战略,揭示了在民族解放战争中弱国战胜强国的规律,规定了弱国战胜强国的路线。它不但是中国人民打败日本帝国主义的强大思想武器,也为世界民族解放运动提供了宝贵的经验。毛泽东这个理论和他在土地革命时期提出的建军思想、关于中国革命战争的战略战术,构成了毛泽东思想的军事理论。

由于亲英美派大地主大资产阶级参加抗日是被迫的,他们和共产党合作是为了利用抗日削弱或消灭人民革命力量。在抗日战争进入相持阶段以后,由于日本和英美战略方针的转变,国民党顽固派在 1939 年 1 月召开的五中全会上,制定了"溶共"、"限共"、"防共"、"反共"的反动方针,并在 1939 年至 1943 年连续掀起了三次反共高潮。

从建立抗日民族统一战线起,毛泽东就提出了坚持独立自主原则,反对党内投降主义倾向的问题。王明于 1937 年年底回国以后,引导党内右的思想倾向发展成为右倾投降主义。1938 年 10 月党的六届六中全会批评了王明新投降主义。毛泽东在会上作了《论新阶段》的报告和《统一战线中的独立自主问题》、《战争和战略问题》的发言。接着在 1940 年又发表了《目前抗日统一战线中的策略问题》和《论政策》等重要文章。这些文章阐述了无产阶级在抗日民族统一战线中必须坚持独立自主原则;发展进步势力、争取中间势力、反对顽固势力的策略总方针和有理、有利、有节的斗争原则。由于党坚持了毛泽东提出的又联合又斗争的政策,打退了顽固派的进攻,维护了国共合作,维护了全国抗战的局面。

为回击国民党顽固派"一个主义,一个政党,一个领袖"的反共叫嚣,回答中国向何处去的问题,1940 年 1 月,毛泽东发表《新民主主义论》。在这之前,他还写了《〈共产党人〉发刊词》、《中国革命和中国共产党》等重要理论著作。这些著作,总结了统一战线、武装斗争和党的建设是三个战胜敌人的主要法宝;实现了农村包围城市道路理论的完整化;明确提出中国革命的新民主主义性质及其与社会主义革命阶段的关系,规定了新民主主义革命的政治、经济和文化纲领,批判了混淆两个革命阶段任务的"毕其功于一役"的观点和在中国建立资产阶级专政的谬论,从而进一步指明了中国革命的方向和方位,形成了新民主主义理论的完整体系,解决了中国特色的革命道路问题。它标志着马克思主义同中国革命实践相结合的第一次历史性飞跃。

从 1941 年 2 月到 1943 年 10 月,中国共产党开展了整风运动。整风运动的主要内容是反对主观主义以整顿学风,反对宗派主义以整顿党风,反对党八股以整顿文风,而以反对主观主义以整顿学风为这次整风运动的中心内容。在全党开展整风运动初期和在这之前,毛泽东先后作了关于整顿"三风"的报告。在《改造我们的学习》报告中他明确指出,对待马克思列宁主义有两种截然对立的态度和方法,阐明了理论联系实际,实事求是的原则,批评了主观与客观相分裂、认识与实践相脱离的主观主义态度和方法,并深刻指出主观主义是党内产生"左"右倾机会主义的思想根源。毛泽东还为整风运动规定了明确具体的方针和方法。整风运动的形式、方针和方法,对于正确解决无产阶级政党的建设,是一次成功的实践。毛泽东关于整顿学风的思想理论及整风运动的经验总结,是对马克思列宁主义建党学说的重大发展。

在全党整风运动的基础上,1944 年 10 月,党的高级干部重新学习、研究党的历史和路线是非问题,1945 年 4 月,中共中央扩大的六届七中全会讨论并通过了《关于若干历史问题的决议》。它是整风运动的重要成果,使全党尤其是党的高级干部达到了在马克思列宁主义、毛泽东思想基础上的团结一致。

1945 年 4 月,中国共产党举行第七次代表大会。大会系统总结了党领导中国革命的经验,深刻论述了进行新民主主义革命的"三大法宝"以及党的三大作风。大会通过的新党章规定,以马克思列宁主义的理论与中国革命的实践之统一的思想——毛泽东思想,作为党的一切工作的指针。从此,毛泽东思想不仅在实践上成为中国革命的精神武器,而且成为全党公认的指导思想并载入史册。

总之,伟大的抗日民族解放战争为毛泽东思想的成熟提供了丰富的经验和实践基础。

抗战胜利后,中国历史进入国共两党两个命运、两个前途的决战时期。这个时期,中国共产党和毛泽东运用马克思列宁主义基本原理指导中国革命获得伟大的成功,毛泽东思想在夺取中国革命胜利中得到发展。主要表现在以下几个方面:战后面对错综复杂的政局和国民党假和平真备战的反革命两手,党中央和毛泽东提出和平谈判的理论和策略;1946 年 8 月,针对国民党反动派在美帝国主义支持下发动全面内战的形势,毛泽东提出了一切反动派貌似强大,但是从本质上、从长远的观点看,都是纸老虎,要在战略上貌视敌人、战役战斗上重视敌人的思想;1947 年 12 月,在人民解放军转入战略进攻的新形势下,毛泽东总结解放军作战原则,提出了著名的十大军事原则,把作战指导思想更加系统化、理论化,成为克敌制胜的法宝;1949 年 7 月,在国民党政权即将覆灭、新中国即将诞生之际,毛泽东总结百年来中国革命的历史经验,依据马克思列宁主义无产阶级专政的原理,发表了《论人民民主专政》一文,阐明了在中国建立人民民主专政的历史必然性,论述了各个阶级在人民民主专政国家中的地位和相互关系,说明了民主与专政的关系,提出了人民民主专政的主要任务。它集中地表明了中国共产党人关于建立新中国的政治主张,奠定了我国人民民主专政的理论基础和政策基础。

抗日战争对中国历史和中国革命的发展产生了巨大而深远的影响,它所提供的历史经验极其丰富。它向这场战争的指导者、组织者和领导者提出许多新的迫切需要解决的重大课题,也提供了许多解决这些课题的历史条件和丰富经验。以毛泽东为代表的中国共产党人,系统地总结了两次国内革命战争历史性转折中积累的正反两方面经验,并密切地联系抗日战争的伟大实践,把它加以升华,丰富和发展了统一战线、武装斗争和党的建设的理论和政策,把新民主主义理论完整化、系统化,从而使毛泽东思想在各方面展开而达到成熟。

(二)新民主主义理论的完整化与毛泽东思想的成熟

标志着毛泽东思想成熟的基本理论有以下几个:

第一,关于抗日民族统一战线理论与策略。抗日战争是在以国共合作为基础的抗日民族统一战线旗帜下进行的,这个统一战线与第一次国共合作有不同的特点。主要是国共两党不但都有各自的军队和政权,而且又都有从各自的立场出发,吸取了不同的历史经验教训,这样势必加剧统一战线内部斗争的复杂性,加上第二次国共合作始终没有形成一个统一的组织形式,也没有两党协商一致的共同纲领,更增加了坚持统一战线的困难。

鉴于这样一个复杂的统一战线状况,毛泽东正确地分析了民族矛盾与阶级矛盾的关系,制定了又联合又斗争,以斗争求团结的方针;坚持统一战线中的独立自主原则;制定了发展进步势力,争取中间势力,孤立顽固势力的策略总方针和有理有利有节的斗争原则。

第二,军事思想。抗日战争是大而弱的半殖民地中国反对小而强的帝国主义日本的民族解放战争。如何才能夺取战争的胜利,在军事战略方针上以毛泽东为代表的中国共产党领袖们,相继发表文章提出颇有见地的思想。"卢沟桥事变"第8天,朱德发表《实行对日抗战》一文。文章在分析日本的经济和军事状况以后,指出中国的抗战"将是一个持久的艰苦的抗战","最后的胜利是我们中国的"。1937年9月,张闻天发表《论抗日民族革命战争的持久性》一文,文章从中华民族抗战的正义性出发,论证中日双方各自在军事、经济、国际援助等方面的长处和短处,最后得出的结论说:"中日两国的战争,将具有持久的性质"。同年12月,刘少奇在党的活动分子会议上,分析中国、日本和国际三个决定中日战争胜负的主要因素在战争中的发展变化后,指出"只要中国坚持抗战,克服自己的弱点与困难,中国有力量战胜日本帝国主义的"①。同年 11 月 16 日,周恩来发表《目前抗战危机与坚持华北抗战的任务》一文,12 月又在西安各团体谈话会上发言,在详细分析中日双方在财政经济、军事工业、国防条件、国内矛盾及国际条件等多方面强弱之后论证了抗日战争是胜利的持久战的正确结论。并且在抗战 5 个月后,在《怎样进行持久抗战》一文中总结战争经验教训,提出"只有持久抗战,才能争取最后胜利,这是抗战 5 个月中最主要的教训"。

与此同时,国民党方面有人散布"速胜论"或"亡国论",在群众中造成思想上的混乱。为了澄清思想上的混乱,毛泽东集中党的领导人的集体智慧,于 1938 年 5 月发表著名的《论持久战》。

首先,全面地辩证地分析了中日战争所处的时代、中日双方互相矛盾的基本特点以及抗日战争发展的客观规律。毛泽东在指出中日双方各自具有的四个特点之后,指出,"日本的长处是其战争力量之强,而其短处则在其战争本质的退步性、野蛮性,在其人力、物力之不足,在其国际形势之寡助","中国的短处是战争力量之弱,而其长处则在其战争本质的进步性和正义性,在其是一个大国家,在其国际形势之多助"。中日战争双方之相互矛盾的四个基本特点中敌强我弱这对矛盾,决定着中日战争是持久战。敌小我大,敌退步我进步,敌寡助我多助,这三对矛盾,决定着中日战争的最后胜利是属于中国的。这就是中日战争的基本规律。随着战争时间的推移,敌之优势逐渐削弱,我之优势逐渐增强,从而改变敌强我弱的力量对比,最后胜利属于中国。

基于对中日双方相互矛盾的四个基本特点的分析,毛泽东批评了"亡国论"、"速胜论"者,前者只看到敌强我弱,无视后三个因素,后者则忘记了敌强我弱,或者对于中国的长处,夸大得离开真实情况,变成另一种样子,或者拿一时一地的强弱现象代替了全体中的强弱现象。

毛泽东根据中日双方四对矛盾在战争中的发展变化,判断持久战

①　《刘少奇年谱(1989—1969)》上卷,中央文献出版社 1996 年版,第 201 页。

将会分成三个阶段。第一阶段是"敌之战略进攻、我之战略防御时期";第二阶段是'敌之战略保守、我之准备反攻的时期';第三阶段是"我之战略反攻、敌之战略退却的时期"。中日战争是一场军事、政治、经济、文化各方面大较量的战争,这是战争史上的奇观,中华民族的壮举,惊天动地的伟业。

其次,根据人民群众是历史的创造者,是社会实践的主体这一历史唯物主义基本观点,毛泽东作了深刻的论述,完整地形成了人民战争思想。早在土地革命战争时期红军反"围剿"战争中,毛泽东就以历史唯物主义观点,充分估计人民群众在革命战争中的作用。他说:"真正的铜墙铁壁是什么?是群众,是千百万真心实意地拥护革命的群众。这是真正的铜墙铁壁,什么力量也打不破的,完全打不破的……在革命政府的周围团结起千百万群众来,发展我们的革命战争,我们就能消灭一切反革命,我们就能夺取全中国。"①抗日战争时期依靠人民群众实行人民战争的思想进一步发展。在《论持久战》一文中,精辟地指出:"兵民是胜利之本","战争的伟力之最深厚的根源,存在于民众之中",这里显然是充分估计到人民群众中蕴藏着进行战争的巨大潜力,是进行战争的主体和基础。由于抗日战争是反侵略的民族解放战争,广大人民群众是具有爱国主义热忱的,他们把战争的胜负、民族的强弱、国家的兴亡,看成与自己的命运息息相关的大事。毛泽东认为只要相信群众,紧紧地依靠群众,广泛地动员和组织群众,实行人民战争,就掌握了克敌制胜的法宝,就能造成陷敌人于灭顶之灾的汪洋大海。

在人民战争实施中,毛泽东创造了野战军、地方军、民兵三结合的武装力量体制这一人民战争的组织形式。主力兵团和地方兵团是实行人民战争的骨干和战略决战的决定力量,民兵是有力的助手和后备力量。三结合能够形成对敌斗争的整体力量。

最后,人民战争的战略与战术原则和抗日游击战争的战略地位。

---

① 《毛泽东选集》第一卷,人民出版社1991年版,第139页。

抗日战争时期,根据当时的军事形势和敌我力量对比,党的洛川会议,规定我军在敌后作战的基本方针是放手发动群众,进行独立自主的游击战争,建立敌后根据地。毛泽东在《抗日游击战争的战略问题》中着重记述了游击战争的战略地位和作用。作战形式一般的是游击战、运动战、阵地战,由低级发展到高级。而游击战是一种起辅助作用的作战形式,它不担负战略任务。但是,在抗日战争中八路军却实行了由运动战往游击战的战略转变,并担负着战略任务。毛泽东根据中日双方四个基本特点深刻地论述了抗日游击战争的战略地位和作用。

毛泽东在《论持久战》中,对于实行人民战争的战略与战术原则作了明确的概括。即防御中的进攻,持久中的速决,内线作战中的外线作战。这样,把战略与战术很好地结合起来。从而随着战争时间的推移,战略战术上积小胜为大胜,逐步改变敌我力量的对比,以夺取战争最后阶段战略上的进攻和胜利。

总之,毛泽东关于中日双方四个基本特点的分析,关于持久战和实行人民战争的战略方针,抗日战争发展过程的预见;关于抗日游击战的战略地位;人民战争的战略与战术原则,深刻地揭示了民族解放战争中弱国战胜强国的规律,成为打败日本侵略者的马克思主义的军事战略方针。

第三,新民主主义理论系统化完整化。土地革命战争后期和抗日战争时期,新民主主义理论是以毛泽东为代表的中国共产党人,把马克思主义与中国实际相结合的第一次历史性的飞跃,是毛泽东思想的主体,这一理论的系统化、完整化使毛泽东思想体系比较完备,标志着毛泽东思想的成熟。

中国共产党新民主主义革命理论的创立,是党的集体智慧结晶,老一辈无产阶级革命家都作出了应有的贡献。毛泽东则发挥了特殊的作用,作出杰出了贡献。他在 1939 年写的《青年运动的方向》一文中,首先使用与新民主主义革命含义相同的"人民民主革命"的提法,尔后在《中国革命和中国共产党》一文中,首次提出"新民主主义革命"这一崭新的科学概念。继而发表《〈共产党人〉发刊词》和《新民主主义论》等光辉著作,系统地阐述了新民主主义革命基本理论,使这一理论形成一个完整的体系,成为毛泽东思想的主体,标志着毛泽东思想达到成熟。

首先,中国的特殊国情——半封建半殖民地性质是新民主主义理论的客观的基本的依据。马列主义与中国实际相结合这是以毛泽东为代表的中国共产党人一贯倡导、重视的原则。中国实际最基本的国情乃是半封建半殖民地社会性质。毛泽东指出:"只有认清中国社会的性质,才能认清中国革命的对象、中国革命的任务、中国革命的动力、中国革命的性质、中国革命的前途和转变。"①毛泽东在 1939 年冬所著的《中国革命和中国共产党》中,精辟地分析了中国现阶段的社会性质,明确指出殖民地、半殖民地、半封建社会的特点及近代中国社会的主要矛盾乃是帝国主义和中华民族的矛盾,封建主义和人民大众的矛盾,而前者乃是各种矛盾中最主要的矛盾。

其次,中国革命的对象、任务、动力、性质和前途。中国的社会性质决定中国革命的主要对象或主要敌人乃是帝国主义和封建主义,是帝国主义国家的资产阶级和本国的地主阶级。两者互相勾结而以帝国主义的民族压迫为最大的压迫,因而帝国主义即是中国人民的第一个和最凶恶的敌人。从而决定了中国革命的主要任务就是对外推翻帝国主义统治,对内推翻封建地主阶级的统治。民族革命与民主革命两大任务是既互相区别,又互相统一的。

中国社会的性质、革命的对象、革命的任务规定革命的动力。各阶级在社会经济中所占的地位决定其对革命的态度和立场。资产阶级分为带买办性的大资产阶级和民族资产阶级。前者历来不是革命的动力,而是中国革命的对象。而大资产阶级由于是分别依附于不同帝国主义的,因而在抗日战争时期,亲日派与顽固派有区别。前者降日,后者仍留在抗日营垒内,具有两面性。民族资产阶级是革命动力之一,但

① 《毛泽东选集》第二卷,人民出版社 1991 年版,第 633 页。

它们是具有两重性的阶级,即革命性与软弱性。

农民是中国革命的主力军。其中又有不同的阶层,中农是无产阶级的可靠的同盟军,是重要的革命动力的一部分;贫农是中国革命最广大的动力,是无产阶级天然的和最可靠的同盟者。其他小资产阶级是广大的群众,其社会经济地位和政治态度与中农有某些相似,是革命的动力之一,是无产阶级可靠的同盟者。

中国无产阶级除具有一般无产阶级的基本优点,即与最先进的经济形式相联系,富于组织性纪律性,没有可占有的生产资料外,还有许多特出的优点,即身受三重压迫,最有觉悟,与农民有一种天然的联系。虽然也有其弱点如人数较少、较年轻、文化水平较低,但它是中国革命最基本的动力,是中国革命的领导阶级。

革命性质和前途。由于近代中国社会性质和革命任务决定中国革命的历史特点是分为民主主义和社会主义两个步骤,而其第一步现在已不是一般的民主主义,而是中国式的、特殊的、新式的民主主义,即新民主主义。毛泽东从中国革命所处的世界历史时代分析,由于第一次世界大战和第一次胜利的社会主义十月革命,改变了整个世界历史的方向,划分了整个世界历史的时代。从而使中国的资产阶级民主革命由属于旧的世界资产阶级革命范畴改变为属于新的资产阶级革命范畴,而在革命阵线上说来,则属于世界无产阶级社会主义革命的一部分,成为这种世界革命的伟大同盟军。同时从国内阶级革命和革命动力看,这个革命是由无产阶级领导的,联合各革命阶级共同反对帝国主义和封建主义。这就决定了"这个革命的第一步、第一阶段,决不是也不能建立中国资产阶级专政的资本主义的社会,而是要建立以中国无产阶级为首领的中国各个革命阶级联合专政的新民主主义的社会,以完结其第一阶段。然后,再使之发展到第二阶段,以建立中国社会主义的社会。"①毛泽东进一步驳斥资产阶级专政。认为依国际环境说,这

---

① 《毛泽东选集》第二卷,人民出版社1991年版,第672页。

条道路是走不通的。首先是国际资本主义即帝国主义不容许,其次是社会主义不容许。依国内环境说,从 1927 年大资产阶级叛变革命,实行十年"剿共"内战的后果,警告资产阶级尤其是大资产阶级应该从中获得必要的教训。另外也驳斥了"左"倾空谈主义和某些故意想"毕其功于一役"、混淆两个不同革命阶段的散布"一次革命论"的恶意宣传家。

毛泽东针对国民党顽固派故意想用三民主义代替共产主义制造思想混淆、排斥共产党的行径,阐述了三民主义的两个历史时代及共产主义与三民主义的异同,旧三民主义和新民主主义的区别,以正视听。这是对新民主主义理论的各方面的展开和深化。

最后,中国革命道路和三大法宝。关于中国革命道路的基本理论在 20 世纪 30 年代初已经形成。在抗日战争时期,毛泽东在论述新民主主义革命理论时,对此又进一步阐述使之更加完整化。关于建立农村革命根据地的缘由和必要性,在《中国革命和中国共产党》一文中,主要是从敌人的异常强大和镇压革命异常残酷这一特点出发,论述了中国革命的长期性和残酷性、革命的主要方法和主要形式,指出这种革命不是和平的,而必须是武装的,这决定了必须建立农村革命根据地:"因为强大的帝国主义及其在中国的反动同盟军,总是长期地占据着中国的中心城市,如果革命的队伍不愿意和帝国主义及其走狗妥协,而要坚持地奋斗下去,如果革命的队伍要准备积蓄和锻炼自己的力量,并避免在力量不够的时候和强大的敌人作决定胜负的战斗,那就必须把落后的农村造成先进的巩固的根据地,造成军事上、政治上、经济上、文化上的伟大的革命阵地,借以反对利用城市进攻农村区域的凶恶敌人,借以在长期战斗中逐步地争取革命的全部胜利。"①同时他还从中国社会政治经济发展不平衡的特点出发,论述了建立农村根据地的可能性:"由于中国经济发展的不平衡(不是统一的资本主义经济),由于中国

---

① 《毛泽东选集》第二卷,人民出版社 1991 年版,第 635 页。

土地的广大(革命势力有回旋的余地),由于中国的反革命营垒内部的不统一和充满着各种矛盾,由于中国革命主力军的农民的斗争是在无产阶级政党共产党的领导之下,这样,就使得在一方面,中国革命有在农村区域首先胜利的可能。"①

关于中国革命的三大法宝。统一战线、武装斗争、党的建设三个中国革命的基本问题及其关系,毛泽东在 1939 年 10 月《〈共产党〉人发刊词》中,进一步作了系统总结并将其上升为中国革命三大法宝。他指出:"统一战线问题,武装斗争问题,党的建设问题,是我们党在中国革命中的三个基本问题。正确地理解了这三个问题及其相互关系,就等于正确地领导了全部中国革命。"②关于这三个基本问题的关系,文中作出精辟地概括。毛泽东指出:"十八年的经验告诉我们,统一战线和武装斗争,是战胜敌人的两个基本武器。统一战线,是实行武装斗争的统一战线。而党的组织,则是掌握统一战线和武装斗争这两个武器以实行对敌冲锋陷阵的英勇战士。这就是三者的相互关系。"③

基于对中国革命这三个基本问题及其相互关系的科学分析,毛泽东着重阐述了党的建设历史经验,首次提出,党的建设同党的政治路线密不可分,必须围绕党的政治路线进行。他明确指出:"十八年来,党的建设过程,党的布尔什维克化的过程,是这样同党的政治路线密切地联系着,是这样同党对于统一战线问题、武装斗争问题之正确处理或不正确处理密切地联系着的。这一论断,很明显地,已经被十八年党的历史所证明了。"④

———————

① 《毛泽东选集》第二卷,人民出版社 1991 年版,第 635 页。
② 《毛泽东选集》第二卷,人民出版社 1991 年版,第 605—606 页。
③ 《毛泽东选集》第二卷,人民出版社 1991 年版,第 613 页。
④ 《毛泽东选集》第二卷,人民出版社 1991 年版,第 605 页。

五、社会主义革命和社会主义建设
与毛泽东思想的发展

随着解放战争的节节胜利特别是新中国的成立,毛泽东思想逐渐深入人心成为中国大地的最强音。历史在发展,时代在变化,时代主题和历史任务也必将随之而改变。新中国成立后面临最大的历史任务是如何进行社会主义革命和建设。在社会主义革命和建设时期,毛泽东对"什么是社会主义,怎样建设社会主义"这个崭新的历史性课题进行了艰辛的探索,主要形成了社会主义改造理论、基本矛盾和两类矛盾理论、中国式工业化道路和四个现代化理论,使毛泽东思想在新的历史条件下继续发展。

(一)社会主义改造理论的探索

1949 年 3 月,在革命即将夺取全国胜利的前夜,毛泽东在党的七届二中全会上的报告中着重阐述了在全国胜利的局面下,党的工作重心必须由乡村转移到城市;提出了党在全国胜利以后,在政治、经济、外交等方面应当采取的基本政策以及由农业国转变为工业国,由新民主主义社会转变为社会主义社会的总任务和主要途径。新中国成立以后,以恢复国民经济为中心,在农村土地改革运动全面铺开,在城市没收垄断国家经济命脉的官僚资本变为社会主义性质的国营经济,对民族资本主义工商业实行利用、限制、改造政策,使之初步纳入国家资本主义轨道。与此同时,取得了抗美援朝的伟大胜利,有效地遏制了美帝国主义的疯狂侵略。鉴于国内资产阶级同无产阶级、生产资料私有制同社会主义工业化的矛盾日趋深化和对外加强国防建设的急需,党中央和毛泽东把马克思列宁主义基本原理与中国具体实际相结合,适时地于 1953 年 6 月正式确立党在过渡时期的总路线,并相继提出关于农业、手工业和资本主义工商业社会主义改造的理论和政策。

这个时期的理论探索主要体现为：首先，关于革命转变与过渡时期的理论。1962年9月以后，毛泽东曾多次讲到过渡时期总路线的问题。1953年6月，毛泽东在修改由他授意经中共中央宣传部起草的关于总路线的宣传提纲时，把党在过渡时期的总路线完整准确地表述为："从中华人民共和国成立到社会主义改造基本完成，这是一个过渡时期。党在这个过渡时期的总路线和总任务，是要在一个相当长的时期内，逐步实现国家的社会主义工业化，并逐步实现国家对农业、手工业和资本主义工商业的社会主义改造。这条总路线是照耀我们各项工作的灯塔，各项工作离开了它，就要犯右倾或"左"倾错误。"其次，关于农业、手工业社会主义改造的理论。土地改革以后农民个体经济同手工业个体经济性质相同，因而对它们进行社会主义改造的指导思想、途径、方法基本上是一致的。主要是按照自愿互利原则，通过合作化道路把农业、手工业引向社会主义集体经济。再次，关于资本主义工商业社会主义改造的理论。主要采取对资产阶级实行赎买政策，通过国家资本主义形式把资本主义工商业引向社会主义公有制。毛泽东和党中央在领导我国实施过渡时期总路线过程中，形成了比较完整的具有中国特色的资本主义工商业社会主义改造的理论政策。

社会主义改造理论突破了苏联模式的束缚，创造了工业化和改造同时并举的道路，突破了一举过渡的框框，顺利地实现了逐步过渡，使"我们党创造性地完成由新民主主义到社会主义的过渡，实现中国历史上最伟大最深刻的社会变革，开始了在社会主义道路上实现中华民族伟大复兴的历史征程"①。

（二）基本矛盾和两类矛盾理论的探索

随着我国由社会主义革命时期转入全面建设社会主义时期，我国从新民主主义社会进入到社会主义社会以后，社会各方面都产生了深

①　《十六大以来重要文献选编》（上），中央文献出版社2005年版，第43页。

刻的变化。1956 年 9 月,党的八大宣布了中国"由革命到建设"的转
变。由于大规模的疾风暴雨式的阶级斗争基本结束,敌我矛盾、阶级剥
削与被剥削的矛盾基本解决,而人民内部的矛盾则大量显露出来,突出
起来。因此,正确处理人民内部矛盾逐渐成为国家政治生活的主题。
周恩来对此曾说过:"现在面临着社会主义建设的阶段。这个阶段,由
于革命阶段过去了,大规模群众性的阶级斗争结束了,因此人民内部的
矛盾就露出来了,这些问题就多起来,就需要我们处理。"他还认为社
会主义建设阶段"最主要的是人民内部矛盾问题"①;刘少奇也指出:
"人民内部的矛盾,现在是大量地表现在人民群众同领导者之间的矛
盾问题上。更确切地讲,是表现在领导上的官僚主义与人民群众的矛
盾这个问题上。""人民内部矛盾还特别表现在分配问题上。"②但是,
当时我们党的广大党员和干部对如何处理社会主义全面建设时期大量
出现的人民内部矛盾缺乏思想准备。一些干部习惯于用战争年代的经
验办事,用类似战争年代处理敌我矛盾的办法处理罢工罢课事件,造成
了矛盾的激化。这种情况,引起了毛泽东的严重关注。他说:"现在我
们有些同志,对待人民内部问题动不动就想'武力解决',这是非常危
险的,必须坚决纠正。"此外,毛泽东提出社会主义两类矛盾学说和正
确处理人民内部矛盾问题,也是同正确地总结和吸取当时苏联和东欧
一些社会主义国家的经验教训分不开的,尤其是苏共二十大的召开和
波兰匈牙利事件的爆发。毛泽东指出,波匈事件应使我们更好地考虑
中国的问题,要根据波匈事件的教训好好总结一下社会主义究竟如何
搞法。矛盾总是有的,如何处理这些矛盾,是我们需要认真研究的问
题。③ 总之,不论是中国的现实还是其他社会主义国家的经验教训,都
证明了划分社会主义两类矛盾和正确处理人民内部矛盾的极端重要

---

① 薄一波:《若干重大决策与事件的回顾》下卷,中共中央党校出版社 1993 年版,
　第 568 页。
② 《刘少奇选集》下卷,人民出版社 1985 年版,第 303 页。
③ 参见《毛泽东传(1949—1976)》(上),中央文献出版社 2003 年版,第 606 页。

性,证明了正确处理人民内部矛盾的问题是社会主义建设时期国家政治生活的主题。

关于社会主义基本矛盾和两类矛盾理论,一方面毛泽东认为社会主义社会的基本矛盾仍然是生产关系和生产力、上层建筑和经济基础的矛盾。它与旧社会所不同的是,两者之间又相适应又相矛盾:社会主义生产关系已经建立起来,它是和生产力的发展相适应的;但是,它还很不完善,这些不完善的方面和生产力的发展又是相矛盾的。除了生产关系和生产力发展的这种又相适应又相矛盾的情况以外,还有上层建筑和经济基础的又相适应又相矛盾的情况。毛泽东关于社会主义社会的基本矛盾的论述发展了列宁的矛盾思想,超越了斯大林社会主义条件下生产关系完全适应生产力的性质的观点,深化了对科学社会主义的再认识,丰富发展了马列主义科学社会主义学说,为社会主义制度下的自我完善和改革奠定了坚实的理论基础。另一方面,毛泽东在分析社会主义社会基本矛盾的基础上,明确提出了关于社会主义社会两类不同性质社会矛盾的学说。毛泽东在《关于正确处理人民内部矛盾的问题》的讲话中,第一次明确指出敌我矛盾和人民内部矛盾是社会主义社会的两类矛盾,是性质完全不同的矛盾。由于两类社会矛盾的性质不同,解决的方法也不同。敌我矛盾是对抗性的,是分清敌我的问题,需要用强制的、专政的方法来解决;人民内部矛盾是在人民利益根本一致基础上的矛盾,是分清是非的问题,只能用民主的、说服教育的方法来解决,绝不能用解决敌我矛盾的强制、专政的方法去解决。毛泽东关于正确区分两类不同性质的矛盾,特别是关于正确处理人民内部矛盾问题的思想,为在社会主义条件下协调人民内部的各种关系,解决人民内部之间的各种矛盾,调动一切积极因素,化消极为积极,为建设社会主义服务,创造安定团结的政治局面和宽松有序的社会环境,构建社会主义和谐社会,提供了理论基础和政策依据。

（三）中国式工业化道路和四个现代化理论的探索

新中国成立之初，毛泽东领导人民经过三年国民经济恢复和发展，在 1952 年年底提出了过渡时期的总路线，即"一化三改"的总路线。"一化"即逐步实现国家的社会主义工业化，这是主体。同时，从 1953 年起开始执行第一个五年计划，开始实现由农业国向工业国、由新民主主义向社会主义的两大转变。在这一时期，"因为我们没有经验，在经济建设方面，我们只得照抄苏联，特别是在重工业方面，几乎一切都抄苏联，自己的创造性很少"①。经过"一五"时期的基本建设，一批重要工业部门建立起来，一些重要工业品的生产能力得到提高，为毛泽东后来探索中国式社会主义建设道路和工业化道路提供了实践经验和物质技术基础。

1956 年苏共二十大的召开，暴露了苏联在社会主义建设过程中片面发展重工业等一些缺点和错误，促使毛泽东"以苏为鉴"，开始探索适合中国国情的社会主义工业化道路。

1956 年 4 月，毛泽东在《论十大关系》中首次把重工业和农业、轻工业三者的关系作为一个独立的整体问题，列为当时的十大关系之首，指出："我们现在的问题，就是还要适当地调整重工业和农业、轻工业的投资比例，更多地发展农业、轻工业"，"重工业和轻工业、农业的关系，必须处理好"②。这表明，毛泽东克服了前一阶段片面注意重工业的倾向，向确定一条正确的中国式工业化道路迈出了关键的一步。

1957 年 2 月，毛泽东在《关于正确处理人民内部矛盾的问题》中第一次明确使用"中国工业化道路"的概念，指出，"工业化道路的问题，主要是指重工业、轻工业和农业的发展关系问题。我国的经济建设是以重工业为中心，这一点必须肯定。但是同时必须充分注意发展农业和轻工业"，提出了"发展工业必须和发展农业同时并举"③的思想。

---

① 《毛泽东文集》第八卷，人民出版社 1999 年版，第 305 页。
② 《毛泽东文集》第七卷，人民出版社 1999 年版，第 24 页。
③ 《毛泽东文集》第七卷，人民出版社 1999 年版，第 240—241 页。

这表明毛泽东对农业和工业的关系及对农业重要性的认识又前进了一大步。

20世纪50年代末60年代初，毛泽东汲取"大跃进"运动中工农业比例严重失调的教训，提出以农、轻、重为序安排国民经济和工农业并举的思想，主张重工业要为农业和轻工业服务。1962年，党中央把毛泽东这一完整思想概括为"以农业为基础，以工业为主导"的发展国民经济的总方针。

在《读苏联〈政治经济学教科书〉的谈话》中，毛泽东明确地指出："建设社会主义，原来要求是工业现代化，农业现代化，科学文化现代化，现在要加上国防现代化。"[①]第一次比较完整地表述了"四个现代化"的内容。1964年12月，周恩来在三届全国人大一次会议上所作的《政府工作报告》中，代表党中央向党内外正式宣告：我们"要在不太长的历史时期内，把我国建设成为一个具有现代农业、现代工业、现代国防和现代科学技术的社会主义强国"[②]。至此，现代化的使用规范下来。在总结我国社会主义经济建设教训的基础上，毛泽东还主持制定了农村公社六十条、工业企业七十条、高等教育六十条、科学研究工作十四条等实现中国工业化道路的一系列方针政策和措施。这些思想、方针和政策的提出和实行，标志着毛泽东中国式工业化、现代化思想的正式形成。

概括说来，毛泽东的中国式工业化道路和四个现代化理论的实质就是如何处理农、轻、重的关系问题。毛泽东反复强调要从大农业国这个基本国情出发，走自己的路，要"以农业为基础，以工业为主导"，正确处理农、轻、重的关系，发展国民经济，实现四个现代化的战略目标，以此实现由农业国向工业国的发展。毛泽东的中国式工业化道路和四个现代化思想，改变了社会主义国家处理农、轻、重关系的传统模式，勾

①　《毛泽东文集》第八卷，人民出版社1999年版，第116页。
②　《周恩来选集》下卷，人民出版社1984年版，第439页。

画出新时期走新型工业化道路的宏伟蓝图,是对中国社会主义工业化道路的开篇章,这是毛泽东的首创,是对马克思主义经济理论的重大贡献。中国式工业化道路及四个现代化理论探索过程中形成的中国特色的工业化、现代化模式和基本建设原则,对社会主义现代化建设道路进行了曲折的开创性探索,积累了丰富的经验。这一理论不仅有力地指导着当时的工业化建设,而且为我们党在新时期开辟中国特色社会主义的道路、进行现代化建设提供了思想先导,为我国建立独立、自由、民主、统一的现代民族国家,为中国现代化创造了先决条件,为中国的社会主义现代化开辟了广阔的道路,勾画出中国社会主义现代化的宏伟蓝图。实践证明,它是实现国家工业化的正确道路,是今天的经济建设仍然必须遵循的方针和原则。

第六章　毛泽东思想科学体系结构

　　毛泽东思想是马克思列宁主义与中国革命具体实践相结合的产物,是中国化的马克思主义,因而它是属于马克思主义体系,即共产主义思想体系范畴的,但它又不是马克思主义在中国的照搬或简单的运用,而是在许多领域展开并形成了一系列符合中国实际的理论原则,形成了自己的科学体系。毛泽东思想是一个完整的科学体系。但他本人并没有论述这一体系,邓小平提出:"毛泽东思想是个科学的体系"并要求理论工作者要下工夫进行研究。但是体系如何概括不宜定于一尊。毛泽东思想科学体系基本上可以有四种概括:一是按照马克思主义三个组成部分的科学体系,即哲学、政治经济学、科学社会主义;二是按照政治、经济、文化、军事、党建、国际关系和外交思想等各条战线各个领域;三是按照中国革命基本问题基本理论;四是进行结构性立体分析,所谓结构性立体分析系指各个理论在整个体系中的地位、作用及其相互关系,这是体系的更高层次的分析,有立体感,便于人们深刻理解和把握。

一、毛泽东思想是一个完整的科学体系

(一)毛泽东思想的科学内涵

　　毛泽东思想形成于 20 世纪 20 年代末期和 30 年代前期,成熟于土地革命战争后期和抗日战争时期。由于理论(思想)发展同人们对它认识的不同步性,直到 1945 年中国共产党第七次全国代表大会它才被

确定为党的指导思想并写进了党章。毛泽东思想是一个特定的科学概念，是一个完整的科学体系，是以毛泽东为代表，先由毛泽东同志的思想发展而来的。早在40年代初，中国共产党的一些理论工作者在有关文章中曾提到毛泽东同志的思想。毛泽东思想正式作为一个科学概念，最早则是见于1943年7月8日王稼祥在延安《解放日报》上发表的《中国共产党与中国民族解放的道路》一文。他说："毛泽东思想就是中国的马克思列宁主义，中国的布尔什维克主义，中国的共产主义"，"它是创造的马克思列宁主义，它是马克思列宁主义在中国的运用和发展"。与此同时，刘少奇在《清算党内的孟什维主义思想》一文中也有类似的阐述。1986年8月15日，胡耀邦在《人民日报》上发表的《深切纪念王稼祥同志》一文指出："他是我们党正式提出'毛泽东思想'这一科学概念的第一个人。""毛泽东同志的思想"与"毛泽东思想"，两者是一致的，但几字之差，却反映出对它的科学涵义理解上的差异。前者显然是作为一个人的思想；后者已发展为一个特定的科学概念，它指的不是毛泽东一个人的思想，是以毛泽东为代表的中国共产党的集体智慧的结晶，是中国化了的马克思主义。对这一科学概念内涵的理解和阐释，是随着历史的发展、思想的丰富而不断深化与明确的。

　　1945年4月，刘少奇在中共七大上所作的《关于修改党章的报告》中，正式阐述了毛泽东思想的科学涵义。他说："毛泽东思想，就是马克思列宁主义的理论与中国革命的实践之统一的思想，就是中国的共产主义，中国的马克思主义"，"就是马克思主义在目前时代的殖民地、半殖民地、半封建国家民族民主革命中的继续发展，就是马克思主义民族化的优秀典型。"①此后，1945年7月《解放日报》社论、1940年《解放》第3—5号载文《论毛泽东思想》以及新中国成立以后直至1979年9月以前党和国家领导人讲话和学术界的理论探讨，都以中央七大关于毛泽东思想的科学涵义为依据。

----

　　①　《刘少奇选集》上卷，人民出版社1981年版，第333页。

　　党的十一届三中全会以来,随着解放思想、实事求是思想路线的恢复与重新确立,党的领导层和理论界对毛泽东思想科学涵义的研究进一步丰富与完善,在原来界定的基础上,又增添了"是关于中国革命的正确的理论原则和经验总结","是中国共产党集体智慧的结晶"两个含义。在党的十一届四中全会上叶剑英指出:"毛泽东思想就是马列主义在中国的运用和发展,是马列主义普遍真理同中国革命具体实践相结合的产物。""毛泽东思想是半个多世纪以来中国革命斗争经验和新社会建设经验的结晶,是中国共产党集体智慧的结晶"。1981 年 6 月召开的中国共产党十一届六中全会通过的《关于建国以来若干历史问题的决议》(以下简称《决议》)中专设毛泽东的历史地位与毛泽东思想一节,对毛泽东思想的科学涵义作了更加科学、更加完整和严谨的概括。《决议》指出:"以毛泽东同志为主要代表的中国共产党人,根据马克思列宁主义基本原理,把中国长期革命实践中的一系列独创性经验作了理论概括,形成了适合中国情况的科学的指导思想,这就是马克思列宁主义普遍原理和中国革命具体实践相结合的产物——毛泽东思想"。"毛泽东思想是马克思列宁主义在中国的运用和发展,是被实践证明了的关于中国革命的正确的理论原则和经验总结,是中国共产党集体智慧的结晶。"

　　由此可见,毛泽东思想的概念有个提出与形成的过程。提出于 1943 年 7 月,形成于 1945 年 5 月中共七大,完善于 1981 年 6 月中共十一届六中全会,最终形成了一个完整的科学体系。

　　《决议》对毛泽东思想涵义所作的科学概括,从宏观上指明了毛泽东思想是马克思列宁主义普遍原理和中国革命具体实践相结合的产物。从《决议》的概括中对其科学涵义可以作出四个方面的阐释:毛泽东思想同马克思列宁主义的关系;毛泽东思想同中国革命实践的关系;毛泽东个人与党的领导集体在毛泽东思想创建和发展中的贡献及其关系;毛泽东思想和毛泽东个人晚年所犯错误的区别。

　　第一,正确地回答了毛泽东思想同马克思列宁主义基本原理的关系。《决议》指出,毛泽东思想是依据马克思列宁主义基本原理提出来的。这就是说,从它的根本思想体系来说,毛泽东思想是属于马克思主义即共产主义思想体系范畴的,而不是独立于马克思主义思想体系之外的与之并列的思想体系。马克思列宁主义乃是毛泽东思想的理论基础思想渊源,另一方面,它又不是马克思列宁主义的照搬,而是有其自己的特点,形成了符合中国实际的科学体系。

第二,正确地回答了毛泽东思想同中国革命具体实践的关系。《决议》指出,它是把中国长期革命具体实践中的一系列独创性经验作了理论概括,从而形成的适合中国情况的科学指导思想。这就是说,中国的特殊国情,中国共产党领导的中国革命斗争及其所取得的丰富历史经验,乃是产生毛泽东思想的实践基础,同时,毛泽东思想又是指引中国革命实践斗争夺取胜利的指南。中国革命的具体实践与毛泽东思想的形成和发展,两者是认识运动的辩证关系。如果把马列主义当成教条,不与中国实际相结合,它就不能成为行动指南。因此,马克思列宁主义必须与中国革命实践相结合,才能成为指导中国革命夺取胜利的思想武器。而毛泽东思想就是这种结合的重大精神成果。

第三,《决议》正确地回答了毛泽东个人和党的领导集体在创立、形成和发展毛泽东思想过程中的地位、作用及其关系。《决议》指出,毛泽东思想是以毛泽东为主要代表的中国共产党人创立的;是中国共产党集体智慧的结晶。这就是说,作为中国共产党人的马克思主义者,对毛泽东思想的形成和发展都作出了不同程度的贡献,而毛泽东则是杰出的代表,毛泽东的科学著作是毛泽东思想的集中体现。事实上,毛泽东的著作除由他亲自撰写的以外,还有许多篇章是经过党中央有关部门集体讨论、研究后,由毛泽东集中升华而形成的文件或报告,有些则是按照毛泽东和党的集体的思想和意志,由有关部门起草,经毛泽东修改定稿的,有的则是由毛泽东和其他领导人分别撰写,最后由毛泽东汇总而成的。另外,党的其他领导人的马克思主义著作,也可作为毛泽东思想的体现,应当把它纳入毛泽东思想体系内,统一加以理解。

第四,《决议》把作为党的指导思想的毛泽东思想同毛泽东晚年的错误理论区别开来。《决议》指出,毛泽东思想是被实践证明了的关于中国革命的正确的理论原则和经验总结,是集体智慧的结晶。因此,不能把"无产阶级专政下继续革命"的理论当成毛泽东思想,因为它既违背了马克思列宁主义基本原则,也违背了毛泽东思想的根本原则和党内其他领导人的意志,更不符合中国实际,是对当时我国阶级形势以及党和国家政治状况所作的完全错误的估计,显然不属于毛泽东思想范畴。可见,根据《决议》的阐释,毛泽东晚年理论上的严重错误同毛泽东思想是两个不同范畴,有其各自的内涵。这种区别既是科学的,也是完全必要的。毛泽东是伟大的马克思列宁主义者,是伟大的无产阶级革命家、战略家和理论家,不能由于他晚年在理论上、实践上犯了严重错误,就怀疑和否定毛泽东思想的科学价值。

在毛泽东逝世后,中共十一届三中全会以来,以邓小平为主要代表的中国共产党人,在新的历史条件下,实事求是地、科学地总结了我国长期以来建设社会主义正反两方面的历史经验,借鉴国际共产主义运动中各社会主义国家的盛衰、成败经验,把马克思主义基本原理与我国社会主义建设实际和时代特征相结合,创立了中国特色社会主义理论,从而实现了马克思主义与中国实际相结合的第二次历史性的飞跃,成为当代马克思主义中国化的最新成果,是毛泽东思想的继承和发展。

正确地理解毛泽东思想的科学概念及其涵义,有助于完整地准确地理解毛泽东思想科学体系,用它的科学体系指导我们的各项事业,使我国社会主义事业在新的历史条件下,始终坚定不移地沿着马克思主义航向胜利前进。

(二)掌握毛泽东思想科学体系是坚持马列主义、毛泽东思想的真谛

邓小平在党的十一届三中全会上就强调指出:"要用准确的完整的毛泽东思想来指导我们全党、全军和全国人民,把我们党的事业、社

会主义的事业和国际共产主义的事业推向前进。"①所谓准确的完整的毛泽东思想，是说要对毛泽东思想体系有一个完整的准确的理解，要善于学习、掌握和运用毛泽东思想体系和它的观点方法来指导我们的各项事业。

在粉碎"四人帮"后第一次召开的中共中央全会上，邓小平大声疾呼要完整准确地理解毛泽东思想，要用毛泽东思想体系指导我们的事业。这是对中国革命，特别是"文化大革命"经验教训的深刻总结，也是拨乱反正和社会主义现代化建设事业的需要。

第一，"文化大革命"的历史教训十分沉痛，教训是多方面的，其中最主要的就是没有正确地认识和对待马列主义、毛泽东思想。"文化大革命"之所以能够发动成为亿万群众的运动，主要靠毛泽东的崇高威望和人们对毛泽东思想的信仰。林彪、"四人帮"反革命集团正是利用了这一点。他们在高举毛泽东思想旗帜的口号下，用毛泽东的语录，只言片语，阉割毛泽东思想的灵魂和它的思想体系，歪曲、篡改毛泽东思想。其实质是把毛泽东思想庸俗化、教条化、实用主义化。

第二，党的十一届三中全会，担负着拨乱反正的迫切任务，担负着把工作重点转移到马克思主义轨道上来，进行社会主义现代化建设的历史任务。而粉碎"四人帮"后的一段时间里，华国锋主持中央工作期间，提出了"两个凡是"的错误方针。"两个凡是"实际上是把毛泽东思想庸俗化、教条化，是违背毛泽东思想的基本原理和科学体系的，这不仅在政治上是错误的，而且在理论上也是错误的，必然造成人们思想理论上的混乱，产生对毛泽东思想的怀疑和否定，正因为这样，邓小平在十一届六中全会前夕，在《决议》的起草过程中，一再强调把毛泽东的历史地位和毛泽东思想作为《决议》的核心。如果不能完整准确地理解毛泽东思想，不掌握毛泽东思想的科学体系，实用主义、庸俗化的流毒不消除，拨乱反正就不能进行，"以阶级斗争为纲"的极"左"路线就

① 《邓小平文选》第二卷，人民出版社1994年版，第42页。

不能纠正,粉碎"四人帮"的成果就会付诸东流。

在社会主义建设新时期,以邓小平为代表的中国共产党人,提出有中国特色的社会主义理论,实现了马克思主义与中国实践相结合第二次历史性的飞跃,是对毛泽东思想体系突破性的发展,如果不完整准确地掌握毛泽东思想体系,就很难理解今天为什么还要坚持马列主义、毛泽东思想,也不能真正坚持和发展毛泽东思想。

正因为毛泽东思想是个科学体系,不是若干篇著作和语录的堆积,只有坚持用它的科学体系指导我们的各项事业,才能够具有生命力,才能真正体现马克思主义不是教条而是行动指南的理论指导作用,只有这样,才不至于割裂、歪曲毛泽东思想。正如邓小平所说:"我们坚持的和要当作行动指南的是马列主义、毛泽东思想的基本原理,或者说是由这些基本原理构成的科学体系。至于个别的论断,那末,无论马克思、列宁和毛泽东同志,都不免有这样那样的失误。但是这些都不属于马列主义、毛泽东思想的基本原理所构成的科学体系。"①

由此可见,能否正确理解和掌握毛泽东思想的科学体系,实际上关系到能否真正坚持和发展毛泽东思想的根本性问题,是坚持毛泽东思想的真谛所在。

(三)毛泽东思想体系形成的必然性和实践基础

毛泽东思想是马克思列宁主义与中国革命实践相结合的产物。毛泽东思想科学体系的形成有其客观依据和实践基础,因此有其形成的客观必然性。这就是中国的特殊国情和中国革命的特点及中国近代资产阶级革命和共产党领导的革命斗争正反两方面的实践经验。

中国共产党领导的中国共产主义运动不是发生于马克思、恩格斯所构想的欧洲资本主义世界,也不是发生在具有浓厚封建残余的俄国资本主义国家,而是在东方落后的半殖民地半封建社会的中国。这个

①　《邓小平文选》第二卷,人民出版社 1994 年版,第 171 页。

社会的政权性质、经济形态、阶级与阶级关系、生产力水平、社会主要矛盾等，同资本主义社会相比都有自己的特殊情况。这种特殊并非指任何国家社会都有各自的特点，而是指区别于西方资本主义又不同于完全封建主义社会的另一种特殊类型的社会。由此而产生了中国革命的特点，主要是革命的长期性、复杂性、曲折性、艰巨性。这是整个国际共产主义运动包括俄国革命和前东欧社会主义国家各国共产党领导的革命所从未遇到的。

半殖民地半封建社会的社会历史特点和中国国情，决定了中国的共产主义运动，并不是一般地反对资产阶级而进行的社会主义革命，更不是旧式的资产阶级革命，而是以反对帝国主义和封建主义为目标的，由工人阶级领导的新式资产阶级民主革命，即新民主主义革命。中国革命所遇到的敌人是异常强大而反动的，既有帝国主义，又有国内封建军阀和国民党反动派；中国社会存在着帝国主义与中华民族的矛盾，封建主义与人民大众的矛盾，两大矛盾相互交织，不同时期各有消长，总的则是以民族矛盾为主要矛盾。中国民族资产阶级具有两面性的特点，即使是大地主大资产阶级营垒也并非铁板一块。他们分别依附于若干帝国主义，当某个帝国主义企图把中国变为其独占殖民地时，势必同依附于其他帝国主义的集团加深矛盾，并有可能参加反对某个帝国主义的斗争，因而，随着主要矛盾的变化，国内阶级关系变化多端，革命与反革命营垒不断变化。斗争形式在新民主主义革命时期是以武装斗争为主，各条战线配合，不是先城市后农村而是以农村包围城市，武装夺取政权的道路，等等。革命的长期性、复杂性、艰巨性、曲折性，决定了革命的经验广泛性、全面性，有成功的，也有失败的。这种特殊国情和丰富的斗争经验，为产生伟人的思想理论提供了实践基础。

对敌斗争既有帝国主义又有国内反动派；对国民党既有过合作又有你死我活的斗争；对民族资产阶级和上层小资产阶级及其政党既有联合又有斗争，以斗争求团结的经验；有领导农民运动和土地革命的经验；有长期国内革命战争的经验，也有反对外敌入侵的民族解放战争的经验;有在国统区合法斗争的经验,也有白区地下斗争经验;有根据地政权建设经验,也有经济建设的经验;在对外关系上有处理同共产国际、苏联的关系的经验,也有处理同暂时同盟者及帝国主义敌对势力的关系的经验;在党的建设上有建党经验,也有处理党内矛盾的经验,等等。

以毛泽东为代表的老一辈革命家,把马列主义基本原理与中国革命实际相结合,总结中国革命独创性经验,形成了一系列符合中国实际的理论原则,不是在某个领域,而是在各个领域里全面发展了马列主义,从而形成了毛泽东思想的科学体系。没有中国的特殊国情,没有中国共产党领导的丰富斗争实践,就不会产生毛泽东思想的科学体系。

(四)毛泽东思想体系的特点

毛泽东思想体系具有鲜明的特点:

一是全面性与完整性。中国特殊国情、革命特点和党领导革命丰富的经验,决定了毛泽东思想体系内容的全面性、完整性。从毛泽东思想体系的主要内容及其结构看,它在各条战线、各个领域,马克思主义三个组成部分各个学科,中国革命一系列基本问题都有独创性的理论观点,它集中回答了半殖民地半封建社会里,如何进行革命,走社会主义道路这一国际共产主义运动史上所未遇到和解决的重大课题,而且各个基本原理融为一体,有机结合构成了自己的科学体系。

二是独创性。毛泽东思想是马克思列宁主义在中国的运用和发展,是以毛泽东为代表的中国共产党人在长期革命斗争中,根据中国的特殊国情和中国革命独创性经验所作的科学总结。它形成了一系列符合中国实际的理论原则,建构了具有独创性的理论体系,提出了一些改变经典著作的观点和不同于“十月革命”、苏联传统模式的新经验、新理论、新观点,如新民主主义理论,农村包围城市革命道路,社会主义改造及和平过渡到社会主义的问题。它的独创性基于两点原因:一是毛泽东思想的故乡中国,不同于马克思主义的故乡西欧和列宁主义的故乡俄国;二是中国共产党的诞生和毛泽东思想的形成同马克思列宁主义诞生的时代背景不同。

三是实践性与开放性。毛泽东的著作及体现毛泽东思想的中国共产党的文献,都是在革命斗争中产生的,既是实践经验的科学总结,又是指导革命斗争的理论武器,并在斗争中不断发展和完善。中国革命斗争的实践为毛泽东思想科学体系的形成提供了物质基础。这些实践斗争都是客观的、具体的,不是抽象的、推理的。因此,作为指导实践而发表的著作、制定的文件,及其所体现的关于中国革命的理论原则,必然具有鲜明的实践性特点。这也决定了它是不断发展的具有开放性特点的。

毛泽东思想体系不是固定不变的,不是封闭式的而是开放式的。随着历史的推移,中国共产党领导革命与社会主义建设实践的不断发展,斗争经验的不断丰富,毛泽东思想也不断发展,增添新的内容。因此它的思想体系也必须是发展的、开放的。如刘少奇在党的七大上所作的报告中讲毛泽东思想的内容时,尚无社会主义革命和社会主义建设,十一届六中全会通过的《关于建国以来党的若干历史问题的决议》中就没写上中国特色社会主义理论。

四是多视角、多层次。毛泽东思想的科学体系寓于毛泽东著作中,总体上可以从三种结构的视角进行概括:既可以按照马克思主义三个组成部分的学科进行概括,也可以按照政治、经济、文化、军事、党建、国际关系与外交等各条战线、各个领域进行概括,还可以按照中国革命基本原理或问题进行概括,或者另外还有什么视角。总之,无论按照什么样的逻辑进行概括,都呈现出多视野,不宜定于一尊。毛泽东思想的科学体系具有两个层次:一是它的总体结构,如上述所概括的三种结构,各种结构内容在整个体系的地位作用及其相互关系,这是体系的最高层次;二是各个基本原理本身自成体系,一个基本原理是由若干观点构成的,并成为一个理论体系。这是毛泽东思想科学体系的第二层次。一般的学习和研究大都只涉及毛泽东思想的某个或某几个基本原理体系的主要内容,很少涉及总体结构体系。

　　总之,在研究和掌握毛泽东思想科学体系时,要了解它的特点,才有助于理解和掌握毛泽东思想的科学体系,有助于正确理解中国特色社会主义理论,有助于坚持和发展毛泽东思想。马列主义、毛泽东思想是无产阶级的世界观,是人类优秀文化的结晶,是科学的。要坚持马列主义、毛泽东思想,仅仅具备正确的态度和良好愿望,还远远不够,还需要了解和掌握它的思想体系,这样才能更好地坚持和发展毛泽东思想科学体系。

二、毛泽东思想科学体系的马克思主义学科领域解析

　　哲学方面。辩证唯物主义和历史唯物主义贯穿于整个毛泽东思想体系中,包括领导方法和工作方法。毛泽东哲学思想有的体现在以哲学原理命名的著作中,如《实践论》、《矛盾论》,有的体现在阐述战争和战略战术原则的军事著作中,有些则体现在其他著作中。他的哲学著作也不是为讲哲学原理而写作,而是对中国革命经验所作的哲学总结,是从世界观和方法论的高度对党内路线错误特别是"左"倾的批判。毛泽东哲学思想有独创性,是对马克思主义哲学的发展。主要表现:关于唯物主义认识论,把人类实践分为生产斗争、阶级斗争、科学实践;实践在认识过程中的地位、作用和检验真理的标准;能动的反映论;真理的相对性与绝对性;实事求是的观点等。

　　关于辩证法,主要观点有:矛盾的普遍性与特殊性的关系;具体事物具体分析是辩证法的灵魂;对立统一规律和矛盾双方在一定条件下可以互相转化;主要矛盾与次要矛盾;两点论和重点论;战略与战役战术的军事辩证法;对待西方文化、传统文化的科学态度与方法,等等。

　　关于历史唯物主义,主要观点有:从社会生产方式和政权性质判断社会性质;人心向背对战争胜负的作用、兵民是胜利之本、人民战争方

针、群众路线;社会主义社会基本矛盾;判断政党政策和实践的最终标准;对历史人物、历史事件的评价要放在一定历史条件下分析;等等。

政治经济学方面。主要理论观点有:新民主主义五种经济成分的性质与政策;根据地经济建设与革命战争的关系;开源节流,发展生产、保障供给;财政与经济的关系;生产资料私有制的社会主义改造;公有制为主体、多种经济成分并存;以按劳分配为主体、多种分配方式并存;兼顾国家、集体、个人;农业、轻工业、重工业的关系,等等。

科学社会主义方面。主要理论观点有:新民主主义理论;农民在革命中的地位作用,农民各阶层的划分,解决农民问题的根本出路是第一步"耕者有其田"、第二步走合作化的道路;中国资产阶级有大资产阶级与民族资产阶级之分,两部分具有各自不同的属性与特点;统一战线的理论与策略,又团结又斗争,以斗争求团结,坚持独立自主原则和实现党的领导权的条件,抗日民族统一战线的策略总方针和斗争原则;工农联盟为基础;人民民主专政理论;处理民族问题的原则和基本制度;政治工作是经济工作和其他一切工作的生命线的观点;民族的、科学的、大众的新民主主义文化,对待外国文化、古代文化的方针,"百花齐放、百家争鸣";三个世界的划分的理论;独立自主的和平外交政策;政策和策略是党的生命的观点;对敌斗争战略上藐视,战役战术上重视的思想;统一战线的理论与策略;党的建设与政治路线紧密结合、思想建设放在首位、党的三大作风、正确处理党内矛盾的方针、方法等。上述三个方面是以科学社会主义为主体,哲学思想为灵魂。

三、毛泽东思想科学体系的各条战线解析

政治思想,主要有中国社会性质,革命性质、任务、对象、动力、领导权、步骤、两个阶段的关系,统一战线理论与政策,农村包围城市革命道路,人民民主专政的理论,正确区分和处理两类矛盾的理论,政策与策略。经济思想,主要有新民主主义经济三大纲领,新民主主义社会五种

经济成分,经济建设与革命战争,财政与经济,发展生产与保证供给,农业手工业的社会主义改造,私营工商业的社会主义改造、兼顾国家、集体、个人的分配原则。思想政治工作和文化思想,主要有政治工作是一切经济工作生命线的原理、新民主主义文化的内涵、正确对待外来文化和古代文化的方针、发展文化科学的双百方针、文艺与政治的关系等。军事思想,主要有建军原则、人民战争方针、持久战战略方针、革命战争的战略与战役战术原则、十大军事原则等。党的建设理论,主要有思想建设放在首位,党的三大作风,党建与政治路线的关系,处理党内矛盾的方针、方法等。外交思想,主要有三个世界的划分、独立自主原则、和平共处五项原则等。各条战线、各个领域的基本原则,以政治理论为主体,各条战线、各个领域的原理紧密围绕党的政治任务、政治路线进行。这是当年中国革命任务及其发展阶段在思想理论上的反映。

四、毛泽东思想科学体系的专题或
中国革命基本问题解析

关于毛泽东思想科学体系结构,在毛泽东思想形成过程中及其成熟并被确定为党的指导思想以后,毛泽东本人从未作过阐明和概括。在党的历史上也从来没有专门从体系上进行分析和概括的文件,有的决议也只是从不同角度,不同程度上体现了毛泽东思想体系。迄今为止,在党的历史文献中体现毛泽东思想科学体系的主要有三次:最早见诸历史文献的是 1945 年 4 月中共中央六届七中全会(扩大)通过的《关于若干历史问题的决议》;第二次是同年在党的第七次全国代表大会上刘少奇作的修改党章的报告——《论党》;第三次是 1981 年的十一届六中全会通过的《关于建国以来若干历史问题的决议》。尽管这些历史文献是作为报告和决议而发表的,不是正面论述毛泽东思想科学体系,但今天对于我们学习研究毛泽东思想的科学体系仍具有重要价值和指导意义。

《关于若干历史问题的决议》(以下简称《决议》),是在延安整风运动的基础上,中央委员和党的高级干部,经过认真学习马克思主义,系统地阅读《六大以来》等党的重要历史文献,理论联系实际,开展批评和自我批评,总结建党以来的历史经验,对若干重大历史问题作出的结论。《决议》着重批判了土地革命战争时期党内曾出现的把马克思主义教条化,把共产国际决议和苏联经验神圣化的错误倾向,特别是以王明为代表的"左"倾领导在政治、军事、组织和思想上的错误;高度评价了毛泽东运用马列主义解决中国革命问题的杰出贡献;系统地总结出符合中国革命实际的一整套理论、路线、方针和政策,明确指出对犯错误的同志应采取"惩前毖后,治病救人"的方针。《决议》按照历史唯物主义观点和理论与实践相结合的原则,从中国国情出发,对党的若干历史问题,实事求是地进行分析评价。关于中国革命的理论、路线、方针、政策的阐述,无论是政治战略与策略,还是军事战略与战术,都是以毛泽东的论述为指导,对"左"倾教条主义进行了系统的分析和有说服力的批判。

《决议》从政治上系统而精辟地阐述了毛泽东关于中国社会性质和革命性质的论断,进一步指出中国革命的基本特点和基本规律,规定了中国革命的长期性和曲折性,能够利用敌人的矛盾,在敌人统治比较薄弱的地区首先建立和保持武装的革命根据地。进而在革命任务和阶级关系的问题上,在革命战争和革命根据地的问题上,在进攻和防御的策略指导上,批评了各次"左"倾路线犯的错误,在这三个中国革命基本问题上,比较系统地阐述了毛泽东的基本理论和观点。

《决议》从军事上系统地比较全面地概括了毛泽东军事思想。明确指出:"毛泽东同志的军事路线从两个基本观点出发:第一,我们的军队不是也不能是其他样式的军队,它必须是服从于无产阶级思想领导的、服务于人民斗争和根据地建设的工具;第二,我们的战争不是也不能是其他样式的战争,它必须在承认敌强我弱、敌大我小的条件下,充分地利用敌之劣点与我之优点,充分地依靠人民群众的力量,以求得生存、胜利和发展。"①《决议》从第一观点出发,论述了毛泽东建军思想中关于红军的宗旨、军事与政治的关系及军队三位一体的任务、军政军民官兵的关系等,批评了军阀主义倾向和单纯军事观点;从第二观点出发阐述了毛泽东关于红军作战形式,人民战争方针及一系列战略与战术原则,批评了各次"左"倾路线在军事上的错误。这样,《决议》关于军事问题,实际上系统地、全面地概括了毛泽东军事思想的基本观点,体现了军事思想的体系结构。

《决议》从组织上,精辟地概括了毛泽东在古田会议的决议里,一方面把党的建设提到了思想原则和政治原则的高度,坚持无产阶级的思想领导,另一方面又坚持严格的民主集中制原则,毛泽东又从全党的团结和利益出发,坚持局部服从全体,规定了新干部和老干部、外来干部和本地干部、军队干部和地方干部,以及不同地方、不同地区的干部间的正确关系,把坚持真理的原则性和服从组织的纪律性相结合,把正确地进行党内斗争和正确地保持党内团结结合起来。《决议》在规定克服产生"左"倾错误的思想根源时,着重指出要深入进行马克思列宁主义教育,对犯错误的同志采取"惩前毖后,治病救人"的方针,"既要弄清思想又要团结同志"。这里充分体现了毛泽东古田会议上和延安整风运动中所阐述的党的建设和正确处理党内矛盾的思想理论。

《决议》从思想上,分析主观主义、形式主义、教条主义和经验主义的思想根源,阐述了辩证唯物主义的认识论与思想方法。《决议》着重指出:"经验主义和教条主义的出发点虽然不同,但是在思想方法的本质上,两者却是一致的。他们都是把马克思列宁主义的普遍真理和中国革命的具体实践分割开来;他们都违背辩证唯物论和历史唯物论,把片面的相对的真理夸大为普遍的绝对的真理;他们的思想都不符合于客观的全面的实际情况。"②

---

① 《毛泽东选集》第三卷,人民出版社1991年版,第982页。
② 《毛泽东选集》第三卷,人民出版社1991年版,第989页。

《决议》分析了党内产生"左"的右的特别是"左"倾路线的社会历史根源。认为主要是因为小资产阶级在经济上所处的不稳定地位和他们的生活方式,反映在政治上常常易于左右摇摆,思想方法上表现为主观性和片面性,这里体现了毛泽东阶级分析方法。

由此可见,《决议》既是对"左"倾教条主义的批判,又是在一定程度上阐述毛泽东关于中国革命的基本原理和党的马克思主义政治路线、军事路线、组织路线及思想路线的历史文献。从这个意义上说,《决议》初步地体现了毛泽东思想的科学体系。当然,由于《决议》是为清除"左"倾教条主义错误、统一全党思想而制定的正式文件,不是阐述毛泽东思想的理论著作,因而对于毛泽东思想的内容和科学体系的论述显然不会完整,并且有很大的局限性。尽管如此,它毕竟使人们可以从一个侧面初步了解毛泽东思想的内容和体系,并且是中国共产党历史上第一次体现毛泽东思想权威性的论述。

《关于建国以来党的若干历史问题的决议》中论述毛泽东的历史地位和毛泽东思想一节,实事求是地评价了毛泽东在中国革命中的历史地位,充分论述了毛泽东思想作为我们党的指导思想的伟大意义。《决议》着重从几个方面概括了毛泽东思想独创性的理论:关于新民主主义革命;关于社会主义革命和社会主义建设;关于人民军队的建设和军事战略;关于政策和策略;关于思想政治工作和文化工作;关于党的建设等。同时,《决议》还明确指出,毛泽东把辩证唯物主义和历史唯物主义运用于无产阶级政党的全部工作,在中国革命的长期艰苦斗争中形成了具有中国共产党人特色的立场、观点、方法。这就是贯穿于上述各个组成部分的毛泽东思想活的灵魂,实事求是、群众路线、独立自主。

我们从这些问题的概括中可以领略毛泽东思想的科学体系,这是按照毛泽东思想的基本原理进行归纳和概括的。从毛泽东思想的内容和科学体系上看,显然突破了《关于若干历史问题的决议》对毛泽东思想内容和科学体系论述的局限性。因而它是毛泽东思想研究历史进程中第一次比较完整、系统的对毛泽东思想体系内容的概括。

综上所述，可以看出《关于建国以来党的若干历史问题的决议》，是中共历史上迄今为止对毛泽东思想的独创性所作的比较全面、完整、系统的分析和概括。与"七大"、"论党"相比对毛泽东思想的概括，既增添了新的内容，又归类合并作了调整。既有宏观的概括，又有微观的概括；既有纵向的概括，又有横向的概括；既有基本原理的概括，又有活的灵魂的概括。从宏观上说来，新民主主义革命理论包括中国革命的三大法宝统一战线、武装斗争、党的建设及农村包围城市、武装夺取全国政权道路。关于社会主义革命和社会主义建设的理论，包括对农业、手工业和资本主义工商业的社会主义改造、人民民主专政、正确处理人民内部矛盾及中国社会主义工业化道路的理论。至于其他方面的问题，从整个毛泽东思想理论体系来看，它是属于微观方面的问题，当然，如果就一个方面的问题说来，它又是属于宏观方面的，而且自成体系。从纵向说来，包括新民主主义革命时期、过渡时期、社会主义初级阶段三个历史时期，从横向说来，包括政治、经济、军事、思想文化、党的建设等五个领域。

五、毛泽东思想体系结构的立体剖析

毛泽东思想科学体系的理论精髓。实事求是、群众路线、独立自主是毛泽东思想活的灵魂，是贯穿于毛泽东思想基本理论全部内容的精髓，也是毛泽东思想科学体系的核心部分。需要指出的是：对毛泽东思想体系结构的理解，不能仅限于平面结构和不同层次上，而应该上升到立体结构剖析上。在立体结构上，毛泽东思想体系可分为理论精髓、主体思想、基本理论三个部分。其中，理论精髓包括实事求是、群众路线、独立自主，贯穿于主体思想和基本理论的始终，而主体思想和基本理论又时刻蕴含着反映着理论精髓。基本理论分属于各个主体思想范畴之中，而主体思想又可按不同时期具体体现在各基本理论之中。关于毛泽东思想科学体系结构,在毛泽东思想创立过程中以及它成熟并被确定为全党的指导思想以后,毛泽东本人从未作过阐释和概括。这主要是因为他的著述不是"坐而论道",而是运用马列主义的立场、观点、方法,依据中国革命实际,针对一定的问题和情况,从某个角度所提出的理论和政策,既是直接指导中国革命实践的需要,也是革命经验的总结。在党的历史上也从未有专门从体系上正面写成文件,只是由于事业的需要,党的其他领袖或党的会议,根据当时的形势与任务从不同角度对毛泽东思想体系的部分内容作了一定程度的概括。

毛泽东思想科学体系的主体思想。毛泽东思想的主体思想在民主革命时期是新民主主义革命理论,在社会主义革命时期是社会主义改造理论,在社会主义建设时期是中国式工业化道路和四个现代化思想。它分别回答了各个历史时期的主题,概念大、范畴广,在毛泽东思想科学体系中有着重要地位。新民主主义革命理论主要回答了这个时期中国革命的主题,即在半殖民地半封建社会进行什么性质的革命,怎样进行革命,革命的步骤和前途是什么的基本问题。它作为在半殖民地半封建社会开展共产主义运动之第一步的战略思想,实现了马克思主义与中国革命实际相结合的第一次历史性飞跃,为马克思主义理论宝库增添了新的重要内容。社会主义改造理论从理论和实践上解决了在中国这样一个人口众多、经济文化落后的大国中建立社会主义制度的问题。找到了一条适合中国国情的社会主义改造道路。创造性地开辟了一条有中国特色的农业、手工业社会主义改造道路,在我国顺利地实现了对生产资料私有制的社会主义改造。在理论上和实践上丰富和发展了马克思列宁主义的科学社会主义理论。中国式工业化道路和四个现代化思想。毛泽东在借鉴苏联经验教训的基础上,开始探索有别于苏联工业化模式,强调经济建设要从我国是一个大农业国的实际出发,正确处理好重工业和轻工业、农业的关系。勾画出新时期走新型工业化道路的宏伟蓝图,不仅有力地指导着当时的工业化建设,而且为我们党在新时期开辟中国特色社会主义道路、进行现代化建设提供了思想先导。

　　毛泽东思想科学体系的基本理论。毛泽东思想科学体系的基本理论可以从不同的角度进行概括,按照人们通常的逻辑思维习惯大致可分为十一个。政治策略理论、军事理论、社会主义经济建设理论、文化与科技理论、国际战略与外交理论、民族与宗教理论、阶级与阶级斗争理论、党的建设理论以及国情观、资本主义观和世界观人生观价值观。

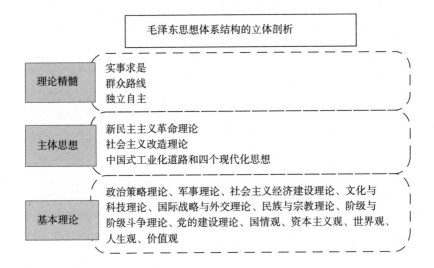

内 容 篇

第七章　新民主主义革命理论

　　1940 年,毛泽东发表了《新民主主义论》一文。它的问世,解决了中国革命的方向和方位,并为争取建立新中国及由新民主主义转变为社会主义,描绘了宏伟的蓝图,标志着新民主主义理论完整学说的形成和毛泽东思想的成熟。中国革命的伟大胜利已经雄辩地证明:新民主主义革命理论是符合中国实际情况的正确的理论原则,是马克思主义发展史上的一个创造。如果说,20 世纪 40 年代,中国共产党依据这个理论武器,粉碎了那种所谓"共产主义不适合中国国情"、"共产党在中国没有存在之必要"、"什么革命都包括在三民主义里面了"等谬论,剥夺了这些谬论对一些人的迷惑力,使广大人民认清了新民主主义革命是中国实现社会主义的必经之路,从而坚定了人们对共产主义思想体系的信仰;今天,深刻理解新民主主义革命理论的内涵,准确掌握新民主主义革命理论的体系,更有助于我们认清我国社会主义为什么必须经历一个初级阶段,为什么必须建设有中国特色的社会主义,更有助于我们了解建设中国特色社会主义的由来和依据。

一、新民主主义革命理论是马克思主义中国化的第一次历史性飞跃的成果

　　新民主主义革命理论是马克思主义与中国革命实践相结合的第一次历史性飞跃的结晶。所谓飞跃,是指在马克思主义与中国实践相结合的历史进程中,以毛泽东为代表的老一辈革命家,对中国革命和社会

主义建设事业,在认识上发生质的变化,在思想理论上取得的突破性的进展,为马克思主义理论宝库增添了新的原理或新的论断,是中国革命独创性经验的科学总结。

以毛泽东为代表的中国共产党人,以高度的革命精神、科学态度和理论勇气,在领导中国革命的实践过程中,深入实际,深入群众,调查研究,分析国情,率先认识到马克思主义不是教条,而是行动的指南,必须把马克思主义基本原理与中国革命实践相结合,总结中国革命独创性经验,提出了符合中国国情的理论原则,用中国化了的马克思主义指导革命。新民主主义革命理论是毛泽东创造性地运用马克思主义历史唯物主义基本原理、无产阶级革命和无产阶级专政理论及列宁关于民族和殖民地问题的理论,实事求是地分析中国特殊国情,科学地总结近代中国资产阶级革命的历史教训,同时考虑到中国革命的时代背景与国情环境,所创立的中国化的马克思主义的革命学说。

马克思主义的历史唯物主义认为人类社会总的说来是由经济基础与上层建筑、生产力与生产关系构成的,因而观察社会最基本的是看社会基本矛盾的内容、性质,以及由此而呈现的阶级结构与阶级关系和社会主要矛盾。列宁关于民族和殖民地问题的理论最重要的思想是把帝国主义和无产阶级革命时代分成两大民族即压迫民族和被压迫民族。列宁指出:"帝国主义的特点,正如我们所看到的那样,就是现在全世界已经划分为两部分,一部分是为数众多的被压迫民族,另一部分是少数几个拥有巨量财富和强大军事实力的压迫民族。"①据此,列宁和共产国际提出两个具有战略意义的口号:一是全世界无产阶级同被压迫民族革命运动联合起来;一是被压迫民族的无产阶级同本国资产阶级民族革命运动联合起来,以共同反对共同敌人即压迫民族的资产阶级——帝国主义。列宁还论证说:"任何民族运动都只能是资产阶级民主性质的,因为落后国家的主要居民群众是农民,而农民是资产阶级

---

① 《列宁选集》第 4 卷,人民出版社 1995 年版,第 275 页。

资本主义关系的体现者。认为无产阶级政党(如果它一般地说能够在这类国家里产生的话)不同农民运动发生一定的关系,不在实际上支持农民运动,就能在这些落后国家里实行共产主义的策略和共产主义的政策,那就是空想。"①"共产国际应当同殖民地和落后国家的资产阶级民主派结成临时联盟,但是不要同他们融合,要绝对保持无产阶级运动的独立性,即使这一运动还处在最初的萌芽状态也应如此。"②列宁还认为:"在先进国家无产阶级的帮助下,落后国家可以不经过资本主义发展阶段而过渡到苏维埃制度,然后经过一定的发展阶段过渡到共产主义。"③列宁还针对落后的东方殖民地国家共产党人说:"你们面临着全世界共产党人所没有遇到过的一个任务,就是你们必须以共产主义的一般理论和实践为依据,适应欧洲各国所没有的特殊条件,善于把这种理论和实践运用于主要群众是农民、需要解决的斗争任务不是反对资本而是反对中世纪残余这样的条件。"④

毛泽东运用马克思主义历史唯物主义观点、方法及列宁关于民族和殖民地理论分析了中国特殊国情。他从分析社会经济结构和政权性质着眼,分析社会阶级结构与阶级关系,把握社会主要矛盾及中国革命所处的历史时代与国际背景,确定中国社会性质、革命性质、中国革命是世界无产阶级革命的一部分,确定中国革命任务、对象、动力及革命前途,并据此提出了中国革命分两步走的战略构想,指明了第一步既不是无产阶级社会主义革命,也不是资本主义领导的旧民主主义革命,而是由无产阶级(通过共产党)领导的人民大众的反对帝国主义、封建主义和官僚资本主义的新民主主义革命,从而解决了中国革命方向、方位,指明了由半殖民地半封建社会通往社会主义的道路。

毛泽东依据马克思主义阶级分析方法和列宁关于民族和殖民地问

① 《列宁选集》第 4 卷,人民出版社 1995 年版,第 276 页。
② 《列宁选集》第 4 卷,人民出版社 1995 年版,第 221 页。
③ 《列宁选集》第 4 卷,人民出版社 1995 年版,第 279 页。
④ 《列宁选集》第 4 卷,人民出版社 1995 年版,第 79 页。

题的理论中世界可以划分为两种民族和两种民族中资产阶级具有不同特点的观点,科学地分析了中国资产阶级,把它分为大资产阶级和中产阶级即民族资产阶级两部分,认为前者又分别依附于不同的帝国主义并成为它在华的代理人,后者具有两重性,从而把它作为革命阵线动力之一,并对它实行既团结又斗争的政策。这是毛泽东把马克思主义中国化的突破性贡献。

关于农民问题,列宁把农民问题作为无产阶级专政这个基本问题的组成部分,是站在无产阶级专政的政策和策略基础上来阐明农民问题的。他说:"专政的最高原则就是维护无产阶级同农民的联盟,使无产阶级能够保持领导作用和国家政权。"[①]斯大林在论述列宁主义中的主要点时指出:无产阶级革命的基本内容是无产阶级专政,并没有把农民问题作为列宁主义的基本问题或主要点,而是作为"关于无产阶级专政、关于争取无产阶级专政的条件、关于巩固无产阶级专政的条件问题。农民问题,即无产阶级在为政权而斗争中的同盟者问题,是一个附带问题"[②]。

毛泽东从中国是一个落后的以封建主义小农个体经济为主体的半殖民地半封建社会,农民占人口的80%的农业大国及农民的社会地位的实际出发,使马列主义关于农民问题的基本理论中国化,主要体现为不仅从无产阶级专政角度评价了农民问题的历史地位,把农民看作工人阶级可靠的同盟军,认为工农联盟是无产阶级领导的人民民主专政的基础,还把农民问题作为中国革命的基本问题,土地革命作为民主革命的基本内容,认为农民是革命的主力军,工农联盟是革命统一战线的基础,中国的革命武装是穿军装的农民,中国革命战争的实质是共产党领导的农民革命战争等。这样,毛泽东把农民问题在中国革命中的地位和作用提高到更高的层次上来考虑中国革命的战略与策略。这是由

---

① 《列宁全集》第42卷,人民出版社1986年版,第49页。

② 斯大林:《列宁主义问题》,外国文书籍出版局1948年版,第161页。

中国的特殊国情和中国革命性质所决定的。

　　暴力革命是马列主义关于无产阶级革命的基本原则。列宁揭示了国际范围帝国主义发展不平衡规律,认为无产阶级革命能够首先在帝国主义统治薄弱环节夺取胜利,发动俄国十月社会主义革命,通过城市武装起义一举夺取政权,然后从城市到农村取得全国胜利。毛泽东坚持马克思主义的暴力革命原则,运用列宁关于帝国主义发展不平衡理论分析中国特殊国情,提出武装斗争是中国革命的主要斗争形式的重要论断。中国是一个政治经济发展不平衡的半殖民地的大国,这是中国革命战争的特点之一。不平衡主要表现在,"微弱的资本主义经济和严重的半封建经济同时存在,近代式的若干工商业都市和停滞着的广大农村同时存在,几百万产业工人和几万万旧制度统治下的农民和手工业工人同时存在,管理中央政府的大军阀和管理各省的小军阀同时存在,反动军队中有隶属蒋介石的所谓中央军和隶属各省军阀的所谓杂牌军这样两部分军队同时存在,若干的铁路航路汽车路和普遍的独轮车路、只能用脚走的路和用脚还不好走的路同时存在"①。地方的农业经济和帝国主义划分势力范围的分裂剥削政策,造成白色政权间的长期的分裂和战争,这乃是半殖民地中国独特的现象。这就像一小块或若干小块的共产党领导的红色区域,能够在四周白色政权包围的中间发生和坚持下来。这是小块红色政权能够长期存在与发展的一个重要客观条件。由此,毛泽东提出"工农武装割据"的重要思想并进而形成了在农村建立革命根据地,积聚壮大力量,以农村包围城市,最后夺取全国政权的中国式武装夺取政权的道路。这是在中国夺取新民主主义革命胜利的必由之路。这条道路的内容包括以根据地为依托,土地革命为内容,政权为杠杆,武装斗争为主要形式,几个方面相结合,这是毛泽东把马克思主义中国化的重要成果。列宁指出,革命的根本问题是政权问题。无产阶级革命的根本内容是无产阶级专政。列宁关于

---

①　《毛泽东选集》第一卷,人民出版社1991年版,第188页。

无产阶级革命同资产阶级革命的不同特点有以下论述:前者夺取政权建立无产阶级专政是革命的开始,并以此为杠杆建立新的社会主义经济;后者夺取政权则是革命的终结,以新的政权为杠杆保护与发展既已存在的资本主义经济。前者革命胜利必须彻底打碎旧的国家机器,代之以无产阶级专政政权;后者则是一个剥削阶级集团代替另一个剥削阶级集团的统治,无须打碎旧的国家机器。毛泽东依据马列主义关于无产阶级专政和国家学说,结合中国具体实际提出了关于人民民主专政理论及具有中国特色的国体与政体。

二、新民主主义革命理论形成的脉络

新民主主义革命理论是毛泽东思想在民主革命时期的主体内容。它的形成与发展过程实际上就是马克思主义中国化的过程,也是同对中国特殊国情认识的不断深化、革命实践正反两方面经验的总结及革命斗争需要分不开的。它萌芽于大革命时期,基本形成于土地革命战争时期,成熟于抗日战争时期。

(一)新民主主义革命理论的萌芽

1922年,中国共产党的二大基于对中国社会性质和革命对象的认识,首次明确提出党的最低纲领是反对帝国主义,反对封建军阀统治,进行民主革命;最高纲领是在中国实现社会主义与共产主义,这是一大进步。现在学术界有种观点,认为二大解决了中国革命两步走关系问题。事实上,有最低纲领和最高纲领之分,固然是个很大进步,但并不能据此认为二大已解决了两步走关系问题。因为解决两步走关系问题,关键在于解决民主革命与社会主义革命的关系,即由民主革命转变为社会主义革命的条件和步骤,主要是无产阶级的领导权。这是新民主主义与旧民主主义的根本区别。正因为二大在这个问题上没有回答,所以1923年陈独秀抛出了《资产阶级的革命与革命的资产阶级》

和《中国国民革命与社会各阶级》两篇文章,表达了二次革命论的思想。党的四大前后,党的一些领导人周恩来、邓中夏、瞿秋白等纷纷发表文章,从不同角度论述了工人阶级在民主革命中的领导权问题和农民问题。1925 年,五卅运动中中国社会各阶级政治态度充分显露,毛泽东集党内智慧之大成,比较系统地论述了中国社会各个阶级及其在中国革命中的地位,并指出中国革命的非资本主义前途。

(二)新民主主义革命理论的基本形成

1928 年 10 月,毛泽东起草的中共湘赣边界第二次代表大会决议的一部分《中国的红色政权为什么能够存在?》提出了"工农武装割据"的思想。1930 年 1 月,毛泽东针对林彪的"先争取群众后建立政权"的主张,写了给林彪的一封长信(即《星星之火,可以燎原》),着重论述了建立农村根据地,建设工农民主政权的必要性和重要意义,阐明了小块红色政权与夺取全国胜利的关系,从理论上解决了把党的工作重心放在农村的问题,从而基本形成了农村包围城市、武装夺取全国政权的理论。这样就从根本上解决了无产阶级领导权问题,因为在中国有了农村根据地才能建立巩固的工农联盟从而使无产阶级领导权得以落实,有了保障。

此外,关于农村革命根据地的经济政策、土地政策以及政权建设等一系列理论观点,都是新民主主义革命理论在当时条件下的初步体现和实践,是新民主主义理论的基本要素。

(三)新民主主义革命理论的成熟

抗日战争时期,民族矛盾与阶级矛盾交织,而以民族矛盾为主。由于抗日民族统一战线中,国民党顽固执行两面政策,给统一战线带来了复杂性,迫切要求共产党人以马克思主义进行阶级分析,制定正确的政策和策略,以坚持统一战线适应军事斗争的开展以及党的思想建设和正确处理党内矛盾的需要,特别是要驳斥国民党顽固派的反共叫嚣,回答中国向何处去的问题。这样就使新民主主义理论系统化而达到成熟。这集中表现在《〈共产党人〉发刊词》中关于中国革命三大法宝的论述,在《中国革命和中国共产党》中首次提出"新民主主义"的科学概念,在《新民主主义论》中,以系统完整的形态阐明了新民主主义革命的基本理论,明确提出共产主义与新三民主义的相同点和区别,阐明了新民主主义革命路线和政治、经济、文化纲领,以及由新民主主义向社会主义转变等问题,在《论联合政府》中进一步阐述了新民主主义国家政权的性质与结构。

解放战争时期和新中国成立初期,新民主主义理论得到进一步丰富和发展。集中体现在:新民主主义革命三大经济纲领的明确提出;《论人民民主专政》中关于新中国成立后国家政权性质和任务的论述;《共同纲领》中关于新中国政权机构和关于新民主主义经济秩序;等等。

新民主主义理论从产生到成熟,是中国共产党人运用马克思主义的基本原理,从中国的具体国情出发,总结中国革命的经验和教训汲取三民主义精华的结果。如果没有马克思主义的指导,没有共产党人对中国国情的正确认识与分析,没有中国革命正反两方面历史经验的总结,新民主主义理论的形成与发展是不可能的。

三、新民主主义革命理论的基本点

新民主主义革命理论对中国的革命性质、革命对象、革命动力、革命前途,它与世界革命之间关系以及新中国的国体、政体等一系列基本问题进行了系统的分析,既坚持了马克思列宁主义的基本原理,又根据中国革命实际赋予了新的内涵。毛泽东指出:中国半殖民地半封建社会的性质决定了"中国革命的历史进程,必须分为两步,其第一步是民主主义的革命,其第二步是社会主义的革命,这是性质不同的两个革命过程。而所谓民主主义,现在已不是旧范畴的民主主义,已不是旧民主主义,而是新范畴的民主主义,而是新民主主义","中国革命是世界革命的一部分"。中国革命"两步走"的实质是:"第一步,改变这个殖民地、半殖民地、半封建的社会形态,使之变成一个独立的民主主义的社会。第二步,使革命向前发展,建立一个社会主义的社会。"①"两步走"思想揭示了中国革命的特殊规律,指明了中国特色革命道路,即由新民主主义到社会主义的道路。

我们了解新民主主义理论的历史发展,还必须知道它的内涵。新民主主义理论的内涵,包括新民主主义革命与社会两个部分。新民主主义革命的理论有狭义与广义两种理解。传统的观点是按《新民主主义论》与《中国革命和中国共产党》中作出的解释,其基本点是:中国革命是世界无产阶级社会主义革命的一部分;中国革命必须分两步走,第一步是民主革命,第二步是社会主义革命,二者既有区别又有联系,民主革命是社会主义革命的必要准备,社会主义革命是民主革命的必然趋势,新旧民主主义革命区别的根本标志在于是否有无产阶级领导,新民主主义革命的政治纲领、经济纲领、文化纲领,以及由此所概括的新民主主义革命总路线。

广义的新民主主义革命理论的内涵,如党的十一届六中全会决议关于毛泽东思想独创性的内容中的新民主主义革命理论部分所论述的,其基本点还包括:关于统一战线、武装斗争、党的建设中国革命的"三大法宝"以及关于农村包围城市革命道路的理论。无论狭义的还是广义的理解,两者总的概括都是无产阶级领导的,以工农联盟为基础的,人民大众的,反对帝国主义、封建主义和官僚资本主义的新民主主义革命。

新民主主义社会理论的基本点是:以社会主义国营经济为主导的五种经济成分共存的社会经济形态;工人阶级(通过共产党)领导的各革命阶级联合专政的人民民主专政政权,共产党领导下的多党合作与

---

① 《毛泽东选集》第二卷,人民出版社 1991 年版,第 665—666 页。

政治协商制度;民主化是工业化的保障,工业化是民主化的物质基础;过渡时期的理论;等等。

四、新民主主义革命理论的理论价值和实践意义

(一)新民主主义革命理论是马克思主义与中国革命实践相结合的第一次历史飞跃的主要标志

所谓飞跃,是指马克思主义与中国实践相结合的历史进程中,以毛泽东为代表的老一辈革命家,对中国革命和社会主义建设事业,在认识上发生质的变化,在思想理论上取得了突破性的进展,为马克思主义理论宝库增添了新的原理或新的论断,对中国革命独创性经验进行了科学总结。如果这样理解,那么,新民主主义之所以能够成为马克思主义与中国实践相结合第一次历史性飞跃的伟大成果,其主要原因是:

1.在中国半殖民地半封建的特殊国情下如何开展共产主义运动,没有现成模式,马克思主义经典著作中没有现成答案,而地主资产阶级以"共产主义不适合中国国情"等似是而非的谬论来攻击共产党领导的中国共产主义运动,否定马克思主义。一些不懂得马克思主义的人也对此迷惑不解,甚至成为这种谬论的俘虏。这就要求中国共产党人必须以马克思主义为指导,从中国实际出发,提出符合中国国情的理论原则,指导革命斗争。

2.近代以来的中国革命特别是共产党领导的革命斗争,已经积累了丰富的正反两方面的历史经验。百日维新的破产,民主主义革命伟大先驱孙中山为之奋斗的资产阶级共和国方案的失败,第一次大革命无产阶级没有掌握领导权而失败,大革命失败后中国共产党独立领导武装革命、开创农村革命根据地、建立小块红色政权的经验,以及土地革命战争初期党照搬共产国际决议和苏联经验而使革命遭受严重挫折的教训,等等,为中国共产党提供了丰富的正反两方面的经验。伟大的实践产生伟大的理论。中国革命的丰富经验为新民主主义革命理论的

提出和形成奠定了物质基础和实践基础。

3.以毛泽东为代表的中国共产党人，以高度的革命精神、科学态度和理论勇气，在领导中国革命的实践过程中，深入实际，深入群众，调查研究，分析国情，逐渐懂得了马克思主义不是教条，而是行动的指南，挽救中国没有现成的药方，并且批评了那种把马克思主义教条化、把共产国际决议和苏联经验神圣化的"唯上"、"唯书"的本本主义错误倾向，指出了"没有调查就没有发言权"、"中国革命胜利要靠中国同志了解中国情况"等重要论断，从而把马克思主义基本原理与中国革命实践相结合，总结中国革命独创性经验，提出了符合中国国情的理论原则。

马克思主义与中国实践相结合产生的第一次历史性飞跃的主要创新之处主要表现在六个方面。

坚持运用历史唯物主义观点、方法及列宁关于民族殖民地问题的理论分析中国国情。毛泽东十分重视对国情的分析，指出它是制定党的纲领、路线和方针政策的客观依据和出发点，并指出国情中最基本的问题是社会性质。他从分析社会经济结构和政权性质着眼，分析社会阶段结构，把握社会主要矛盾，确定中国社会性质和革命性质、对象、动力及前途，并据此提出了中国革命分两步走的思想，指出第一步不是无产阶级社会主义革命，也不是资产阶级领导的旧民主主义革命，而是无产阶级领导的新民主主义革命。这样，就解决了中国革命的方向、方位问题，指明了中国特色的革命道路。

坚持和发展了马克思主义关于无产阶级在民主革命中的领导权的原理。突出地解决了以农民为中国革命的主力军、彻底解决农民土地问题、建立巩固的工农联盟的问题；突出地解决了在工业不发达的落后的农业大国中，共产党长期处于农村环境和战争环境、党的成分是以农民和其他小资产阶级为主的情况下，如何保持工人阶级先锋队性质的建党原则问题。这样，就保证了无产阶级对革命的领导权。

坚持和发展了马克思主义的暴力革命原则。在这方面，突出地解决了在农村建立革命根据地，走以农村包围城市，最后夺取全国胜利的中国式的武装夺取政权道路,走与苏联以城市为中心相反的道路,并进而使无产阶级在民主革命中的领导权得到了落实,有了保障。

坚持和发展了马克思的阶级分析方法和具体情况具体分析的辩证方法。在这方面,突出表现在正确地分析了中国的资产阶级,成功地解决了同资产阶级的复杂关系,解决了同资产阶级建立统一战线的理论和策略。

坚持和发展了列宁关于资本主义到社会主义的过渡时期的理论。在这方面着重结合中国实际,提出了结束半殖民地半封建社会经济形态后,代之以新民主主义经济形态,以社会主义国营经济为主导,五种经济成分并存的经济结构以及向社会主义发展的趋势。

坚持与发展了马克思主义的无产阶级专政学说。提出了在夺取全国胜利后,必须打碎旧的国家机器,代之以新民主主义国体,实行共产党领导的各革命阶级联合专政,采取人民民主专政的形式,并用这种政权形式,逐步实行社会主义革命的任务,保证由新民主主义过渡到社会主义。

以毛泽东为代表的中国共产党人,运用马克思主义的世界观方法论以及科学社会主义学说,正确分析了中国特殊的国情,认清了中国社会性质、主要矛盾,总结了中国革命的独特经验,从而在宏观上指明了中国革命的方向和方位,得出了中国革命分两步走的结论,突破了马克思、列宁关于世界上只有两种革命和两种类型国家的传统论断,而提出了新民主主义革命和新民主主义国家的第三类型的新概念、新学说。这就从根本上解决了在半殖民地与半封建社会里如何进行共产主义运动,如何在中国实现社会主义的道路问题,为从半殖民地半封建到社会主义架起一座桥梁,打开了一个通道,成功地解决了中国特色的革命道路的第一步,并为第二步社会主义革命奠定了坚实基础。

马克思主义与中国革命实践相结合的第一次历史性飞跃,为我们提供了宝贵经验。

第一,必须正确地理解和掌握马克思主义的基本原理和它的精神实质,反对教条主义。马克思主义是一个完整的科学体系,有着极其丰富的认识世界和改造世界的立场、观点和方法。而许多马克思主义的经典著作,一般地都是在一定历史条件下,针对一定的问题写成的。离开马克思主义理论原则,探讨中国革命的基本问题,必然要迷失方向,陷入机会主义。然而拘泥于经典著作的词句,又必然导致教条主义错误,给中国革命造成损失。只有既反对经验主义,又反对教条主义,在中国条件下主要是反对教条主义,把二者紧密结合起来,才能在马克思主义主干上,生长出适合中国特点的枝叶,并开花结果。以毛泽东为代表的共产党人,正是合理地运用马克思主义的基本原理,抛弃了个别过时的结论或不适合中国国情的结论,排除了教条主义的思想方法,把马克思主义与中国实际相结合,才实现了第一次历史性的飞跃。

第二,必须实事求是地分析中国国情。一切从实际出发,实事求是地认识中国国情,乃是符合中国实际的马克思主义理论原则得以产生和发展的前提。在新民主主义革命时期,毛泽东反复强调要面向实际,深入了解研究国情,并身体力行,多次进行社会调查。同时,要正确地认识和分析国情,还必须掌握历史唯物主义和唯物辩证法,否则,即使同样的国情,也会得出不同的结论甚至形成完全相反的意见。这在现代中国革命史上是有过这种历史教训的。大革命失败后关于社会性质的论战,就充分地说明了这一点。正因为毛泽东既重视对国情的研究,又运用马克思主义的方法,着重分析了中国的经济形态、阶级结构、政权性质、社会主要矛盾及中国革命所处的世界历史时代,才正确地确定了革命对象、动力、性质、任务、前途等一系列中国革命基本问题,从而提出了"无产阶级领导的,人民大众的,反对帝国主义、封建主义和官僚资本主义"的新民主主义革命总路线,从而指明了中国革命的方向和方位,创造性地开辟了中国特色的革命道路,实现了马克思主义与中国实践相结合的第一次历史性飞跃。

（二）毛泽东新民主主义革命理论伟大实践的集中成果就是夺取新民主主义革命的伟大胜利，建立新中国

中国共产党成立后的 28 年间，领导中国人民进行革命斗争的全部历史集中到一点，就是赢得了新民主主义革命的伟大胜利，由人民民主专政的国家政权代替了大地主大资产阶级对全国的统治，使中国由半殖民地半封建社会进入新民主主义社会，新民主主义学说在占世界人口 1/4 的领域里变为现实，并完成了由新民主主义社会到社会主义社会的过渡，使一个社会主义大国屹立于世界东方。这一切，都是在新民主主义理论指导下，经过艰苦奋斗取得的。

1949 年七一前夕，正当人民政协筹备新中国时，毛泽东又及时地发表了《论人民民主专政》，深刻阐述了马克思列宁主义的国家观，使新民主主义革命理论更加丰富。毛泽东指出，新民主主义即人民民主主义。在此基础上，他进而强调："总结我们的经验，集中到一点，就是工人阶级（经过共产党）领导的以工农联盟为基础的人民民主专政。"①"我们现在的任务是要强化人民的国家机器……借以巩固国防和保护人民利益。以此作为条件，使中国有可能在工人阶级和共产党的领导之下稳步地由农业国进到工业国，由新民主主义社会进到社会主义社会和共产主义社会。"②这就指明了即将建立的新中国的国体、任务和方向，为新中国的建立奠定了坚实的理论基础。在新民主主义革命理论的指引下，中国共产党领导全国人民开辟了经新民主主义到社会主义的中国特色革命道路，坚持武装斗争和革命统一战线，终于夺取了新民主主义革命的胜利，建立了中华人民共和国，进而经生产资料私有制的社会主义改造确立了社会主义制度，为我国以后经济社会发展进步奠定了政治前提和制度基础。

---

① 《毛泽东选集》第四卷，人民出版社 1991 年版，第 1480 页。
② 《毛泽东选集》第四卷，人民出版社 1991 年版，第 1476 页。

第八章　中国革命三大法宝

以毛泽东为首的中国共产党人,总结了两次国内革命战争的经验教训,揭示了中国革命的客观规律,找到了战胜强大敌人的三大法宝,即统一战线、武装斗争和党的建设。毛泽东指出:"统一战线,武装斗争,党的建设,是中国共产党在中国革命中战胜敌人的三个法宝,三个主要的法宝。""统一战线和武装斗争,是战胜敌人的两个基本武器。统一战线,是实行武装斗争的统一战线。而党的组织,则是掌握统一战线和武装斗争这两个武器以实行对敌人冲锋陷阵的英勇战士。这就是三者的相互关系。""正确地理解了这三个问题及其相互关系,就等于正确地领导了全部中国革命。"①

一、统一战线理论

统一战线理论是一门科学,是科学社会主义的重要组成部分。在中国革命和建设的长期实践中,以毛泽东为代表的中国共产党人,依据马克思主义基本原理,总结了中国革命的经验和教训,建立、巩固和发展了革命统一战线,并提出了系统的统一战线理论,使统一战线成为取得中国革命胜利的一大"法宝",统一战线理论则成为毛泽东思想的支柱理论之一,发展了马克思主义。

---

① 《毛泽东选集》第二卷,人民出版社1991年版,第605—613页。

(一)马克思主义和毛泽东统一战线理论

无产阶级革命统一战线,是指无产阶级及其政党在各个不同的历史时期,为了完成自己的战略任务,团结本阶级,同其他阶级、阶层、党派、团体,以及一切可团结的力量结成的政治联盟。

无产阶级革命是人类历史上最广泛、最深刻的革命。无产阶级不仅要解放自己,而且要解放全人类,建立社会主义制度,最后实现共产主义。要完成这一伟大的任务,决不能只靠无产阶级自己单枪匹马地进行革命活动,必须动员千百万人民群众投身到革命运动中来,建立广泛的革命统一战线,组成浩浩荡荡的革命大军。无产阶级只有调动各方面的积极性,团结一切可以团结的力量,才能完成夺取政权、巩固政权、进行各项建设、发展生产力,最终建立共产主义的社会制度这一伟大的任务。因此,建立广泛的革命统一战线是非常重要的。

团结一切可以团结的力量,建立统一战线,是马克思、恩格斯创立科学社会主义的时候就提出来的思想。列宁在领导俄国人民的革命斗争中,进一步发展了马克思、恩格斯这一思想,并明确提出了无产阶级统一战线的科学概念,同时进一步阐述了统一战线的任务与统一战线的重要性、广泛性和长期性。

无产阶级的统一战线不仅是指无产阶级及其政党要争取广大同盟者,而且还包括共产党人同无产阶级内部不同阶层、不同政党和团体的联合。可以说,统一战线的主要问题,一个是同盟军的问题,另一个就是无产阶级解放运动内部的团结和统一问题。马克思和恩格斯认为,共产党不同于其他工人政党,但又不是同其他工人政党相对立的,共产党人在斗争中应同其他工人政党采取联合行动。列宁最初使用的"统一战线"这个名词,就是指工人阶级和其他被压迫群众内部的统一战线。他指出:"如果'纯粹的'无产阶级没有被介于无产者和半无产者(一半依靠出卖劳动力来获得生活资料的人)之间、半无产者和小农(以及小手艺人、小手工业者和所有的小业主)之间、小农和中农之间等为数众多的形形色色的中间类型所包围,如果无产阶级本身没有分成比较成熟的和比较不成熟的阶层,没有乡土、职业,有时甚至宗教等的区分,那么资本主义便不成其为资本主义了。由于这一切原因,无产阶级的先锋队,无产阶级的觉悟部分,即共产党,就必须而且绝对必须对无产者的各种集团,对工人和小业主的各种政党采取机动、通融、妥协的办法。"①斯大林进一步把同盟军分为直接的和间接的两种,认为本国的农民、邻国的无产阶级、殖民地和附属国的革命运动等,属直接同盟军;本国非无产阶级之间的矛盾和冲突、资产阶级国家之间的矛盾、冲突和战争等,属间接同盟军。利用非无产阶级之间的矛盾及资本主义国家之间的矛盾,可以削弱敌人,壮大自己。在一定条件下,这"对于革命进程具有头等的意义"②。

　　无产阶级在革命斗争中必须建立革命统一战线。对于领导权的问题,马克思、恩格斯、列宁都给予了明确回答:统一战线应该由无产阶级领导。恩格斯指出:"要使无产阶级在决定关头强大到足以取得胜利,无产阶级必须(马克思和我从 1847 年以来就坚持这种立场)组成一个不同于其他所有政党并与它们对立的特殊政党,一个自觉的阶级政党。"③无产阶级有了自己的政党,既能加强自身的团结和统一,也能更好地争取同盟者。列宁也明确指出:"只有工人阶级的政党,即共产党,才能团结、教育和组织无产阶级和全体劳动群众的先锋队,而只有这个先锋队才能抵制这些群众中不可避免的小资产阶级动摇性,抵制无产阶级中不可避免的种种行业狭隘性或行业偏见的传统和恶习的复发,并领导全体无产阶级的一切联合行动,也就是说在政治上领导无产阶级,并且通过无产阶级领导全体劳动群众。不这样,便不能实现无产阶级专政。"④共产党的领导是建立和发展无产阶级统一战线的根本保证,是马克思主义统一战线理论的一个基本原理。

---

① 《列宁选集》第 4 卷,人民出版社 1995 年版,第 183 页。
② 《斯大林全集》第 6 卷,人民出版社 1956 年版,第 136 页。
③ 《马克思恩格斯选集》第 4 卷,人民出版社 1995 年版,第 685 页。
④ 《列宁全集》第 41 卷,人民出版社 1986 年版,第 85 页。

在无产阶级的同盟军中,农民是最主要、最可靠的同盟军。无产阶级建立统一战线,首先要联合的是农民。工农联盟是统一战线的基础。马克思认为,农民不仅是一个劳动阶级,一个受剥削受压迫的阶级,而且是一个人数众多的阶级,是一支强大的革命力量,无产阶级不和这个强大的农民阶级结成联盟,就不能取得胜利。列宁和斯大林也非常重视工农联盟的问题。在十月革命准备实现过程中,列宁领导的布尔什维克党首先制定了一个符合广大农民利益的土地纲领,因而在十月革命过程中,得到了大多数农民的拥护。对农民在十月革命中的作用,斯大林讲得很清楚:"毫无疑问,十月革命是'农民战争'和'无产阶级革命'的完满结合。""十月革命证明,只要无产阶级能够使中间阶层首先是农民脱离资产阶级,能够使这些阶层由资本的后备力量变为无产阶级的后备力量,它就能够夺取政权并保持政权。"①

马克思、恩格斯、列宁、斯大林不仅在理论上提出了统一战线的理论,而且在实践中也积极促成统一战线的建立。如第一国际是由欧洲工人运动中许多观点极不相同的工人派别联合组成的。当时,马克思所代表的科学社会主义只是一个很小的派别。为了争取工人阶级的大多数,马克思接受了邀请,参加了国际成立大会,并被选进临时中央委员会,从而促进了国际工人阶级的团结。列宁和斯大林为建立统一战线也做了许多工作。1920 年,列宁为共产国际第二次代表大会撰写了《民族和殖民地问题提纲初稿》,并在会上作了《民族和殖民地问题委员会的报告》。他认为,资产阶级民族解放运动是世界无产阶级革命的同盟军,"共产国际在民族和殖民地问题上的全部政策,主要应该是使各民族和各国的无产者和劳动群众为共同进行革命斗争、打倒地主和资产阶级而彼此接近起来"。目前"必须实行使一切民族解放运动和一切殖民地解放运动同苏维埃俄国结成最密切的联盟的政策,并且根据各国无产阶级中共产主义运动发展的程度,或根据落后国家或落

---

① 《斯大林全集》第 5 卷,人民出版社 1957 年版,第 280—281 页。

后民族中工人和农民的资产阶级民主解放运动发展的程度,来确定这个联盟的形式。"①列宁还提出:"共产国际应当同殖民地和落后国家的资产阶级民主派结成临时联盟,但是不要同他们融合,要绝对保持无产阶级运动的独立性,即使这一运动还处在最初的萌芽状态也应如此。"②1921 年,共产国际第三次代表大会制定了争取工人群众大多数的策略方针。1935 年,共产国际第七次代表大会提出建立无产阶级统一战线和反法西斯人民阵线的口号。

马克思、恩格斯、列宁、斯大林关于统一战线的理论,极大地推动了世界工人运动和革命运动的发展。

(二)统一战线理论形成的脉络

以毛泽东为代表的中国共产党人,从中国半殖民地半封建社会的国情出发,把马克思列宁主义与中国实际相结合,发展了统一战线的理论。

1.中国革命需要建立广泛的革命统一战线

中国的特殊国情和阶级关系,决定了中国革命只有建立广泛的统一战线才能获得胜利。旧中国是一个半殖民地半封建社会,汇集了近代世界上的各种矛盾。有帝国主义与中华民族的矛盾、封建主义与人民大众的矛盾、各个帝国主义国家之间的矛盾、大资产阶级各个集团之间的矛盾、民族资产阶级与大地主大资产阶级之间的矛盾、无产阶级与资产阶级之间的矛盾等。随着矛盾斗争的发展,统一战线的主要敌人和自己的队伍也会发生变化。在整个民主革命时期,帝国主义、封建主义、官僚资本主义是中国革命的敌人。但在各个不同的历史阶段,这些敌人又有主次之分,甚至敌友之别。各种矛盾的斗争及其发展变化,变动着敌人的阵营和统一战线的队伍。在民主革命过程中,不论阶级关

---

① 《列宁选集》第 4 卷,人民出版社 1995 年版,第 217—218 页。
② 《列宁选集》第 4 卷,人民出版社 1995 年版,第 221 页。

系如何变化,中国革命有一个特点,即敌强我弱。毛泽东指出:"实现中国的独立自由是一个伟大的任务。这须同外国帝国主义和本国反革命势力作战……中国的和世界的革命力量是比较过去更加增长了。这是正确的估计,这是一方面的估计。但是同时我们应当说,目前中国的和世界的反革命力量暂时还是大于革命力量。这也是正确的估计,这是又一方面的估计。"①要战胜强大的敌人,需要建立革命统一战线。

同时,中国革命的发展是不平衡的,这是由中国社会政治经济所决定的。中国是一个政治经济发展不平衡的半殖民地半封建国家。若干帝国主义侵华势力之间的矛盾,影响到中国统治集团间的不统一。"由于中国政治经济发展的不平衡,产生了革命发展的不平衡。革命的胜利总是从那些反革命势力比较薄弱的地方首先开始,首先发展,首先胜利;而在那些反革命势力雄厚的地方,革命还是没有起来,或者发展得很慢。这是中国革命在过去长时期内已经遇到的情形。在将来,可以想到,在某些阶段里,革命的总的形势是更加发展了,但是不平衡状态还会存在着。要把不平衡的状态变到大体上平衡的状态,还要经过很长的时间,还要花费很大的气力,还要依靠党的策略路线的正确。"②

中国革命的这些特点,即敌强我弱和革命发展不平衡,及革命的长期性都要求我们必须建立广泛的革命统一战线。

2.统一战线理论的形成

1935年华北事变后,中日民族矛盾日益突出,国内阶级关系发生重大变化,在中国共产党"八一宣言"的号召和影响下,全国掀起了抗日救亡运动的新高潮。1935年10月,中央红军到达陕北,同年11月,发布《抗日救国宣言》,12月,作出《中共中央关于改变富农策略的决定》。决定指出,对于富农只取消其封建式剥削部分,其他经营的土

---

① 《毛泽东选集》第一卷,人民出版社1991年版,第152页。
② 《毛泽东选集》第一卷,人民出版社1991年版,第152—153页。

地、商业和财产不予没收；苏维埃政府应保障富农扩大生产与发展工商业等自由。12 月 25 日，中央政治局在瓦窑堡会议上通过《中央关于目前政治形势与党的任务决议》，会后，毛泽东根据会议精神发表了《论反对日本帝国主义的策略》的讲演。这些，明显地标志着中国共产党在政治策略上认真纠正"左"倾关门主义，实行统一战线政策的重大转变。之后，1936 年 5 月 5 日党中央发表《停战议和，一致抗日通电》，9 月向党内发出关于《逼蒋抗日问题的指示》，12 月发出《中央关于西安事变及我们任务的指示》，1937 年 2 月发表《中共中央给中国国民党三中全会电》，5 月毛泽东又发表《中国共产党在抗日时期的任务》和《为争取千百万群众进入抗日民族统一战线而斗争》等。党中央发表的决议及毛泽东的著作，形成了我党关于统一战线的理论。

第一，论述了同资产阶级建立统一战线的可能性和必要性。在中国革命统一战线中，一个非常重要的问题，就是和资产阶级关系的问题，中国的资产阶级分为民族资产阶级和大资产阶级两部分。民族资产阶级是一个具有两面性的阶级。它没有地主阶级那样多的封建性，没有买办阶级那样多的买办性。毛泽东鉴于民族资产阶级的两面性及其表现，提出和民族资产阶级建立统一战线是可能的。当前党的任务，就是要把红军的活动和全国的工人、农民、学生、小资产阶级、民族资产阶级的一切活动汇合起来，成为一个统一的民族革命战线。

建立统一战线的必要性是由敌强我弱和中国革命发展的不平衡性与革命的长期性决定的。中国革命的这两个特点决定着无产阶级领导的革命必须团结一切可能团结的力量，组成广泛的革命统一战线，才能保证和加速中国革命的胜利，缩短革命胜利的时间。

第二，阐述了无产阶级的革命统一战线中必须坚持领导权的思想。参加统一战线的阶级除工人阶级外，还有农民阶级、城市小资产阶级、民族资产阶级，在一定条件下还有大资产阶级。他们的阶级地位和利益的不同，决定着他们在统一战线中的地位、作用与他们之间的相互关系。坚持无产阶级的领导权则是正确处理统一战线各阶级关系的关键环节。

第三,规定了对民族资产阶级的基本政策。毛泽东依据民族资产阶级的政治和经济上的两重性,提出在政治上实行又团结又斗争的政策。为此,在1935年12月召开的瓦窑堡会议上,决定把工农共和国的口号改为人民共和国的口号。对民族资产阶级的动摇性给予批评或必要的斗争;在经济上,确立保护民族工商业的政策。毛泽东指出:在资产阶级民主革命时期,"并不反资本主义","并不没收民族资产阶级的工商业,而且还鼓励这些工商业的发展。任何民族资本家,只要他不赞助帝国主义和中国卖国贼,我们就要保护他"。

第四,指出大地主大资产阶级营垒不是铁板一块。提出了调整我党同国民党关系的政策。毛泽东把革命的坚定性与斗争策略的灵活性巧妙地结合起来,正确地处理了革命和让步的关系,结束了国内两个政权对立的状态,形成以国共合作为基础的统一战线,为"团结一致,共同赴敌"创造了条件。

国共第二次合作的实现,说明了毛泽东关于统一战线理论的正确,也表明了中国共产党能够正确地处理极其复杂的形势,表明了中国共产党在政治上和理论上的成熟。

(三)统一战线理论的基本点
1.工农联盟是统一战线的基础

农民是中国革命的基本力量,工农联盟是统一战线的基础。中国的战争实际上就是农民战争,农民问题是中国革命的基本问题,农民的力量是中国革命的主要力量。离开农民的支持,中国的革命和建设都将一事无成。因此,无产阶级必须发动和依靠广大农民,与农民结成巩固联盟。从中国的农民来看,他们深受帝国主义、封建主义和官僚资本主义的压迫,生活在水深火热之中,迫切要求改变现状,能够接受无产阶级的领导,是无产阶级可靠的同盟军。

在中国,除农民外,工人阶级也是一个人数众多的阶级。工人和农

民占全国人口的百分之八十到九十,是中国革命和建设的主体。没有
工农联盟,就没有无产阶级领导的统一战线,就没有无产阶级革命的胜
利。所以,不论是在民主革命阶段,还是在社会主义革命和建设时期,
中国共产党人都把工农联盟放在非常重要的位置上,采取各种措施巩
固和发展工农联盟。这样做的结果,使中国共产党有力量去分化、瓦解
敌人,有力量去巩固、发展统一战线,完成一切艰巨的任务。

2.无产阶级同资产阶级的联盟是统一战线的重要内容

无产阶级同资产阶级联盟的理论和策略原则,是马克思主义关于
无产阶级革命同盟军理论的一个重要内容。中国共产党人把马克思主
义的基本原理运用于中国的实际斗争中,科学地分析了中国的资产阶
级,正确解决了中国无产阶级同资产阶级建立联盟的问题,从而发展了
马克思主义。

毛泽东等中国共产党人从中国半殖民地半封建社会的特点出发,
把中国的资产阶级分为两个部分:一部分是大资产阶级,另一部分是民
族资产阶级。中国的民族资产阶级是具有两面性的阶级:一方面,他们
具有反帝反封建的革命性;另一方面,他们又没有彻底的反帝反封建的
勇气,具有较弱性、动摇性、妥协性。民族资产阶级的这种两重性,决定
了他们在一定时期中和一定程度上能够参加反帝反封建的斗争。

由于大资产阶级的一部分在特定的条件下有参加反对某个帝国主
义斗争的可能,因此,无产阶级在一定时期内同大资产阶级的某些集团
建立一定程度上的统一战线,不仅是可能的,而且有利于无产阶级,有
利于打击最主要的敌人。抗日战争时期,中国革命主要是反对日本帝
国主义的侵略,因此,国民党内部代表英美帝国主义利益的蒋介石集
团,有反对日本侵略的要求。在中国共产党的努力和全国人民抗日高
潮的推动下,国民党当局参加了抗日民族统一战线。

3.要坚持无产阶级对统一战线的领导权

无产阶级掌握领导权,不仅是区别新、旧民主主义革命的主要标
志,也是坚持、巩固和发展革命统一战线的基本条件。毛泽东始终坚持

无产阶级领导的原则,认为在无产阶级及其政党已经走上政治舞台的时代,中国革命必须由中国共产党来领导。

中国无产阶级本身的特点,决定了它能够担负起中国革命的领导重任。第一,中国无产阶级深受帝国主义、封建主义和资产阶级三种压迫,这些压迫的严重性和残酷性是世界各民族中少见的,因此他们革命最坚决和彻底。第二,中国无产阶级开始走上革命舞台,就在本阶级的革命政党——中国共产党领导之下,成为中国社会里最有觉悟的阶级。第三,中国无产阶级多数是破产农民出身,与农民有一种天然的联系,便于和农民结成亲密的联盟。因此,只有无产阶级和共产党能够领导农民、城市小资产阶级和资产阶级,克服农民和小资产阶级的狭隘性,克服失业者群体的破坏性,并且还能克服资产阶级的动摇和不彻底性(如果共产党的政策不犯错误的话),而使革命和战争走上胜利的道路。

无产阶级怎样才能实现对统一战线的领导?毛泽东指出:"所谓领导权,不是要一天到晚当作口号去高喊,也不是盛气凌人地要人家服从我们,而是以党的正确政策和自己的模范工作,说服和教育党外人士,使他们愿意接受我们的建议。"①

具体来讲,中国共产党要提出正确的纲领和政治路线,共产党应该提起自己的无限的积极性和忠诚,成为实现共产主义目标的模范,共产党要率领同盟者向共同的敌人作坚决的斗争,并取得胜利,共产党要照顾同盟者的利益,至少不损害其利益,同时对同盟者给予政治教育,无产阶级及其政党要坚持统一战线中的独立自主原则,共产党要加强自身建设。

4.坚持"发展进步势力、争取中间势力、孤立顽固势力"的策略总方针和"有理、有利、有节"的原则

发展进步势力,就是放手发展无产阶级、农民阶级和城市小资产阶级的力量,就是放手扩大八路军、新四军,就是广泛地创立抗日民主根

---

① 《毛泽东选集》第二卷,人民出版社1991年版,第742页。

据地,就是发展共产党的组织,发展革命的群众运动。进步势力是中国革命的基本力量,是统一战线的支柱。发展进步势力是争取中间势力和孤立顽固势力的基本条件,是这一策略总的方针的中心环节。

争取中间势力,就是争取中等资产阶级、开明绅士和地方实力派。中间势力有很大的力量,往往可以成为进步势力同顽固派斗争时决定胜负的因素。争取中间势力必须具备一定的条件,这就是:"(1)我们有充足的力量;(2)尊重他们的利益;(3)我们对顽固派作坚决的斗争,并能一步一步地取得胜利。"[1]

孤立顽固势力,主要是孤立英美派大地主大资产阶级。只有同顽固势力进行坚决的斗争,才能限制他们实施反共政策的范围,逼迫他们承认进步势力,才能有效地争取中间势力。

坚持统一战线,必须坚持自卫、胜利、休战三大斗争原则,即有理、有利、有节。坚持这个原则,就能发展进步势力,争取中间势力,孤立顽固派,并使顽固派不敢轻举妄动,就能争取时局走向好转。

(四)统一战线理论的理论价值和实践意义

理论价值。同盟军问题是关系无产阶级革命政党领导权,关系革命成败的基本问题。毛泽东指出:"谁是我们的敌人? 谁是我们的朋友? 这个问题是革命的首要问题。"[2]列宁也告诫我们:无产阶级及其政党"要战胜更强大的敌人,就必须尽最大的努力,同时必须极仔细、极留心、极谨慎、极巧妙地一方面利用敌人之间的一切'裂痕',哪怕是最小的'裂痕'……另一方面要利用一切机会,哪怕是极小的机会,来获得大量的同盟者"[3]。毛泽东在对中国国情、阶级关系和社会主要矛盾进行正确分析的基础上,总结了正反两方面的经验,强调统一战线是中国共产党战胜敌人的一个"主要法宝"和"基本武器"。毛泽东明确

---

① 《毛泽东选集》第二卷,人民出版社1991年版,第747页。
② 《毛泽东选集》第一卷,人民出版社1991年版,第3页。
③ 《列宁选集》第4卷,人民出版社1995年版,第180页。

指出革命的敌人之后,着重分析了各个阶级在中国革命中的地位和作用,指出中国社会是一个"两头小中间大"的社会,农民、城市小资产阶级和民族资产阶级在革命中具有举足轻重的作用。农民是中国革命的主力军,是无产阶级的基本依靠力量和坚固的同盟军。小资产阶级也是可靠的同盟军。毛泽东着重指出,中国资产阶级分为依附于帝国主义的带买办性的大资产阶级和民族资产阶级两部分。民族资产阶级由于受帝国主义、封建主义的压迫,有一定的革命要求;同时又由于它同帝国主义、封建主义有着千丝万缕的联系,在革命中具有不彻底性和妥协性,因此对民族资产阶级,应实行既团结又斗争的政策。中国的大资产阶级历来是革命的对象,但是,由于它的各个集团分别依附于不同的帝国主义,当中国和某一个帝国主义之间矛盾尖锐化的时候,属于其他帝国主义系统的大资产阶级也有可能在一定程度上和一定时期内参加反对某一个帝国主义的斗争,在抗日战争时期,中国共产党同依附英美派的国民党结成统一战线,制定了抗日民族统一战线的策略总方针和斗争原则。因此,无产阶级领导中国革命必须利用矛盾,争取和团结大多数组成广泛的革命统一战线。

统一战线的发展经历了四个阶段。大革命阶段的初期和中期,在共产国际的指导下,形成了国共合作的局面,掀起了大革命高潮。但是,由于那时党处于幼年时期,对统一战线的基本问题还没有经验,特别是由于共产国际和陈独秀右倾机会主义错误,遭致大革命失败。土地革命时期(遵义会议前),由于受共产国际和王明"左"倾关门主义的广泛影响,资产阶级基本上被排斥在统一战线之外。抗日战争时期,由于中日民族矛盾上升为主要矛盾,改变了国内阶级关系状况。在中国共产党积极倡导和有力推动下,结成了以国共合作为基础的广泛的抗日民族统一战线。毛泽东坚持独立自主原则和以斗争求团结的方针,发展进步势力,争取中间势力,孤立顽固势力,最大限度地保持了与资产阶级、大资产阶级的抗日民族统一战线,最终打败日本侵略者,把中国从深重的民族危机和社会危机中解救出来,取得了抗日战争的胜利。

解放战争时期,针对蒋介石国民党的反革命两手,党和毛泽东坚持革命的两手,为战后成立过渡性联合政府作出了不懈努力。全面内战爆发后,过渡阶段的多党派合作局面被迫破裂,党和毛泽东在国统区成功地开创了第二条反蒋统一战线。在爱国民主力量的广泛支持下,中国共产党最终打败了国民党反动派,1949年9月21日,迎来了中国人民政治协商会议第一届全体会议的召开。

早在1947年10月10日,当解放战争转入战略进攻伊始,中国共产党及时发表了《中国人民解放军宣言》,明确提出了"打倒蒋介石,解放全中国"的响亮口号。翌年,随着解放战争形势的胜利发展,毛泽东认为中国革命距离夺取全国胜利的目标指日可待。中国共产党在"五一"劳动节口号中明确提出,"各民主党派、各人民团体、各社会贤达迅速召开政治协商会议,讨论并实现召集人民代表大会,成立民主联合政府"①的号召,由此揭开了筹建新中国的序幕。

"五一口号"发布后,毛泽东亲笔给各民主党派负责人和爱国民主人士写信,广泛征询各民主党派、人民团体、社会贤达的意见。表达了中国共产党同他们民主协商筹建新中国的诚意。在致李济深、沈钧儒等民主党派负责人的信中,毛泽东写道:"在目前形势下……成立民主联合政府……业已成为必要。"并提议"由中国国民党革命委员会、中国民主同盟中央执行委员会、中国共产党中央委员会于本月内发表三党联合声明,以为号召"。为了邀请宋庆龄北上共商国是,他接连两次亲笔写信:"中国革命胜利的形势已使反动派濒临死亡的末日","中山先生遗志迄今始告实现,至祈先生命驾北来,参加此一人民历史伟大的事业,并对于如何建设新中国予以指导","兹者全国革命胜利在即,建设大计,亟待商筹,特派邓颖超同志趋前致候,专诚欢迎先生北上。敬希命驾莅平,以便就近请教,至祈勿却为盼!"②字里行间充满期望宋庆

① 《中华人民共和国开国文选》,中央文献出版社1999年版,第4页。
② 《中华人民共和国开国文选》,中央文献出版社1999年版,第142—143页。

龄北上的至诚之心。宋庆龄收到信颇为感动,决定从上海前往北平,毛泽东等党中央领导同志亲自前往车站迎接。1949 年 6 月 15 日,中国人民政治协商会议第一届筹备会在北平胜利召开,在会上,各民主党派人士、无党派民主人士围绕着新政协召开的问题,提出了许多中肯的意见和建议,尤其是关于新中国国旗、国歌、国徽、纪年和首都的确定,更是中国共产党和许多民主人士集体智慧的结晶。

同年 9 月 21 至 30 日,中国人民政治协商会议第一届全体会议在北平胜利召开。参加这次会议的有工人阶级、农民阶级、革命军人、知识分子、小资产阶级、民族资产阶级、少数民族、归国华侨及其他爱国民主分子的代表和特邀代表 662 人。毛泽东在开幕词中庄严宣告:“现在的中国人民政治协商会议是在完全新的基础之上召开的,它具有代表全国人民的性质,它获得全国人民的信任和拥护。因此,中国人民政治协商会议宣布自己执行全国人民代表大会的职权。”①会议通过了《中华人民共和国共同纲领》(起着临时宪法作用)和两个组织法,选举了中华人民共和国中央人民政府委员会,宣布了中华人民共和国成立。统一战线理论实践意义的最高概括,正如毛泽东在《论人民民主专政》中总结中国革命主要的和基本的经验时指出:“在国内,唤起民众。这就是团结工人阶级、农民阶级、城市小资产阶级和民族资产阶级,在工人阶级领导之下,结成国内的统一战线,并由此发展到建立工人阶级领导的以工农联盟为基础的人民民主专政的国家。”②

二、武装斗争理论

(一)马克思主义暴力革命原则和毛泽东武装斗争理论

首先,关于战争的起源与消亡。马克思主义认为战争是一个历史

---

① 《毛泽东文集》第五卷,人民出版社 1996 年版,第 343 页。
② 《毛泽东选集》第四卷,人民出版社 1991 年版,第 1472 页。

范畴,它既不是伴随着人类社会的产生而产生的,也不会伴随人类社会的长存而长存。战争是伴随着生产资料私有制和阶级的出现而出现的,也必将伴随着生产资料私有制和阶级的消灭而消灭。只要有利益相互对立、相互冲突和社会地位不同的阶级存在,阶级之间的战争就不会熄灭。"帝国主义战争,即争夺世界霸权、争夺银行资本的市场和扼杀各弱小民族的战争是不可避免的。"①由此可见,战争是同阶级统治相联系的。

其次,战争的性质和共产党人对战争的态度。马克思列宁主义认为,无论战争的形成规模如何,无论战争双方的力量对比和胜负如何,都可以依据战争的阶级性质、政治目的及在社会历史发展中的作用,区分为正义战争和非正义战争两大类。1900 年 12 月,列宁在《火星报》创刊号发表《中国战争》一文,站在国际主义立场上,用马克思主义阶级观点,深刻地揭露了俄国和欧洲国家对中国实行掠夺政策,发动侵华战争的实质,驳斥了所谓"黄种人敌视白种人","中国人仇视欧洲文化和文明引起的"妄言。他说:"欧洲资本家贪婪的魔掌现在伸向中国了。俄国政府恐怕是最先伸出魔掌的,但是它现在却扬言自己'毫无私心'。它'毫无私心地'占领了中国旅顺口,并且在俄国军队保护下开始在满洲修筑铁路。欧洲各国政府一个接一个拼命掠夺(所谓'租借')中国领土"②。列宁指出:"弄清战争的性质,是马克思主义者解决自己对战争的态度问题的必要前提。"③马克思主义者对待两种不同性质的战争采取不同的态度,支持正义战争,反对非正义战争,从而提出"变帝国主义战争为国内战争"的口号。

毛泽东根据马克思列宁主义战争观,总结了人类社会战争的历史,深刻论述了战争的起源问题。他指出:战争是"从有私有财产和有阶级以来就开始了的、用以解决阶级和阶级、民族和民族、国家和国家、政

---

① 《列宁全集》第 36 卷,人民出版社 1985 年版,第 80 页。
② 《列宁选集》第 1 卷,人民出版社 1995 年版,第 279 页。
③ 《列宁全集》第 26 卷,人民出版社 1988 年版,第 33 页。

治集团和政治集团之间、在一定发展阶段上的矛盾的一种最高的斗争形式"①。毛泽东深刻揭露帝国主义、霸权主义的掠夺、扩张是产生现代战争的主要根源。毛泽东这个论述,精辟阐述了战争是阶级社会的必然产物,是个历史范畴,深刻地揭示了战争与生产方式、阶级和阶级斗争的内在必然联系。毛泽东还发展了马列主义战争消亡论的观点,指出:"战争——这个人类互相残杀的怪物,人类社会的发展终究要把它消灭的,而且就在不远的将来会要把它消灭的。但是消灭它的方法只有一个,就是用战争反对战争,用革命战争反对反革命战争,用民族革命战争反对民族反革命战争,用阶级革命战争反对阶级反革命战争。"②并且明确地划分了战争的性质与类型。即:阶级和阶级之间的战争、民族和民族之间的战争、国家和国家之间的战争、政治和政治集团之间的战争。古今中外一切战争,都可以归入这四种类型中的一种,或是两种以上类型的交互转化。毛泽东明确指出:"我们共产党反对一切阻碍进步的非正义的战争,但是不反对进步的正义的战争。对于后一类战争,我们共产党人不但不反对,而且积极地参加。"③在第一次世界大战期间,列宁曾提出:"变帝国主义战争为国内战争"、"使本国政府在战争中失败"的主张,并且反对"保卫祖国"的口号。中国共产党人是否也要实行这样的路线,曾经成为必须回答的一个问题。对此,毛泽东正确地分析了第二次世界大战与中日战争同第一次世界大战的不同性质和特点,明确提出不能照搬第一次世界大战期间帝国主义国家无产阶级政党的口号,因为两种战争的性质和特点不同。"我们的口号是为保卫祖国反对侵略者而战"。这是毛泽东对待两种性质战争的马克思主义态度。

最后,战争与政治的关系。战争是政治的继续。这是马克思主义

① 《毛泽东选集》第一卷,人民出版社1991年版,第171页。
② 《毛泽东选集》第一卷,人民出版社1991年版,第174页。
③ 《毛泽东选集》第二卷,人民出版社1991年版,第476页。

经典作家对近代资产阶级军事理论家克劳塞维茨观点的肯定。克劳塞维茨最先提出："战争无非是政治通过另一种手段的继续。"①这个论断深刻地反映出了战争与政治的本质联系，但是，克劳塞维茨所说的政治其内涵同马克思主义者们说的政治并不是或不完全是一回事，他所说的政治仅指一个国家的对外政策，是政府之间的事情。他把政治视为整个社会的一切利益的代表，是超阶级或非阶级的关系。他并不了解战争同经济、同阶级和阶级斗争深层次的关系。因此，他并没有真正揭示战争的政治实质和经济动因。马克思、恩格斯"把每次战争都看作是有关列强（及其内部各阶级）在当时的政治的继续"②。列宁说："如果忘记任何战争都不过是政治通过另一种手段的继续，那在理论上是完全错误的；现在的帝国主义战争是两个大国集团的帝国主义政治的继续，而这种政治是由帝国主义时代各种关系的总和所产生和培育的。但是这个时代又必然产生和培育反对民族压迫斗争的政治和无产阶级反对资产阶级斗争的政治，因此就可能有而且必然会有：第一，革命的民族起义和战争；第二，无产阶级反对资产阶级的战争和起义；第三，这两种革命战争的汇合等等。"③

毛泽东坚持并发展了马克思列宁主义关于战争与政治的关系特别是战争是政治的继续的观点，他指出："'战争是政治的继续'，在这点上说，战争就是政治，战争本身就是政治性质的行动，从古以来没有不带政治性质的战争"。"一句话，战争一刻也离不了政治。"④因此，他在指导战争的过程中总是把战争同政治紧密地联系在一起，坚决反对使战争脱离政治，把战争孤立起来的倾向。他说："抗日军人中，如有轻视政治的倾向，把战争孤立起来，变为战争绝对主义者，那是错误的，

① 克劳塞维茨：《战争论》第一卷，商务印书馆1978年版，第43页。
② 《列宁选集》第2卷，人民出版社1995年版，第466页。
③ 《列宁选集》第2卷，人民出版社1995年版，第723页。
④ 《毛泽东选集》第二卷，人民出版社1991年版，第479页。

应加纠正。"①同时，"战争有其特殊性，在这点上说，战争不即等于一般的政治。'战争是政治的特殊手段的继续'。政治发展到一定的阶段，再也不能照旧前进，于是爆发了战争，用以扫除政治道路上的障碍"，"政治是不流血的战争，战争是流血的政治"②。这是毛泽东对马克思列宁主义关于战争与政治的关系，战争是政治的继续观点的寓意深刻的精辟发挥。

（二）武装斗争理论形成的脉络

中国共产党从创立之初就是主张暴力革命的，主张依靠革命军队，以革命战争的手段推翻旧政权，建立无产阶级专政的新政权。《中国共产党的第一个纲领》中明确规定："革命军队必须与无产阶级一起推翻资本家阶级的政权。"中国共产党成立伊始对于武装斗争的认识主要与共产国际、联共（布）的影响有关。当然，对于武装斗争的高度重视，也是中国共产党人通过对当时中国普遍存在的军阀专制和武人政治的基本国情经过认真考察后必然得出的结论。认识到武装斗争对中国革命的特殊意义只是一个开端，把这个基本原理与中国革命实践紧密结合是一个艰苦而漫长的过程，中共对武装斗争的认识过程包括从民众运动到军事运动，从城市武装起义到工农武装割据思想的提出，最后到农村包围城市道路理论的形成这样一个曲折的发展历程。

民众运动的目的在于为武装起义做准备。民众运动包括开展工人运动和农民运动两方面内容。在工人运动方面，中国共产党成立之后，中国工人阶级迅速掀起了包括香港海员罢工和京汉铁路工人罢工在内的第一个罢工高潮。在农民运动方面，国共合作推动和促进了农民运动大规模的开展。为了培养农民运动骨干，国共两党共同举办了六期农民运动讲习所，先后培养了八百多名学员。这些学员深入农村，有力

---

① 《毛泽东选集》第二卷，人民出版社 1991 年版，第 479 页。
② 《毛泽东选集》第二卷，人民出版社 1991 年版，第 479—480 页。

促进了农民运动的发展。这个时期,中国共产党对武装工农的认识还局限于工农运动的自卫性质,还没有认识到中国共产党掌握军权,领导军队的重要性,民众运动特别是工人运动的最终目的还是为武装起义做准备。这就是当时中共对武装斗争问题认识的局限性。

　　中共独立的军事工作经历了曲折的发展历程。中国共产党成立之后,很快进入了第一次国共合作的历史时期,这一阶段,斯大林等人所关注的是国民党的军队建设,是如何将国民党的军队改造成为革命的部队。① 当时党的领导人陈独秀、彭述之等人出于对军事运动的片面认识,认为当时搞军事运动不符合十月革命"一宣传,二组织,三暴动"的革命步骤,对孙中山高度重视军事运动进行了激烈的批评,甚至要求孙中山放弃军事运动,放弃广州政府,到民间去做宣传和组织民众的工作。北伐战争开始之后,更是把军事大权全部交给国民党,主要是交给国民党新右派蒋介石,而且跟在反革命集团的后面指责农民运动"幼稚"、"过火",竭力把工农运动限制在资产阶级允许的范围内,给党的工作带来了严重危害。八七会议着重批评并结束了陈独秀的右倾机会主义错误,在告党员书中检讨了过去的错误,指出:"中央那时认为武装工农难以实现的,甚至于以为是有害于与国民党军队领袖联合的。""这种对于军队的态度,就使中央始终没有认真想到武装工农的问题,

---

　　① 不能说共产国际、联共(布)只重视国民党的军事工作,而轻视中共的军事工作。只能说共产国际、联共(布)不是始终如一地关心中共的军事工作,也没有将中共的军事工作作为对华工作的重点。而且共产国际、联共(布)领导人在指导中共军事工作问题上存在矛盾心理。他们一方面希望中共尽快建立自己领导的武装,一方面又不希望中共的军事工作影响到国共合作的大局。所以他们要求中共的军事工作应该在与国民党的军事工作取得协调一致的大框架下进行。特别是当他们看到支持和利用国民革命军和国民军发展革命武装更有效时,便对中共独立的军事工作采取了漠不关心的态度。这就使中共没有抓住在革命高潮之际发展工农武装的大好时机,以致在危机来临之际无法组织足够的武装力量抵御反动势力的进攻。(参见姚金果、苏杭:《解读中国大革命史》,福建人民出版社2006年版,第36—50页)

没有想着武装工农的必要,没有想着造成真正革命的工农军队。"①正是因为有这样的认识,党才确定了土地革命和武装反抗国民党反动派的总方针。毛泽东在八七会议上关于军事问题的发言切中要害,他说:"对军事方面,从前我们骂中山专做军事运动,我们则恰恰相反,不做军事运动专做民众运动。蒋、唐都是拿枪杆子起的,我们独不管。""以后要非常注意军事。须知政权是由枪杆子中取得的。"②大革命的失败使中国共产党已经认识到正确处理军事运动和民众运动关系的重要性,认识到只有在党的领导下,把群众运动与军事运动有机结合起来,才能保证革命的胜利发展。

从城市武装起义到农村包围城市,武装夺取政权。大革命失败之后,中国共产党走上武装反抗国民党的道路。先后发动了南昌起义、秋收起义和广州起义。三次起义,除了秋收起义外,另两次起义都是在开始攻占了城市,后来又因为敌众我寡而不得不弃城而走。这就向领导中国革命的共产党人现实地提出了一个迫切需要解决的问题:城市起义成功了之后应该怎么办? 无非是两条路,一是固守城市,二是由城市转入农村或者叫"上山"。广州起义成功的当天晚上,叶挺即主张乘粤军主力没有回到广州之前把起义军撤出广州。这个正确意见遭到了共产国际代表诺伊曼(即纽曼)的反对。诺伊曼认为起义只能以城市为中心,而且必须"进攻,进攻,再进攻",退却就是"动摇"。③ 当得知被敌军四面包围时,才仓促决定退却,由于没有及时下退却令,不少起义单位还不知道退却,因此,"欲退已不能了! 工农群众死亡的数目竟达数千,大概的原因在此"④。与广州起义不同的是秋收起义的部队在毛

① 《中共中央文件选集》第三册,中共中央党校出版社 1989 年版,第 286—287 页。
② 《毛泽东文集》第一卷,人民出版社 1993 年版,第 47 页。
③ 参见中共中央党史研究室:《中国共产党历史》第一卷(上册),中共党史出版社 2002 年版,第 222 页。
④ 聂荣臻:《对广州暴动的意见》(1927 年 12 月),载《广州起义》,中共中央党校出版社 1982 年版,第 169 页。

泽东的率领下"上山"了,这实际上是走出了一条新路,但是这种做法在当时却被批判为"军事投机"行为。城市武装起义的部队被迫上山之后遇到的问题就是"上山"之后怎么办?也无非两条路,一是占领农村,建立根据地。在山上(农村)长期扎根,开展土地革命、武装斗争和根据地建设"三位一体"的工作,长期积聚,壮大力量,形成武装割据局面,以农村包围城市,夺取全国政权。二是稍作休整,补充给养和兵源,"走州过府",回过头来还是攻城市。正是在这种选择的十字路口,产生了工农武装割据的指导思想。早在1927年10月,瞿秋白在《农村的游击战争之前途》一文中就指出,中国革命现实的阶段,显然到了工农武装暴动的时期。游击战必须注意不能脱离群众。群众的游击战必须向政治斗争、革命地域的建立和扩大进行转移。如果说瞿秋白在文中有了"工农武装割据"思想的萌芽,那么毛泽东则在1928年开辟井冈山革命根据地的斗争中,明确完整地提出了"工农武装割据"思想,并从理论上进行了系统的深刻的阐述。1928年10月,毛泽东为湘赣边界党的第二次代表大会写的决议的一部分《政治问题和边界党的任务》(即《中国的红色政权为什么能够存在?》)针对井冈山时期红军内存在的红旗能够扛多久的疑问,论述了"工农武装割据"的思想,着重阐述了在四周白色政权包围中,一块或若干小块红色政权能够存在的原因和条件。同年10月,在湘赣边界党的"一大"上,集中回答了在四周白色政权包围中小块政权能够存在的原因和条件。当时根据地仅仅局限于井冈山地区而且遭受了三月失败和八月失败。在强敌包围,敌我力量极为悬殊的环境下,毛泽东深刻分析了半殖民地半封建中国的社会特点,提出"实行工农武装割据"的思想,着重解决了如何在农村逐步锻炼、积累、发展革命力量的问题。这在马克思主义发展史上是个新的突破,为农村包围城市道路的理论形成,创造了前提,奠定了基础。

农村包围城市,武装夺取政权的中国革命道路理论,是以毛泽东为代表的中国共产党人独自创立的。农村包围城市道路理论解决了一个农民占绝大多数的半殖民地半封建落后国家无产阶级夺取政权的道路的问题,丰富了马克思列宁主义的思想宝库,是毛泽东开始把马克思主义中国化的一个重要标志。

以毛泽东为代表的中国共产党人,除了正确地解决了斗争实践中出现的各种矛盾,也在理论上回答了走农村包围城市道路的主要问题,将农村包围城市的理论更加系统化、完整化,将红军和农村根据地的斗争置于科学的理论指导之下。

第一,关于四周白色政权包围中小块红色政权能够存在的原因和条件,实际上就是在中国农村包围城市如何可能的问题。这首先取决于中国农村统治力量的薄弱和不统一,革命总是在统治力量比较薄弱的地方爆发,这就为革命的发展提供了现实的条件。其次,中国作为半殖民地国家,受若干帝国主义扶持的白色政权的支配,但各个白色政权之间存在现实的利益冲突,这就为革命力量的发展壮大赢得了机会。再次,中国是落后的农业国,自给自足的农业经济占主导地位,农村可以不依靠城市而独立存在。最后,小块红色政权能够存在还要归功于党的正确领导,正是因为有中国共产党的正确领导,才能保证它是"红色"的,保证它是扎根于群众之中的为老百姓所认可和拥护的人民的政权。

第二,关于在半殖民地半封建的中国建立红色政权的必要性和它的历史意义,实际就是在中国的国情条件下如何夺取政权的问题。在中国的国情条件下,农村包围城市的革命道路是中国革命唯一正确的道路。首先,以武装的革命反对武装的反革命是中国革命的突出特点,这就决定了这种反抗的方式是武装斗争的方式。其次,中国是农业国,农民是无产阶级革命的主力军,工农联盟是实现共产党领导权的基础,中国的武装斗争实质上是无产阶级领导的农民战争。最后,从敌我力量对比来看,中国革命整体上是敌强我弱,尤其是在城市,敌人的力量特别强大,弱小的革命力量根本无法立足。

第三,关于武装斗争、土地革命、根据地建设相结合,实际上就是在实践层面如何操作的问题。毛泽东总结了建立根据地的历史经验,论证了走农村包围城市的道路必须解决好武装斗争、土地革命、根据地建设三者之间的关系。这三者实际上是互为犄角的关系。武装斗争是根据地存在的前提,没有武装作依托,割据就成为空谈;但是也不能单纯地搞武装,搞武装的力量来自于农民,所以进行土地革命,把土地从地主的手中夺过来,交给农民,这样就争取了农民。武装斗争不能搞流寇主义,到处乱窜,无所依靠,这就要有一个稳固的根据地。为了维护这个根据地,就要有正式的红军去对付凶恶的白色军队。"建立武装部队是建立根据地的最基本一环,没有这个东西,或有了而无力量,一切问题都无从说起。"①在中国要发动广大农民参军参战,必须解决土地问题。只有土地问题得到正确解决,才能发动广大的农民群众起来,才能建立巩固的革命根据地。"没有根据地,游击战争是不能够长期地生存和发展的","只要是长期战争,根据地的巩固和发展的问题,是每个游击队经常发生的问题"②。正是对这三者关系的理性认识和正确把握,才使毛泽东正确地坚持了农村包围城市道路,不断发展壮大根据地,积蓄了最后攻取城市,夺取全国政权的强大力量。

(三)建军思想和战略战术原则

1.人民军队建设的理论

马克思主义认为,无产阶级要推翻剥削阶级的暴力统治,获得彻底解放,必须有无产阶级政党的领导;而无产阶级政党要达到自己的目的,又必须有强大的军队。这支军队是"为劳动者的利益斗争的工具",是"由经验丰富的共产党员这支先进队伍领导着"的。党对军队的绝对领导,是我军永远保持无产阶级性质的决定因素和胜利发展的根本保证。

毛泽东指出,中国工农红军的性质是中国共产党缔造的无产阶级

---

① 《毛泽东选集》第二卷,人民出版社 1991 年版,第 423 页。
② 《毛泽东选集》第二卷,人民出版社 1991 年版,第 418、426 页。

的新型人民军队,是执行革命的政治任务的武装集团,是为实现党的纲领而斗争的工具。所以,中国共产党的性质和人民军队的阶级属性决定了军队必须接受党的领导。

按照马克思主义国家学说,军队是国家机器的重要组成部分。中华人民共和国成立后,宪法确定中国共产党在国家生活中的领导地位,人民解放军属于国家的军队。这种领导体制既坚持了党对军队的绝对领导的建军原则,又使党对军队的领导更具有法律的权威性。同时,党对军队的绝对领导主要是通过政治上、思想上、组织上的领导来实现的。

"紧紧地和中国人民站在一起,全心全意地为中国人民服务",是中国工农红军(人民解放军)建军的唯一宗旨。全心全意为人民服务,是由我军的无产阶级性质所决定的,是我军团结战斗,英勇牺牲,永远立于不败之地的思想基础。它充分体现了中国共产党领导下的新型人民军队的特色与本质。

人民军队的政治工作也是保证党对军队绝对领导的重要方面。政治工作的基本原则是:坚持党对军队的绝对领导和坚持全心全意为人民服务的宗旨,紧紧围绕党和国家的中心任务进行。

2.机动灵活的战略战术

第一,积极防御的战略方针。战略防御,是在优势敌军进攻面前实行有计划地战略退却,诱敌深入,集中优势兵力,各个击破或聚而歼之的积极方针。毛泽东讲过,虽然马克思说过武装起义之后一刻也不应该停止进攻,这是说乘敌不备而突然起义的群众,应该不让反动的统治者有保守政权或恢复政权的机会,趁此一瞬间把国内反动的统治势力打个措手不及。毛泽东还针对德日帝国主义军事家们认为战略防御会动摇人心的主张,指出那是说的阶级矛盾剧烈,而战争的利益仅仅属于反动的统治阶层乃至反动的当权派的那种国家。而我们的情况不同,在保卫革命根据地和保卫中国的口号下,我们能够团结最大多数人民,万众一心地作战,因为我们是被压迫者和被侵略者。这里毛泽东以马克思主义观点区分了正义战争与非正义战争两种不同性质战争中战略防御的不同作用,肯定了革命战争中战略防御的必要。

第二,集中优势兵力,打歼灭战。毛泽东认为歼灭战是对于几乎一切都取给予敌方的红军基本的方针。毛泽东指出:集中兵力之所以必要,是为了改变敌我形势。具体地说,一是为了改变进退的形势;二是为了改变攻守的形势;三是为了改变内外线的形势。① 只有把敌人歼灭,给自己以补充,逐步转变敌我力量对比,才能争取战争最后胜利。

第三,作战形式。游击战、运动战和阵地战,是中国革命战争的三种基本作战形式。游击战、运动战和阵地战,各种作战形式互相配合,并适时地实行战略转变。三种作战形式各具特点,根据不同的情况有不同的作用。即是互相配合又不能相互代替。所以以改变作战形式为主要内容的战略转变,既有效地保存了自己,又消灭了敌人,改变力量对比的变化,夺取战争的胜利。

第四,战略与战役战术的军事辩证法。战略上要藐视敌人,战役战术上要重视敌人,是毛泽东运用唯物辩证法和历史唯物主义总结中国革命战争历史经验指出的一个重要战略思想。这是从事物的本质上、从长远的观点和发展的观点、从局部和整体的关系上观察分析敌我力量的变化趋势所得出的科学论断。据此我军采取战略的持久战,战役和战斗的速决战,实施防御中的进攻,内线中的外线作战方针。

第五,人民战争的思想。革命战争必须依靠人民群众,实行人民战争的方针,这是毛泽东把马克思主义历史唯物论运用于中国革命战争的实际,形成一系列军事思想的核心。人民战争的武装力量体制是实现人民战争的有效组织形式。毛泽东在长期指导革命战争的实践中创立了以党领导的人民军队为骨干,建立野战军、地方部队和民兵三结合的武装力量体制。实行主力兵团和地方兵团相结合,正规军和游击队、民兵相结合,武装群众和非武装群众相结合,形成全民皆兵的强大军事

① 参见《毛泽东选集》第一卷,人民出版社1991年版,第223—224页。

力量,充分发挥广大人民群众在革命战争中的巨大威力。

(四)武装斗争理论的理论价值和实践意义

武装的革命反对武装的反革命是中国革命的特点与优点。由于半殖民地半封建社会的中国实行大地主大资产阶级的专政,对外没有民族独立,对内没有民主,革命没有议会可以利用,没有合法斗争的条件,中国革命的主要形式只能是武装斗争,用武装斗争来推翻反动统治。

农村包围城市,武装夺取政权的道路,是以毛泽东为代表的中国共产党人创造性地把马列主义普遍真理与中国革命实际结合得出的适合中国国情的革命道路,是马列主义普遍真理与中国革命实际相结合的光辉典范,在党的历史和毛泽东思想发展史上具有极为重要的地位。这条中国式的独特道路既遵循了从巴黎公社到十月革命所提供的武装夺取政权的普遍规律,又从中国的国情出发,开创了与十月革命相反的道路,中国新民主主义革命正是沿着毛泽东所指引的这条道路取得了最后的胜利。在国际共产主义运动的历史中没有农村包围城市的革命经验,最为经典的革命道路就是在首都举行武装起义,"一击而中",夺取政权,然后再统治全国。这一经典的革命道路传入中国之后,有一个逐步中国化的过程。第一步是从首都起义发展为大的中心城市起义,这是因为首都的统治过于严密,根本没有武装暴动的条件,于是就由首都发展为上海、武汉、广州等大的中心城市武装暴动;第二步是从单纯的中心城市武装暴动发展为城市暴动与农村暴动相结合,往往是以农村暴动的力量去攻打大的中心城市;第三步是一省或数省首先胜利,不局限于攻打大的中心城市,能打下中小城市也可以,不局限于工农武装暴动,红军也是攻城的依靠力量。然而这些发展和变化毕竟没有脱离"城市中心论"的窠臼,依然是与中国国情不符的。但是在教条主义者那里,不可能把党的工作重心放在农村,如果那样就是不要城市,就是否认共产党是无产阶级的政党,是否认无产阶级对农民的领导,结果党只能变成小资产阶级农民党。因为他们一直担心离城市太远就得不到城市的领导,就是没有无产阶级的领导。这样,就只能片面地强调城市武装起义是促进全国革命高潮的主要标志,一再要求各个苏区的工作,"在工作地域上便应该由单纯的乡村转变到着重城市","我们不是说乡村工作不应该做,乃是说我们党的基础——革命胜利的基础是要靠城市工作的开展"①,于是就一直坚持把工作重心放在城市。毛泽东则不是这样想问题的,在他那里从来不是看本本怎么说的,而是首先看实际的情况是什么样的,选择城市还是农村就像他在打仗时选择"打"还是"走"一样,打得赢就打,打不赢就走,能打是本事,能走同样是本事。早在1929年,毛泽东就指出,大区域产业支部的建设可以建立党的无产阶级基础,这固然是党在组织方面的最大任务,但是,"农村斗争的发展,小区域苏维埃的建立,红军之创造与扩大,亦是帮助城市斗争,促成革命潮流高涨的条件"。所以,抛弃城市斗争沉溺于农村游击主义、畏惧农民势力发展以为将超过工人的领导而不利于革命这两种思想都是错误的,"因为半殖民地中国的革命,只有农民斗争不得工人领导而失败,没有农民斗争发展超过工人势力而不利于革命本身的"②。这就是具体问题具体分析,而不是一条道走不通了还要硬着头皮走下去,如果不坚持就离经叛道了。正是这种马克思主义的实事求是的态度,使毛泽东从中国实际出发,从中国革命的特点出发,具体地运用马列主义的普遍真理,指导中国革命取得了胜利。

三、党的建设理论

毛泽东建党思想是毛泽东思想科学体系的重要组成部分,是马克思列宁主义关于党的学说同中国共产党建设实践相结合的产物。它既坚持了马克思列宁主义的基本精神,又适应中国特殊的社会历史条件,

① 《中共中央文件选集》第五册,中共中央党校出版社1989年版,第365页。
② 《毛泽东文集》第一卷,人民出版社1993年版,第55页。

还融汇了中国共产党的实践经验,是对马克思列宁主义党的学说的重大发展。

(一)马列主义建党思想和毛泽东党建理论

1.马列主义建党思想

无产阶级进行革命的最终目的,是要消灭一切剥削制度,实现社会主义和共产主义的社会制度,使全人类都过上幸福美好的生活。无产阶级如果没有自己政党的领导,一盘散沙,是无法完成这一历史使命的。列宁指出:"只有工人阶级的政党,即共产党,才能团结、教育和组织无产阶级和全体劳动群众的先锋队,而只有这个先锋队才能抵制这些群众中不可避免的小资产阶级动摇性,抵制无产阶级中不可避免的种种行业狭隘性或行业偏见的传统和恶习的复发,并领导全体无产阶级的一切联合行动,也就是说在政治上领导无产阶级,并且通过无产阶级领导全体劳动群众。不这样,便不能实现无产阶级专政。"①正因为工人阶级政党对无产阶级革命斗争具有决定性的作用,所以马克思、恩格斯十分重视建立无产阶级政党的问题。为了建立无产阶级政党,马克思、恩格斯在创立科学共产主义理论的同时,积极参加工人运动,教育工人群众,和各种工人政治组织建立联系,争取把这些组织改造成为受科学共产主义理论指导的、革命的工人政党。

革命斗争需要建立无产阶级政党,这种政党的性质如何,具有哪些特点呢? 对此,马克思、恩格斯、列宁、斯大林从不同的方面作了论述。从他们的论述中可以看出作为无产阶级政党,主要应具有下列特点:

第一,无产阶级政党是以广大工人阶级为其阶级基础、为广大群众求解放的党。这就是说,无产阶级政党是工人阶级的一部分,是和广大工人群众及一切劳动者保持血肉联系的。党必须相信和依靠广大群众,时刻不脱离群众,关心群众利益,全心全意为人民服务。这是对无

---

① 《列宁选集》第 4 卷,人民出版社 1995 年版,第 474 页。

产阶级政党的根本要求。判断一个政党的阶级属性,要认清它是否真正具有无产阶级属性,不能单纯看它是否由工人组成,最主要的是看它的政治主张、路线、方针和政策,要看它代表哪个阶级的利益。

第二,无产阶级政党是工人阶级的先锋队。无产阶级政党不仅是工人阶级的一部分,而且是工人阶级最先进的部分,是工人阶级的先锋队或先进部队。列宁说:"党是阶级的先锋队;它的任务决不是反映群众的一般水平,而是带领群众前进。"①党应当站在工人阶级的前面,应当看得更远,引导无产阶级,而不应当做工人阶级的尾巴。

第三,无产阶级政党是工人阶级有组织有纪律的部队。无产阶级政党是按照民主集中制原则组织起来的统一的战斗集体。每个党员都必须参加党的一定组织,遵守党章和党纲,执行党的决议,参加党所分配的工作,服从党的领导,遵守党的纪律。这样,全党才能形成统一的意志和行动,才能保证党的路线、方针、政策的贯彻执行。

第四,党是无产阶级组织的最高形式。斯大林指出,党是工人阶级的有组织的部队。可是,党并不是工人阶级的唯一组织。无产阶级还有其他许多为顺利地进行反对资本的斗争所绝对必需的组织,如工会、合作社、工厂组织、议会党团、非党妇女团体、出版机关、文化教育组织、青年团、革命战争组织(在公开的革命发动时期)以及作为国家组织形式的代表苏维埃(当无产阶级执掌政权时)等。但是作为先锋队的无产阶级政党,则是一切组织的最高形式。党必须把无产阶级的一切组织统一领导起来,把它们的行动引向一个共同目标。

第五,"无产阶级专政只有通过作为无产阶级专政的指导力量的党才能实现","无产阶级专政只有由一个党,由共产党来领导,才能成为完全的专政,共产党不和而且不应当和其他政党分掌领导"②。

无产阶级政党必须加强自身建设,这是纯洁党的队伍,保持党的无

---

① 《列宁全集》第 33 卷,人民出版社 1985 年版,第 88 页。
② 《斯大林选集》(上卷),人民出版社 1979 年版,第 615 页。

产阶级先锋队性质,提高党的素质和战斗力的重要途径。

2.毛泽东把马克思主义党的学说运用于中国,提出了具有中国特色的党建理论

中国是一个半殖民地半封建社会,工人阶级人数少但战斗力很强,农民和其他小资产阶级占人口绝大多数,中国共产党的主要部分又长期生活在分散的农村游击战争的环境中。在这种条件下建设一个具有广大群众性的、马克思主义的无产阶级政党,是马克思、列宁建党时没有遇到的问题,也是一个非常艰巨的任务。毛泽东把马克思列宁主义的建党学说与中国革命的实际相结合,创造性地完成了这一任务,并形成了具有中国特色的党建理论。

(二)党的建设理论形成的脉络

1.从"唯成分论"到思想建党

由于共产党是无产阶级政党,工人是无产阶级的主力军,所以共产国际、联共(布)高度重视共产党员的工人成分。中国共产党成立之初,党的工作重心放在大城市,党员的成分主要是产业工人和知识分子;大革命失败之后,党的工作重心逐步转移到农村,党员的成分由原来的以工人成分为主变为以农民和小资产阶级成分为主。1928年6月,工人成分党员比例是10%,到1929年6月降为7%。[1] 中共六大召开时,在共产国际的指导下,中共领导层首先实现了"工人化",不但新当选的总书记是工人出身,二十余名中央委员中很多也是工人。虽然共产国际、联共(布)这样做被事实证明是不成功的,但关于党的建设"工人化"的思想并没有发生改变,以至于演变为"唯成分论",就因为中国共产党工人成分的党员比例偏低,结果就怀疑中国共产党不是真正的共产党。在这个问题上,毛泽东继承并发扬了列宁的建党原则,他认为,决定党的性质的不仅仅是党员的社会出身,党员的社会出身是重

---

① 参见杨钦良:《中国共产党建设史》,中国人民大学出版社1993年版,第57页。

要的,但不是决定一切的,农民出身的党员,如果用马列主义武装起来,建立了共产主义的世界观,也可以成为无产阶级的先锋队。反之,即或是工人出身的党员,不用马列主义武装头脑,没有树立共产主义世界观,也不能成为无产阶级的先锋队。这一指导思想冲破了党的建设的"唯成分论",在建党的过程中更加注重无产阶级的领导和思想教育。早在井冈山根据地斗争时期,在"边界各县的党,几乎完全是农民成分的党"的条件下,毛泽东就现实地指出:"我们感觉无产阶级思想领导的问题,是一个非常重要的问题",对这些党员"若不给以无产阶级的思想领导,其趋向是会要错误的"①。毛泽东坚持并发展了这一思想并把开展党内思想教育、理论与实践紧密结合作为共产党人区别于其他任何政党的显著标志之一。这就创造性地解决了在农村环境中和党员多数出身于农民和小资产阶级的条件下,如何建设无产阶级政党的问题。

在解放思想的基础上,毛泽东认为严重的问题是教育农民,这是因为当时中国共产党的党员中有很大比例是农民出身,如果不进行无产阶级的教育,就会陷入小农意识的泥淖不能自拔。而通过富有针对性和实效性的思想教育,即使是农民出身也会在思想上达到马克思主义政党的要求,具有无产阶级的先进思想意识。高度重视思想建党并把思想建设放在党的建设首位,成为毛泽东党建思想的突出特点。思想建党的核心就是用马克思列宁主义的科学理论武装全党,克服党内的各种非无产阶级思想,提高全体党员的觉悟,完成无产阶级的历史使命。在这里有一个非常突出的问题,那就是用马克思列宁主义来教育党员对任何成分出身的党员都是非常必要的。马克思列宁主义是科学的理论体系,对于任何人来说都不是与生俱来的,而是需要结合实际情况来学习、来研究才能够掌握和运用的。

---

① 《毛泽东选集》第一卷,人民出版社1991年版,第77页。

2.从教条主义到三大作风建设

关于党风建设,马克思、恩格斯、列宁都是高度重视的。马克思、恩格斯积极倡导实事求是、一切从实际出发、理论联系实际的作风。革命的理论决不是教条,而是行动的指南。

毛泽东关于党的作风建设的指导思想是在与教条主义者和经验主义者进行斗争的过程中形成和发展起来的。"教条主义脱离具体的实践,经验主义把局部经验误认为普遍真理,这两种机会主义的思想都是违背马克思主义的。"①但是中国革命过程中,机会主义的思想曾经非常盛行,他们主要在三个问题上表现出教条主义和经验主义。一是对待马克思列宁主义指导思想问题上,他们把马克思主义看成了"圣经",看作是包治百病的灵丹妙药,根本不懂得和不善于将它和中国革命具体实践相结合,结果在教条主义者手中马克思主义变成了空洞无用的东西;二是对待共产国际、联共(布)的指示,基本是照抄照搬,理解的要执行,不理解的也执行;与中国国情相符合的要贯彻,与中国国情完全背离的也贯彻,完全没有实事求是的态度。以理论来剪裁实践,以形式来约束内容,根本拿不出一套科学的指导体系来;三是对待十月革命的经验,基本是依样画葫芦,不顾中国革命的实际情况,咬定城市中心的革命模式不放,即使此路不通依然要走下去。这些指导思想反映在党的建设上,就使我们党的理论与实践严重脱节。要么是脱离现实,超越实际,犯"左"倾教条主义错误;要么是落后于现实的发展,犯右倾机会主义错误。更为严重的是犯了错误要么是文过饰非,回避矛盾;要么是残酷斗争,无情打击,根本没有掌握对待错误的正确方法,也不知道批评和改正错误的真正目的。

为了肃清党内的不正之风,毛泽东多次阐述自己的思想,特别是延安整风时期,整顿学风以反对主观主义,整顿党风以反对宗派主义,整顿文风以反对党八股。在此基础上,毛泽东在党的七大上提出了"三

---

① 《毛泽东选集》第三卷,人民出版社1991年版,第1094页。

大作风"的思想。毛泽东把这三大作风作为中国共产党区别于其他任何政党的显著标志。

3.从偏重集中到民主与集中的辩证统一

列宁首次使用"民主集中制"的概念是在 1905 年 9 月《德国社会民主工党耶拿代表大会》一文中。列宁之所以要提"集中制"原则是因为当时的党过于分散。列宁提出的"集中制"原则被马尔托夫等人歪曲为"官僚主义集中制",他们提出"自治制"对抗列宁的"集中制"原则。针对这些反对派的思想,列宁高度重视并突出强调集中制原则的必要性。毛泽东在继承民主集中制原则的同时,科学地论述了民主与集中的关系:"应该采取民主集中制……它是民主的,又是集中的,就是说,在民主基础上的集中,在集中指导下的民主。"①这种将民主与集中作并列的、辩证的理解就现实地超越了侧重谁的问题,发展了列宁的建党原则。

共产国际是按照集中制原则建立起来的世界共产党,这种集中制的领导体制,本身就使共产国际与中国共产党之间的关系极不正常,加上王明等"左"倾教条主义者是共产国际一手扶植上台的,更使得中国共产党严重丧失了独立自主地研究和分析问题的能力,本来应该是革命的主体,却在高度集中的束缚之下,在盲目服从的奴隶主义者手中成为无足轻重的附庸。毛泽东正是在批判这些错误思想的基础上,找到了民主集中制的真义,并把它发展成为中国共产党的建党原则和建国原则。

实行民主集中制与中国共产党的革命斗争实践紧密相联,革命战争年代,民主集中制使中国共产党能在农村和长期分散的环境中保持有机的统一整体,形成了个人服从组织、少数服从多数、下级服从上级、全党服从中央的"四个服从"的指导思想,保证了全党的团结和统一。受各种条件限制,为适应实际斗争需要,革命时期集中要多一些。这一

①　《毛泽东选集》第三卷,人民出版社 1991 年版,第 1057 页。

点毛泽东是有清晰认识的,但是集中多一些,不等于不要民主;实行民主制也不否定必要的集中。民主集中制的基本内容,包括民主制和集中制两个方面。它既是民主的,又是集中的,是二者的辩证统一。实行民主集中制与坚持群众路线是一致的。实行民主集中制的过程就是贯彻"从群众中来,到群众中去"的群众路线的过程。从群众中集中起来又到群众中坚持下去,以形成正确的领导意见,这是基本的领导方法。

4.从宗派主义到"任人唯贤"的组织路线

斯大林提出布尔什维克化的十二条标准,十分重视领导干部作用,因为只有经验丰富和理论修养很高的领导干部所领导的党才有可能实行正确的政策,斯大林对领导干部的高度重视自然成为共产国际指导各国共产党组织建设的基本思想,这个指导思想的初衷无疑是正确的,问题在于共产国际、联共(布)对各国共产党缺乏必要的详细的了解,他们提拔的领导干部只能是他们了解的少数人,而对于那些扎根群众的本土化干部则缺乏了解;他们使用干部的基本标准是能够执行共产国际的决议,但是他们根本不知道这个决议是否适应各国共产党的实际情况。这就在实际工作中形成了宗派主义的干部路线,这条错误的干部路线在中国革命过程中也有"极端恶劣"的表现。毛泽东历数王明"左"倾路线的宗派主义干部政策的"极端恶劣"表现,充分反映出这条路线的现实危害。与此截然不同的是毛泽东提出的"任人唯贤"的干部路线、坚持"德才兼备"的干部标准、实行"知人善任"的干部政策、坚持"五湖四海"全面团结干部的方针,这个干部路线完全打破了山头、宗派、小群体界限,为党选拔优秀干部指明了正确方向,是适合中国共产党的建设特点的干部路线和干部政策。"任人唯贤"的路线现实地反对了"任人唯亲"的错误路线。在干部的选拔和使用方面,毛泽东指出:"必须善于识别干部。不但要看干部的一时一事,而且要看干部的全部历史和全部工作,这是识别干部的主要方法。"对于犯错误的干部也要正确对待,"惩前毖后,治病救人"是毛泽东发明的对待党内错误同志的正确方法和态度,这就把党内同志的错误和阶级敌人的错误彻底区别开来,对于那种用对待敌人的方法来对待党内同志的做法,毛泽东是深恶痛绝并坚决摒弃的。

(三)党的建设理论的基本特点

1.思想建设放在首位,把组织入党与思想入党相统一

中国共产党是坚持马列主义建党学说却又诞生于半殖民地半封建社会的无产阶级政党。旧中国的特殊国情既不同于 19 世纪的西欧资本主义国家,又不完全相同于十月革命前后的俄国。由于社会结构和阶级关系以及中国革命斗争形势,由于党的组织基础主要在农村,党的成员构成不能以工人阶级为主体,而是以农民和其他小资产阶级出身的党员成分为绝大多数,这就必然存在一个极其严重的矛盾——"党内无产阶级思想和非无产阶级思想(其中有小资产阶级、资产阶级甚至地主阶级的思想,而主要是小资产阶级的思想)之间的矛盾,即马克思主义思想和非马克思主义思想之间的矛盾"①。虽然党的六大后中央一再指示发展产业工人党员,加强党的无产阶级基础,然而实际情况却与此相反。随着农村基层党组织的发展,工人党员占全体党员的比例由 1928 年的 9% 降到 1930 年 9 月的 1.6%。如何解决这样一个组织成分非无产阶级占绝大多数又要保持工人阶级先锋队性质的时代难题,以毛泽东为代表的中国共产党人进行了艰苦而富有创造性的探索并取得了成功。这就是把思想建设放在首位,坚持马克思主义为指导,坚持实事求是的思想路线,树立和坚定马克思主义理想信念用以改造世界观,牢记全心全意为人民服务的党的宗旨,提高全党的马克思主义理论水平,不断用马克思主义思想克服非马克思主义思想,在广泛吸收不同阶级出身的先进分子入党的同时,把组织入党与思想入党相统一,推进党的建设,保持党的工人阶级先锋队性质。

思想建设的首要问题就是思想路线问题。思想路线的实质就是树

---

① 《毛泽东选集》第三卷,人民出版社 1991 年版,第 1108 页。

立马克思主义认识论和辩证法,克服唯心主义。土地革命战争时期,针对党内存在的教条主义的主要倾向,毛泽东在《反对本本主义》中提出了"马列的书要读,但要反对本本主义","没有调查,没有发言权"①的著名论断,这就告诉我们必须反对教条主义,一切从中国实际出发。在《矛盾论》、《实践论》、《改造我们的学习》和《整顿党的作风》等文章中,毛泽东进一步指出,实践是检验真理的标准,马克思主义的一个基本原则是理论与实践相统一,实事求是,中国共产党人必须以此"作为我们行动的向导"。这些论断充分说明思想路线在思想建设中的重要地位。思想路线正确与否,直接制约着党的各项路线、方针、政策的正确确立和贯彻。

思想建设的中心环节就是掌握思想教育,确立无产阶级思想领导。毛泽东在古田会议决议中指明了党内教育的内容,规定了党内教育的10种材料,提出了党内教育的18种方法,明确阐释了思想教育的重要意义。1935年12月,瓦窑堡会议通过的《中央关于目前政治形势与党的任务决议》中指出:"中国共产党是中国无产阶级的先锋队。他应该大量吸收先进的工人雇农入党,造成党内的工人骨干。同时中国共产党又是全民族的先锋队,因此一切愿意为着共产党的主张而奋斗的人,不问他们的阶级出身如何,都可以加入共产党。一切在民族革命与土地革命中的英勇战士,都应该吸收入党,担负党在各方面的工作。"②随着非工人阶级出身党员数量的迅速增多,党内涌现出大量非无产阶级的思想,许多党员在组织上入了党,思想上并没有完全入党甚至没有入党,这就增加了思想入党的重要性和迫切性。只有加强思想建设来巩固组织建设,这样才能"使我们的整个队伍在思想上和组织上都真正统一起来,巩固起来"③。这次会议确定"能否为党所提出的主张而坚决奋斗,是党吸收新党员的主要标准",在大量吸收知识分子和其他优

---

① 《毛泽东选集》第一卷,人民出版社 1991 年版,第 109 页。
② 《中共中央文件选集》第十册,中共中央党校出版社 1991 年版,第 620 页。
③ 《毛泽东选集》第三卷,人民出版社 1991 年版,第 876 页。

秀分子入党的同时,运用"党内两条战线的斗争,与共产主义的教育"的方法,遵循"党在思想上的布尔什维克的一致"的原则,最终"使党变为一个共产主义的熔炉,把许多愿意为共产党主张而奋斗的新党员,锻炼成为有最高阶级觉悟的布尔什维克的战士"①。这些论述充分说明掌握思想教育、确立无产阶级思想领导对于加强党的思想建设的重要性。

思想建设的高层次问题是理论建设,党的思想建设只有通过理论才能从根本上解决问题。随着党员文化水平的提高和斗争经验的积累,理论建设显得愈益重要。早在井冈山时期,毛泽东提出思想建设的时候就重视理论问题。他起草的"古田会议"决议针对不同表现形式的非无产阶级思想问题,找出其具体"症状",具体"病因",然后开出"药方",对症下药,并从理论层面加以解决,他规定的党内教育"材料"中就有"马克思列宁主义的研究"。毛泽东认为理论教育是关系革命成败的关键,毛泽东高超的领导能力和巨大的领袖魅力是同他具有深厚的马克思主义理论修养分不开的。

由此可见,毛泽东始终把党的思想建设放在党建的首位。思想上建党关系到党的性质,也关系到党在组织上的团结统一。只有解决思想上的问题,才能解决组织上的问题,从而保证党的工人阶级先锋队性质,把思想入党与组织入党统一起来推进党的建设。

2.密切结合政治路线,把党的建设与完成党的中心任务相统一

党的十六大报告指出:"总结党八十多年来的历史经验,最根本的一条,就是党的建设必须按照党的政治路线来进行,围绕党的中心任务来展开,朝着党的建设总目标来加强,不断提高党的创造力、凝聚力和战斗力。"②这是对党的建设与党的政治路线、党的中心任务和总目标关系的精辟论断和深刻阐述,也是对毛泽东党建理论的继承和发展。

---

① 《中共中央文件选集》第十册,中共中央党校出版社1991年版,第621页。
② 《江泽民文选》第三卷,人民出版社2006年版,第541页。

党的中心任务是政治路线的集中体现。党的建设不能离开党的政治路线,党的政治路线决定着党的建设方向,决定着党的巩固和发展;同时,党的政治路线离不开党的建设,只有加强党的建设,才能领导全国人民执行党的政治路线,完成党的中心任务和历史使命。二者是紧密结合、相互制约、相互促进的辩证互动关系。

党的建设与完成党的中心任务相统一是毛泽东对党的历史经验的科学总结,也是九十多年来党的一条宝贵经验。民主革命时期,毛泽东结合中国实际国情,根据中国革命的历史特点,明确指出:"党的失败和胜利,党的后退和前进,党的缩小和扩大,党的发展和巩固,都不能不联系于党同资产阶级的关系和党同武装斗争的关系",这里的"党同资产阶级的关系和党同武装斗争的关系"就是毛泽东强调的当时的政治路线,他进而总结出"党的建设过程,党的布尔什维克化的过程,是这样同党的政治路线密切地联系着",他还进一步指出"党更加布尔什维克化,党就能、党也才能更正确地处理党的政治路线"①。这就是说党必须通过加强自身建设、保持马克思主义政党的先进性来保证正确的政治路线的制定和贯彻执行,它是形成党的凝聚力、吸引力、感召力和提高党的战斗力的基本条件。

由此可见,党的建设密切结合党的政治路线,与完成党的中心任务相统一是我们党的优良传统和重要法宝,也是我们党的事业兴旺发达的一条基本经验。正如党的十七届四中全会总结加强党的建设宝贵经验时指出的:"坚持把推进党的建设伟大工程同推进党领导的伟大事业紧密结合起来,保证党始终成为社会主义事业的坚强领导核心。"②这里所说的"党领导的伟大事业"实际上就是党的中心任务,党已经把它提高到了保证领导核心地位的高度。

---

① 《毛泽东选集》第二卷,人民出版社 1991 年版,第 605 页。
② 《中共中央关于加强和改进新形势下党的建设若干重大问题的决定》,人民出版社 2009 年版,第 7 页。

3.密切联系群众,以人民利益和民族利益为根本,把建设工人阶级先锋队与中华民族先锋队相统一

马克思、恩格斯在《共产党宣言》中指出:"过去的一切运动都是少数人的或者为少数人谋利益的运动。无产阶级的运动是绝大多数人的、为绝大多数人谋利益的独立的运动"①,同时,他们还强调指出共产党是工人阶级的政党,是"最坚决的、始终推动运动前进"和"了解无产阶级运动的条件、进程和一般结果"②的政党;而无产阶级只有解放全人类,才能最后解放自己;对于殖民地半殖民地国家来说,只有民族解放,才有阶级解放。马克思、恩格斯的这些论述充分说明了共产党代表的是绝大多数人的利益,并且是最能推动运动前进的阶级,深刻揭示出了共产党的宗旨和先进性。毛泽东坚持马列主义建党学说,早在1935年12月的瓦窑堡会议决议中就指出:"中国共产党是中国无产阶级的先锋队",同时"又是全民族的先锋队"。毛泽东在理论和实践上创造性提出的"两个先锋队"思想,是建立在对马克思主义关于工人阶级和人类解放关系一致性深刻认识基础上、结合中国实际进行理论概括并丰富和发展的,他始终把建设工人阶级先锋队与中华民族先锋队统一结合起来推进党的建设。

建设工人阶级先锋队与中华民族先锋队相统一是工人阶级利益、人民利益和民族利益一致性的必然要求。中国共产党自诞生之日起,就把马克思的"为绝大多数人谋利益"作为自己的奋斗目标。毛泽东要求党必须密切联系群众,这乃是我们党的优良传统和政治优势,揭示了我们党领导革命和建设的力量源泉和依靠力量,也是扩大阶级基础和群众基础的根本要求。毛泽东指出:"我们共产党人区别于其他任何政党的又一个显著的标志,就是和最广大的人民群众取得最密切的联系。全心全意地为人民服务,一刻也不脱离群众;一切从人民的利益

---

① 《马克思恩格斯选集》第1卷,人民出版社1995年版,第283页。

② 《马克思恩格斯选集》第1卷,人民出版社1995年版,第285页。

出发,而不是从个人或小集团的利益出发;向人民负责和向党的领导机关负责的一致性;这些就是我们的出发点。"①毛泽东把"人民群众是历史的创造者"这一历史唯物主义基本原理系统地、创造性地运用于党的建设和党的全部活动中,形成了"一切为了群众,一切依靠群众;从群众中来,到群众中去"的群众路线。群众路线是党的根本行动路线、工作路线。实际上就是要以人民利益为根本,密切联系群众,保持党和人民的血肉联系和鱼水关系,进而不断扩大党的阶级基础和群众基础,只有这样才能把建设工人阶级先锋队与中华民族先锋队相统一。

4.坚持民主集中制的根本原则,把广泛民主与高度集中相统一

广泛民主和高度集中相统一的民主集中制是马克思主义政党组织建设的根本原则,是把党建设成为有凝聚力、战斗力的组织堡垒的重要保证。"民主集中制"最早是由列宁明确提出的。1905 年 9 月,他在《德国社会民主工党耶拿代表大会》中指出:民主集中制是"实行彻底的集中制和坚决扩大党组织内的民主制"②。翌年,俄国社会民主工党"四大"把民主集中制写入党章,会议通过的《组织章程》第二条第一次明文规定:"党的一切组织是按民主集中制原则建立起来的"③。十月革命后,民主集中制推广成为各国共产党的组织原则。在无产阶级夺取政权后,民主集中制进一步发展成为社会主义国家机关和人民团体的组织原则。民主集中制也是中国共产党和中华人民共和国的根本组织原则。毛泽东创造性地运用民主集中制原则,坚持集中指导下的民主与民主基础上的集中相结合,深刻揭示出广泛民主与高度集中相统一的辩证关系。以毛泽东为核心的党中央根据民主集中制原则制定了规范党内政治生活、处理党内矛盾的制度,形成了我们党在组织建设和制度建设上的鲜明特征。刘少奇在党的七大上深刻指出:"我们的党,

①　《毛泽东选集》第三卷,人民出版社 1991 年版,第 1094—1095 页。
②　《列宁全集》第 11 卷,人民出版社 1987 年版,第 325 页。
③　《苏联共产党代表大会、代表会议和中央全会决议汇编》第一分册,人民出版社 1956 年版,第 165 页。

不是许多党员简单的数目字的总和，而是由全体党员按照一定规律组织起来的统一的有机体。"①这个规律就是坚持民主集中制，它能充分发挥出强大的组织优势和政治优势，发挥出强大的组织力量。

坚持民主集中制必须严明党的纪律，党的纪律是巩固广泛民主和高度集中相统一的民主集中制、维护党的团结统一的有力武器。马克思、恩格斯在创建无产阶级政党之初就明确指出："必须绝对保持党的纪律，否则将一事无成。"②中国共产党是根据马列主义建党学说、自己的政治纲领和政治路线而组织起来的拥有铁的纪律的马克思主义政党。毛泽东曾经指出："纪律是执行路线的保证。"早在1928年，毛泽东在井冈山时期就亲自制定了著名的"三大纪律八项注意"，并在《关于纠正党内错误思想》、《反对自由主义》等文章中多次论述纪律的重要性。1947年下半年解放战争进入战略进攻阶段，解放军节节胜利。在新形势下，党内产生了比较严重的无纪律无政府状态。毛泽东察觉到这一问题"已相当严重地影响了党的工作的发展"，"给予革命利益的损害，极为巨大"，随即于1948年1月作出《关于建立报告制度》的指示，并对一些不执行的单位进行督促和批评。同年4月，毛泽东在《将全国一切可能和必须统一的权力统一于中央》中指出，"中央的一切政策必须无保留地执行，不能允许不得中央同意由任何下级机关自由修改"③。与此同时，他要求全党干部学习列宁《共产主义运动中的"左派"幼稚病》第二章，并在该书的封面上批示："请同志们看此书的第二章，使同志们懂得必须消灭现在我们工作中的某些严重的无纪律状态或无政府状态。"④正是有了严明的纪律才保证了我们党始终保持同人民群众的血肉联系，赢得了人民的支持和拥护，才"唤起工农千百万、同心干"，从而使党的主张转化为广大人民群众的自觉行动，使星

---

① 《刘少奇选集》上卷，人民出版社1981年版，第358页。
② 《马克思恩格斯全集》第29卷，人民出版社1972年版，第413页。
③ 《毛泽东文集》第五卷，人民出版社1996年版，第86页。
④ 《毛泽东年谱（1893—1949）》下卷，中央文献出版社2003年版，第303页。

星之火燃成燎原之势,不断使党的事业取得新胜利。在我们党的历史上,曾多次执行纪律同破坏民主集中制的行为进行斗争,有效地维护和巩固了党的团结统一。

党的严明纪律不仅需要组织手段来维护,同时需要党员具有高度的党性修养和纪律自觉。纪律是完成党的任务的需要,为党的任务牺牲一切的党性原则,是建立在党员的自觉基础上。从这个意义上说党的纪律是铁的纪律。我们党长期革命、建设和改革的实践表明,无论是在极端艰难困苦的革命战争时代,在党执政后的社会主义建设时期,还是在改革开放新的历史条件下,任何时候都不能放松党的纪律、破坏党的民主。严明的纪律是我们党从小到大、从弱到强,始终走在时代前列,带领广大人民共同奋斗,战胜一个又一个困难、取得一个又一个胜利的可靠保证。

坚持民主集中制必须发扬民主,保障自由,民主和自由是巩固广泛民主和高度集中相统一的民主集中制、维护党的团结统一的坚实基础。只要实现好广泛民主,保障党员享有自由,让大家畅所欲言,允许不同意见交流论辩,就能集思广益,扬长避短,进而提高决策的科学性与准确性,使我们的党发挥出强大的创造力、凝聚力、战斗力。另一方面,发扬民主必须防止极端民主化,反对自由主义。毛泽东早在 1929 年 12 月《关于纠正党内的错误思想》中就指出极端民主化的危险和来源,并从理论上铲除了极端民主化的根苗,这为他以后丰富发展广泛民主和高度集中相统一的民主集中制思想奠定了思想基础。坚持广泛民主和高度集中相统一的民主集中制永远是党的事业胜利前行的组织保证和纪律保证。当然,民主集中制原则的贯彻在实践上,根据不同历史时期,针对不同的倾向,强调的侧重点有所差异,这也是符合实际的。

(四)毛泽东党建理论的理论价值和实践意义

毛泽东是中国共产党的主要缔造者,早在抗日战争时期就明确地提出"建设一个全国范围的、广大群众性的、思想上政治上组织上完全巩固的布尔什维克化的中国共产党"①的目标要求,并创立了一系列卓有成效的党建理论。毛泽东党建理论博大精深,内涵丰富,思想深邃,是对马列主义党建学说的创造性发展,是马列主义党建学说与中国特殊国情党情相结合的创新性理论成果。中国共产党的建设已经有九十多年的光辉历史,党的建设历程与党领导的革命、建设和改革的历程是基本同步的,党的自身建设状况直接影响着党领导的各项事业的状况。中国共产党九十多年来之所以能够从小到大,从弱到强,从建党伊始仅有五十余个党员的"地下党派"发展到今天拥有 8000 万党员的团结奋进的马克思主义执政党,中国革命、建设和改革之所以能够不断取得胜利,其原因归根结底就是:党在领导革命、建设和改革的历程中不断从思想上、政治上、组织上和作风上等各方面加强自身建设,永葆党的先进性和蓬勃生机,从而焕发出强大的感召力、凝聚力、战斗力。

1.毛泽东党建理论的理论价值:创造性地丰富和发展了马列主义党建学说,并为新时期党建理论的发展和创新奠定了坚实基础

毛泽东党建理论的理论价值与思想精髓是坚持马列主义建党原则与中国特殊国情党情实际相结合,上文所述的基本特点"把组织入党与思想入党相统一、把党的建设与完成党的中心任务(政治路线)相统一、把建设工人阶级先锋队与中华民族先锋队相统一、把广泛民主与高度集中相统一"也是其重要的理论价值所在。

毛泽东党建思想是马克思列宁主义党建学说与中国共产党党情和党建实践相结合的产物,是马列主义党建学说在中国共产党党建实践中的创造性运用和发展,是中国共产党人集体智慧的结晶。毛泽东创造性地丰富和发展了马克思列宁主义党建学说。主要体现在:(1)党的建设必须紧密联系党的政治路线,必须服从和服务于党的政治路线这个中心;(2)提出了建立一个以马克思列宁主义理论武装起来的、采取自我批评方法的、密切联系人民群众的党的艰巨任务,把党风建设提

① 《毛泽东选集》第二卷,人民出版社 1991 年版,第 602 页。

高到党的建设的重要位置;(3)创立了从思想上、政治上、组织上和作风上建设党的基本理论原则;(4)独创性地提出了以党的建设为核心的三大法宝的理论,创立了党是领导一切事业的核心力量的理论,建立一支团结有力的干部队伍;(5)把党的思想建设放在党的建设的首位,创立了党的思想教育、路线教育和整风运动的基本形式和方法;(6)提出党的团结和党内斗争是党巩固和发展的最基本的条件,正确地解决了党的团结和统一中的思想方法、领导方法、斗争方针和工作方法等问题;(7)把民主集中制的民主和集中辩证地统一起来,加强党的制度建设;(8)强调加强党性修养,注重世界观的改造;(9)明确提出了正确区分和处理两类不同性质的矛盾的学说;(10)发扬爱国主义和国际主义相结合的原则;等等。

2.毛泽东党建理论的实践意义:成功地缔造了一个马克思主义执政党,使党的建设成为我们党领导人民夺取新民主主义革命胜利并长期执政的主要法宝

《关于建国以来党的若干历史问题的决议》指出:"无产阶级人数很少而战斗力很强,农民和其他小资产阶级占人口大多数的国家建设一个具有广大群众性的、马克思主义的无产阶级政党是极其艰巨的任务。毛泽东同志的建党学说成功地解决了这个问题。"在帝国主义和无产阶级革命的时代,国家要独立,民族要解放,人民要革命,必须建立一个马克思列宁主义政党。毛泽东既不照搬马克思、恩格斯、列宁的建党经验,又不背离马克思列宁主义党建学说的基本原理,而是从中国国情党情实际出发,把马克思列宁主义党建学说的普遍原理同中国革命和党建实践有机地结合起来,创立了具有中国特色的党建理论和建党路线,成功地解决了在农民和城市小资产阶级成分占党内大多数、党的工作重心又长期在农村的情况下,如何保持党的无产阶级性质这一中国共产党建设的首要问题;解决了与资产阶级建立统一战线的条件下如何进行党的建设的复杂问题;克服了在武装斗争的环境下如何进行党的建设这个中国共产党必须解决的基本问题;提出了在执政条件下与和平环境中如何加强党的建设的一系列重要思想。正是因为有了毛泽东党建思想,才建设了中国共产党这样一个坚持和发展马克思列宁主义、富有开拓精神和创造活力的伟大的无产阶级政党,领导中国各族人民取得了新民主主义革命和社会主义革命的伟大胜利以及社会主义建设的巨大成就,并在国内外风云急剧变幻的情况下,经受风险挑战和严峻考验,显示出强大的生命力和战斗力。毛泽东党建理论是在马克思列宁主义基本理论指导下,在认真总结中国革命实践经验的基础上,伴随着中国共产党的发展、成熟而产生、形成和成熟起来的。它又反过来指导了党的建设,使党不断克服困难,迅速发展壮大,成为中国革命坚强的战斗堡垒和领导核心,推动了中国革命的发展。事实证明,按照毛泽东建党思想进行党的建设,党就兴旺发达,背离毛泽东建党思想,党就会受到损害。

毛泽东党建理论的实践意义具体体现在以下四点:

其一,由于坚持毛泽东党建理论,广大党员干部克服了小资产阶级的个人主义、宗派主义和自由主义思想,通过开展批评与自我批评,不断加强党的组织纪律,实现了党的团结统一,增强了党的战斗力、凝聚力和感召力。

其二,由于坚持毛泽东党建理论,克服党内的主观主义,特别是"左"倾教条主义,使全党上下能够深入贯彻党的正确路线、方针、政策,始终保持党的决策力和执行力。

其三,坚持"两个务必"思想。就能密切联系群众,始终保持党的全心全意为人民服务的宗旨,保持党不变色。毛泽东提出"两个务必"有其深刻的思想动因。这是基于对中国革命、建设伟大历史进程长期性和艰巨性的科学估计,是源于对党执政后将面临的严峻考验的清醒认识,也是基于对历史上及党自身成长发展过程中经验教训的深刻总结。"两个务必"蕴含深邃思想和深刻寓意。它是党的性质、宗旨以及共产党人世界观、人生观、价值观的反映和必然要求;是党的作风建设思想的新发展,体现了党自强不息、不畏艰难、坚持不懈、开拓创新的政治本色和精神状态；"两个务必"对处在历史转折时期的共产党人提出了不断学习、不懈探索的要求，体现了共产党人与时俱进的学习型政党品质；它也是党在不同历史时期经受各种考验、抵御各种诱惑、防范各种风险的必然要求。"两个务必"对于建设中国特色社会主义有重大价值。它是社会主义核心价值体系的重要思想渊源之一，是加强反腐倡廉建设的重要内容和有效途径，也是新时期中华民族伟大复兴的思想警示和精神动力。

其四，毛泽东党建思想从方向上指明了推进党的建设伟大的工程这一根本方向，为党始终成为党和国家各项事业的坚强领导核心提供根本保证。毛泽东在党的建设实践中逐步地提出了一系列党的建设思想，其内容丰富、思想深刻，深刻揭示了党的建设的客观规律，确定了党的建设的基本原则、路线、方针和政策，为党的建设奠定了坚实的理论基础提供了有力的思想武器，不仅为民主革命时期中国共产党的建设创立完整的理论体系作出了重大贡献，而且同样为社会主义时期执政党的建设作出了卓越的理论贡献。毛泽东党建思想在新的历史条件下，对于提高全党的马列主义理论水平和思想觉悟，提高党的各级组织的战斗力，使党理论上更成熟、思想上更统一、政治上更坚强、组织上更巩固，在领导革命和建设中充分发挥了核心作用，对于加强和改进党的自身建设仍具有重要的指导和借鉴意义。毛泽东等老一辈无产阶级革命家推进党的建设伟大的工程这一根本方向，为党始终成为我国各项事业的坚强领导核心提供根本保证。

归结起来，毛泽东党建理论从理论和实践上明确地回答了在中国特殊国情下"建设什么样的党、怎么样建设党"这一根本性、全局性、前瞻性的历史课题，成功地解决了在半殖民地半封建社会里如何把以农民为主体的中国共产党建设成为工人阶级先锋队性质的马克思主义政党的时代难题，使党永葆先进性、纯洁性和战斗力，成功地完成了党的建设"伟大的工程"，从而领导了新民主主义革命的胜利，建立了新中国。党由夺取政权的党变成长期执政的党，新时期的党的建设继承发扬了党的优良传统,吸收了毛泽东党建理论的思想精髓。毛泽东为中国马克思主义政党建设作出了巨大贡献,为建党九十多年的今天我们党成为拥有八千多万党员团结奋进的马克思主义执政党奠定了坚实基础。毛泽东当年提出把中国共产党建设成为马克思主义政党的"伟大工程"为改革开放新时期党的建设"新的伟大工程"奠定了牢固基础。新时期的党建理论继承、丰富、发展毛泽东党建理论和宝贵经验,结合现时代的世情、国情、党情进行丰富、创新和发展,不断把党的建设新的伟大工程推向新阶段,"使党始终成为立党为公、执政为民,求真务实、改革创新,艰苦奋斗、清正廉洁,富有活力、团结和谐的马克思主义执政党"①。

---

① 胡锦涛:《高举中国特色社会主义伟大旗帜　为夺取全面建设小康社会新胜利而奋斗——在中国共产党第十七次全国代表大会上的报告》,人民出版社 2007 年版,第 50 页。

第九章　社会主义改造理论

一、列宁过渡时期理论与毛泽东
社会主义改造理论

过渡时期最早是马克思在《哥达纲领批判》中提出的。马克思认为,在资本主义社会和共产主义社会之间,有一个从前者变为后者的革命转变时期。同这个时期相适应的也有一个政治上的过渡时期,这个时期的国家只能是无产阶级的革命专政。十月革命胜利后,以列宁为首的布尔什维克党人积极探索落后国家如何过渡到社会主义的道路,经历了曲折的过程,可以分为两个主要阶段。

第一阶段,直接过渡的战时共产主义政策。即在一个落后的农业国家中"用无产阶级国家直接下命令的办法在一个小农国家里按共产主义原则来调整国家的产品生产和分配"①,"用最简单、迅速、直接的办法来实行社会主义的生产和分配原则"②。在外有帝国主义包围,内有严重政治危机,经济严重困难的条件下,战时共产主义政策高度集中整合全国资源,在特定时期内起到了巨大的作用,使新生脆弱的苏维埃政权挺过了国内战争的危机。但实践证明,在俄国这样一个经济落后的小农国家里把战时共产主义作为向社会主义过渡的方式和途径,只能是一种应急的措施而不是长久之计。正如列宁所说:"'战时共产主

---

① 《列宁全集》第42卷,人民出版社1986年版,第176页。
② 《列宁全集》第42卷,人民出版社1986年版,第225页。

义'是战争和经济破坏迫使我们实行的。它不是而且也不能是一项适应无产阶级经济任务的政策。它是一种临时的办法。"①

第二阶段,列宁总结了战时共产主义的经验教训,在逐步探索中形成了迂回过渡的新经济政策。即:客观地估计了过渡的复杂性,允许多种经济成分共存,允许商品流通和交换,培植国家资本主义,利用资本主义来建设社会主义。由此也对过渡时期理论有了战略性的突破认识。

首先,列宁认识到社会主义建设的长期性,经济文化落后的国家不能直接而只能迂回过渡到社会主义,因为经济基础越是薄弱,国家越是落后,转变为社会主义就越困难。"由于历史进程的曲折而不得不开始社会主义革命的那个国家愈落后,它由旧的资本主义关系过渡到社会主义关系就愈困难。这里除破坏任务以外,还加上了一些空前困难的新任务,即组织任务。"②

其次,过渡中需要利用资本主义建设社会主义。"同社会主义比较,资本主义是祸害。但同中世纪制度、同小生产、同小生产者涣散性引起的官僚主义比较,资本主义则是幸福。既然我们还不能实现从小生产到社会主义的直接过渡,所以作为小生产和交换的自发产物的资本主义,在一定程度上是不可避免的,所以我们应该利用资本主义(特别是要把它纳入国家资本主义的轨道)作为小生产和社会主义之间的中间环节,作为提高生产力的手段、途径、方法和方式。"③

最后,阶级斗争将在新的领域中继续存在。"消灭阶级要经过长期的、艰难的、顽强的阶级斗争。在推翻资本权力以后,阶级斗争并不是消失(如旧社会主义和旧社会民主党中的庸人所想象的那样),而只是改变它的形式,在许多方面变得更加残酷。"④"因此,同资产阶级斗

---

① 《列宁全集》第41卷,人民出版社1986年版,第208—209页。
② 《列宁全集》第34卷,人民出版社1985年版,第3—4页。
③ 《列宁全集》第41卷,人民出版社1986年版,第217页。
④ 《列宁全集》第36卷,人民出版社1985年版,第376页。

争的新的更高形式便提到日程上来了,要由继续剥夺资本家这个极简单的任务转到一个更复杂和更困难得多的任务,就是要造成使资产阶级既不能存在也不能再产生的条件。"①列宁在《论无产阶级专政的小册子的几个提纲》中再次指出:"无产阶级专政是阶级斗争的新形式,是从资本主义向社会主义过渡(社会的过渡阶段)的新形式。"

综上所述,列宁针对落后国家如何过渡到社会主义提出了重要的理论思想,丰富和发展了马克思主义,它们最终发展为列宁过渡时期理论。其总目标为:"建成社会主义,消灭社会的阶级划分,使社会全体成员成为劳动者,消灭一切人剥削人现象的基础。"②基本任务是:政治上"利用国家政权机关来继续进行阶级斗争"③加强无产阶级专政;经济上,大大发展生产力,因为"劳动生产率,归根到底是使新社会制度取得胜利的最重要最主要的东西"④。要"把整个社会经济在组织上加以改造","从个体的、单独的小商品经济过渡到公共的大经济"⑤。

"坚冰已经打破,航路已经开通",列宁在十月革命胜利四周年上的讲话中指出:"我们计划(说我们计划欠周地设想也许较确切)用无产阶级国家直接下命令的办法在一个小农国家里按共产主义原则来调整国家的产品生产和分配。现实生活说明我们错了。为了做好向共产主义过渡的准备(通过多年的工作来准备),需要经过国家资本主义和社会主义这些过渡阶段。不能直接凭热情,而要借助于伟大革命所产生的热情,靠个人利益,靠同个人利益的结合,靠经济核算,在这个小农国家里先建立起牢固的桥梁,通过国家资本主义走向社会主义。"⑥这样才能到达共产主义,才能把千百万人引向共产主义。

新中国成立后毛泽东结合我国实际运用列宁过渡时期理论,提出

---

① 《列宁全集》第34卷,人民出版社1985年版,第157页。
② 《列宁选集》第3卷,人民出版社1995年版,第835页。
③ 《列宁选集》第4卷,人民出版社1995年版,第69页。
④ 《列宁选集》第4卷,人民出版社1995年版,第16页。
⑤ 《列宁选集》第4卷,人民出版社1995年版,第64页。
⑥ 《列宁选集》第4卷,人民出版社1995年版,第569—570页。

了关于对生产资料私有制进行社会主义改造的理论和过渡时期总路线,把我国适时地由新民主主义过渡到社会主义。

二、农业手工业社会主义改造

土地改革以后农民个体经济同手工业个体经济性质相同,因而对它们进行社会主义改造的指导思想、途径、方法基本上是一致的。

一是关于农业社会主义改造的必要性与可能性。首先,合作化与农业发展、防止两极分化的关系。马克思、恩格斯指出,为了建立起一个以社会共同占有生产资料为基础的新的生产方式,无产阶级在夺取政权以后,"我们对于小农的任务,首先是把他们的私人生产和私人占有变为合作社的生产和占有"①,促进土地私有制向集体所有制的过渡。从中国是一个由半殖民地半封建社会脱胎而来的新民主主义社会的基本国情出发,鉴于我国土地改革后的农村实际状况,毛泽东对在我国实行农业社会主义改造的必要性与可能性,进行了深刻的分析和系统的论述。他指出,社会主义集体化是中国农业的"唯一出路"。一方面,肯定了土地改革后农民不可避免地迸发出发展个体经济的积极性,"不能忽视和粗暴地挫伤农民这种个体经济的积极性"。同时,也应当看到单个个体经济有其局限性,弱不禁风,势必两极分化。毛泽东明确指出:"全国大多数农民,为了摆脱贫困,改善生活,为了抵御灾荒,只有联合起来,向社会主义大道前进,才能达到目的。"因此,中国农业走社会主义道路,是克服个体农业经济发展生产困难和防止产生两极分化内在矛盾所提出的客观要求。其次,农业合作化与社会主义工业化的关系。1951年12月,中共中央《关于农业生产互助合作的决议(草案)》中把"要使国家得到比现在多得多的商品粮食及其他工业原料,同时也就提高了农民的购买力、使国家的工业品得到广大的销场"作

---

① 《马克思恩格斯选集》第4卷,人民出版社1995年版,第498页。

为必须提倡组织起来的一个重要目的提出来。1953年过渡时期总路线提出以后,毛泽东明确指出:"我国农业合作化的步骤应当和我国的社会主义工业化的步骤相适应。"最后,关于合作化与机械化的关系。鉴于我国现代工业基础十分薄弱的情况,毛泽东明确指出:"在我国的条件下(在资本主义国家内是使农业资本主义化),则必须先有合作化,然后才能使用大机器。"

二是由低级到高级逐步过渡的农业合作化道路。首先,在合作化过渡的步骤有初级形式的农业生产合作社和高级形式的农业生产合作社之分。初级形式的农业生产合作社是由农业互助组发展而来的。初级社是半社会主义性质的,高级社是完全社会主义性质的。初级社的特点是个体所有的生产资料入股,统一经营,所有权和使用权不分离;在集体经营的条件下,积累一定的公积金和公益金;产品分配除少部分作为土地等生产资料报酬外,主要部分本照"按劳分配"原则。高级社是在初级社的基础上,通过逐步取消土地报酬和对社员耕畜、农具等生产资料"作价归公、分期偿还"的办法,过渡发展而来的。其次,农业合作化道路的特点是循序渐进,逐步过渡。1955年7月,毛泽东在《农业合作化问题》报告中指出:这样"可以使农民从自己的经验中逐步地提高社会主义的觉悟程度,逐步地改变他们的生活方式,因而可以使他们较好地感觉到他们的生活方式的改变好像不是突然地到来的。这些步骤,可以基本上避免在一个时期内(例如一年到二年内)农作物的减产。相反,它必须保证每年增产,而这是可以做到的"。

三是自愿互利原则与合作化中的阶级政策。首先,自愿互利则主要体现为坚持允许单干和团体单干农民的政策,入社自愿,退社自由。同时,互利是团结中农这一农村阶级政策的物质内容,是解决贫农和中农之间矛盾的一项根本政策。互利不损害中农利益。自愿互利,不仅有利于贫农,也有利于中农,所以,必须坚持这个原则。互利主要体现在生产资料和劳动之间实行等价交换。分配的结果,应保证在正常情况下,各种不同经济地位的人都能相应地增加收入。其次,毛泽东科学地分析了中国农村土地改革后阶级关系的新变化，提出了党在农业合作化运动中的阶级政策："必须依靠贫农（包括土地改革后变为新中农的老贫农），巩固地与中农联合，逐步发展互助合作，逐步由限制富农剥削到最后消灭富农剥削。"①这一阶级政策的特点是把下中农与上中农区别开，把下中农与贫农一起都作为依靠的力量，从而树立了贫下中农的政策优势。

关于手工业的社会主义改造，毛泽东和党中央根据手工业的特点，提出不宜集中过多，规模不宜过大，形式不宜千篇一律，注意保存和发扬特种手工艺品。

三、资本主义工商业社会主义改造

毛泽东和党中央在领导我国实施过渡时期总路线过程中，形成了比较完整的具有中国特色的资本主义工商业社会主义改造的理论政策。

首先，利用、限制、改造和和平赎买的思想。鉴于私人资本主义经济在国民经济中的地位作用和资产阶级两重性的特点以及历史上形成的中国共产党同民族资产阶级及其政党的联盟关系，新中国成立以后，党中央和毛泽东提出对私人工商业采取利用、限制、改造政策。利用与限制相结合，利用其积极作用，限制其消极作用，待条件具备时进行改造，以从根本上变资本主义私有制为社会主义公有制。1949 年春，在党的七届二中全会上，毛泽东在总结解放区的经验，阐述新民主主义的五种经济成分时指出："中国的私人资本主义工业，占了现代性工业中的第二位，它是一个不可忽视的力量……由于中国经济现在还处在落后状态，在革命胜利以后一个相当长的时期内，还需要尽可能地利用城乡私人资本主义的积极性，以利于国民经济的向前发展……但是中国

---

① 《建国以来重要文献选编》第四册，中央文献出版社 1993 年版，第 715 页。

资本主义的存在和发展,不是如同资本主义国家那样不受限制任其泛滥的。它将从几个方面被限制——在活动范围方面,在税收政策方面,在市场价格方面,在劳动条件方面。"①"改造"资本主义工商业,既是一种操作,又是一种理论。它同利用、限制一起构成了党的资本主义工商业政策的统一体系。"改造"是这一政策的最高表现和最终结果,是从根本上变革所有制的中心环节。

和平赎买是对资本主义进行社会主义改造的基本政策。"和平赎买"是马克思主义设想变革资本主义所有制的一种办法。列宁曾试图把它付诸实践,但由于历史条件的原因,未能变成现实。如何用赎买的办法变革资本主义所有制,列宁指出:"至于变革的形式、方法和手段,马克思没有束缚自己的手脚,也没有束缚未来的社会主义革命活动家的手脚,他非常懂得在变革时会有怎样多的新问题发生,在变革进程中整个情况会怎样变化,在变革进程中情况会怎样频繁而剧烈地变化。"②

根据马克思主义经典作家的"赎买"思想,结合我国社会历史实际,我国走出了一条独具特色的对资本主义工商业进行和平赎买的社会主义改造道路。对资产阶级的赎买不是国家拿出一笔资金,而是结合工商业社会主义改造,通过国家资本主义的发展来实现的。赎买的形式在公私合营以前,采取按比例分配利润的办法。即"四马分肥",资本家获得赢利的1/4;全行业公私合营以后,在若干年内,每年付给资本家相当于其股额的5%的利息。"和平赎买"改变了资本主义生产关系,在整个社会大变革时期不但生产力没有遭到破坏,而且推动了经济的发展,这是国际共产主义运动的一个创举。

其次,关于国家资本主义的理论。列宁把国家资本主义称为"社会主义的最充分的物质准备,是社会主义的前阶,是历史阶梯上的一

---

① 《毛泽东选集》第四卷,人民出版社 1991 年版,第 1431 页。

② 《列宁全集》第 41 卷,人民出版社 1986 年版,第 203 页。

级,在这一级和叫作社会主义的那一级之间,没有任何中间级"①。党中央和毛泽东把国家资本主义经济肯定为构成新民主主义经济五种成分之一,并对此作了一系列论述。《共同纲领》规定:"国家与私人合作的经济为国家资本主义性质的经济,在必要和可能的条件下,应鼓励私人资本主义向国家资本主义方向发展,例如为国营企业加工,或与国家合营,或用租借形式经营国家企业,开发国家的资源等。"1948 年 8 月,张闻天在总结东北经济构成及经济建设基本方针时指出:国家资本主义,"可促使小资本向大资本集中,小生产向大生产发展,使国家的管理监督更为便利",是私人资本主义经济中最有利于新民主主义经济发展的一种形式。党中央《关于利用、限制、改造资本主义工商业的意见》中明确提出,国家资本主义是利用、限制和改造资本主义工商业的主要形式,它是过渡性质的经济形式。从低级到高级的国家资本主义都带有不同程度的社会主义性质,公私合营已经是半社会主义性质的企业。毛泽东在谈到对私营工商业的社会主义改造时指出,有了三年多的经验,已经可以肯定:经过国家资本主义完成对私营工商业的社会主义改造,是较健全的方针和办法,国家资本主义是改造资本主义工商业和逐步完成社会主义过渡的必由之路。国家资本主义发展到高级阶段,通过"和平赎买"最终完成所有制的社会主义改造。

最后把资本主义企业改造与资本家的改造相结合。鉴于民族资产阶级两面性的特点与其政党与中国共产党在历史上形成的联盟关系,党中央和毛泽东在确定对资本主义民族工商业进行社会主义改造的同时,对资本家个人实行团结、教育和改造政策。毛泽东指出:资产阶级要灭掉,不是讲把人灭掉,是把这个阶级灭掉,人要改造。把他们逐步地由剥削者改造成为自食其力的劳动者,化消极因素为积极因素,以利于社会主义改造和社会主义建设事业。这些中国共产党创造的独有的成功经验,都是毛泽东和中国共产党在领导革命的长期奋斗中把马克

---

① 《列宁选集》第 3 卷,人民出版社 1995 年版,第 266 页。

思主义中国化,创立了中国特色革命道路的理论,实现马克思主义同中国实际相结合的第一次历史性飞跃的伟大成果。

四、过渡时期总路线

中国的特殊国情决定了中国革命分为两步走,这既是历史发展的实际进程,也是中国新民主主义革命理论所明确阐述的基本观点。1949 年 3 月,在中国即将夺取全国胜利的前夜,毛泽东在党的七届二中全会上的报告中着重阐述了在全国胜利的局面下,党的工作重心必须由乡村转移到城市,提出了党在全国胜利以后,在政治、经济、外交等方面应当采取的基本政策以及由农业国转变为工业国、由新民主主义社会转变为社会主义社会的总任务和主要途径。新中国成立以后,以恢复国民经济为中心,在农村新解放区土地改革运动全国铺开,在城市没收垄断国家经济命脉的官僚资本变为社会主义性质的国营经济,对民族资本主义工商业实行利用、限制、改造政策,使之初步纳入国家资本主义轨道。与此同时,取得了抗美援朝的伟大胜利,有效地遏制了美帝国主义的疯狂侵略。鉴于国内资产阶级同无产阶级、资本主义同社会主义两个阶级、两条道路的矛盾日趋深化的形势和对外加强国防建设的急需,党中央和毛泽东把马克思列宁主义基本原理与中国具体实际相结合,适时地于 1953 年 6 月正式确立党在过渡时期的总路线,并相继提出关于赎买民族工商业,进行社会主义改造的理论与政策以及关于引导个体农民走社会主义集体化道路的理论与政策。

关于革命转变与过渡时期的理论。1952 年 9 月以后,毛泽东曾多次讲到过渡时期总路线的问题,1953 年 6 月,毛泽东在修改由他授意经中共中央宣传部起草的关于总路线的宣传提纲时,把党在过渡时期的总路线完整准确地表述为:"从中华人民共和国成立到社会主义改造基本完成,这是一个过渡时期。党在这个过渡时期的总路线和总任务,是要在一个相当长的时期内,逐步实现国家的社会主义工业化,并逐步实现国家对农业、手工业和资本主义工商业的社会主义改造。这条总路线是照耀我们各项工作的灯塔，各项工作离开了它，就要犯右倾或'左'倾错误。"从这一时期毛泽东一系列有关批示的手稿可以看出，关于革命性质转变和过渡时期理论的主要观点有以下几个方面：一是革命性质转变的标志是政权的转变。毛泽东明确指出，中华人民共和国的成立标志着民主革命的基本结束和社会主义革命的开始。当然这并不等于说社会主义改造这样的重大任务，在新中国成立后就可以立即在全国一切方面着手进行了，还需用二至三年的时间，在条件具备时，才能全面实施。

关于过渡时期的时限概念。鉴于20世纪50年代初的国际国内形势毛泽东改变了过去经新民主主义社会建设阶段再向社会主义过渡的两个阶段的构想，而主张把两个阶段统一为同步实施，把新民主主义社会本身作为一个过渡性的社会。毛泽东在1953年6月15日政治局会议上的讲话提纲里批评了所谓确立新民主主义的社会秩序，由新民主主义走向社会主义，确立私有财产的观点。①

革命转变的主要内容和总任务。党的七届二中全会对革命转变主要内容概括为工作重点由乡村转为城市，把中国由农业国变为工业国，由新民主主义社会转变为社会主义社会。实现国家工业化和农业、手工业和资本主义工商业的社会主义改造，社会主义工业化与社会主义改造同时并举。

革命转变的特点是和平改造与逐步过渡。对资本主义工商业采取赎买办法，通过国家资本主义形式，由初级到高级逐步过渡；对农业根据自愿互利原则，通过农业生产合作社形式，由初级社到高级社逐步变为社会主义集体经济。

① 参见《建国以来毛泽东文稿》第四册，中央文献出版社1990年版，第251页。

第十章　社会主义建设理论

一、社会主义社会基本矛盾和两类矛盾理论

我国从新民主主义社会进入到社会主义社会以后,社会各个方面都产生了深刻的变化,我国社会正处在一个重大历史转折时期。毛泽东指出,社会主义社会中,基本矛盾仍是生产关系和生产力之间的矛盾,上层建筑和经济基础之间的矛盾,它们之间又相适应又不适应,但与资本主义社会不同,社会主义基本矛盾是非对抗性的矛盾,可以通过改革和调整生产关系、上层建筑与生产力之间不相适应的环节和方面,使社会主义制度得到自我完善和自我发展,保护和发展生产力,巩固和壮大其经济基础。社会基本矛盾反映在人与人的关系上,呈现出两类矛盾。毛泽东指出:"敌我之间的矛盾是对抗性的矛盾。人民内部的矛盾,在劳动人民之间说来,是非对抗性的;在被剥削阶级和剥削阶级之间说来,除了对抗性的一面以外,还有非对抗性的一面"①,其中大量的是人民内部矛盾,正确处理人民内部矛盾是国家政治生活的主题。"在不断地正确处理和解决矛盾的过程中,将会使社会主义社会内部的统一和团结日益巩固。"②为了正确处理人民内部矛盾,毛泽东提出了一系列有深远意义的正确处理社会矛盾的方针方法。这样做的目标,"是想造成一个又有集中又有民主,又有纪律又有自由,又有统一

---

① 《毛泽东文集》第七卷,人民出版社 1999 年版,第 205 页。
② 《毛泽东文集》第七卷,人民出版社 1999 年版,第 213 页。

意志、又有个人心情舒畅、生动活泼,那样一种政治局面"①。毛泽东当年提出的正确处理人民内部矛盾的思想,对于我们今天构建社会主义和谐社会提供了重要的理论依据和科学方法:在人民内部出现的各种矛盾尤其是利益矛盾面前,我们要更加积极主动地正视矛盾、化解矛盾,统筹兼顾、适当安排,最大限度地调动一切积极因素、团结一切可以团结的力量,又好又快地发展中国特色社会主义事业,不断促进社会和谐。

　　毛泽东的社会主义基本矛盾和两类矛盾理论,创造性地运用了马克思主义的辩证唯物主义和历史唯物主义基本原理,用对立统一观点观察社会主义社会,在马克思主义发展史上,第一次建立了社会主义社会矛盾学说,为中国特色社会主义的探索作出了重大贡献。在社会主义基本矛盾理论基础上提出的社会主义自我完善和发展的思想,是"改革动力论"的立论基础;正确处理人民内部矛盾思想是当今建设和谐社会的重要理论来源之一。

(一)社会主义社会基本矛盾理论

　　由于所处的时代条件限制,马克思、恩格斯对于尚未出现或未充分展开的社会主义社会的基本矛盾不可能具体地考察。在他们看来,无产阶级革命,已经把生产力从资本主义生产关系的严重桎梏中解放出来,在社会主义条件下生产力得到了迅猛的发展。列宁看到社会主义社会还存在矛盾,认为在社会主义社会里,"对抗将会消失,矛盾仍然存在"。斯大林把社会主义生产关系的先进性、优越性理解简单化、绝对化,认为在苏联,生产关系"完全适合生产力的增长,推动生产力一日千里地向前发展"。苏联全社会"道义上和政治上的一致"是社会主义社会发展的动力。斯大林不承认社会主义社会的基本矛盾,把社会主义社会的发展动力建筑在无矛盾思想基础之上。尽管斯大林晚年看

---

① 《建国以来重要文献选编》第十五册,中央文献出版社 1997 年版,第 240 页。

到社会主义社会也存在生产关系和生产力之间的矛盾,指出:"领导机关的任务在于及时地看出日益增长的矛盾,并及时地采取措施,使生产关系适合生产力的增长,来克服这种矛盾。"①但是,他还是没有把社会主义制度下生产关系和生产力之间的矛盾,上层建筑与经济基础之间的矛盾,当作全面性的问题提出来,他还没有认识到这些矛盾是推动社会主义社会向前发展的基本矛盾。

毛泽东认为对社会主义社会基本矛盾的认识,其特点是基本适应又相矛盾,一方面表明社会主义制度的优越性;另一方面也表明在社会主义生产关系和上层建筑领域中不断进行改革的必要性。毛泽东还特别告诉人们,"矛盾不断出现,又不断解决,就是事物发展的辩证规律。这就为坚持四项基本原则,坚持社会主义的改革事业,奠定了理论基础,指明了总的方向和方法论原则。十一届三中全会以来,我们党提出了进行社会主义改革的方针和政策,要改革那些同生产力发展不相适应的生产关系和上层建筑的某些环节;同时,我们的改革是社会主义制度的自我完善,而不是改辙易弦,另择别路。

20世纪50年代中期,中国社会刚刚由新民主主义过渡到社会主义的重大历史时刻,毛泽东既兴奋于中国由落后的农业国转变为工业化奠定初步基础并实现了对农业、手工业和资本主义工商业社会主义改造的伟大成果,同时又开始觉察到苏联社会主义工业化模式的弊端,便亲自对我国社会主义建设的经验与问题进行调查研究。他听取国务院有关部门的汇报,集中集体智慧,于1955年提出社会主义建设中要正确处理十个问题,发表了《论十大关系》。这是探索我国建设社会主义道路突破苏联模式的最初尝试,告诫全党要从中国实际出发,总结独创性经验,探索符合中国实际的建设道路。接着,1957年4月在最高国务会议上又以"关于正确处理人民内部矛盾的问题"为主题作长篇报告。这是一篇具有开拓性的马克思主义光辉篇章,表明了毛泽东探索中国社会

---

① 《斯大林文集》,人民出版社1985年版,第650页。

主义建设道路伊始,运用马列基本原理,提出一些重要的有益思想。

社会基本矛盾是马克思主义历史唯物主义的基本原理。然而,社会主义社会剥削阶级基本不存在,是否还存在社会基本矛盾,斯大林曾有形而上学观点。毛泽东以彻底的历史唯物主义观点明确地肯定了社会主义社会仍然存在社会基本矛盾。同时,也指出它与资本主义社会的社会基本矛盾的性质、情况迥然不同。前者是在生产关系与生产力、上层建筑与经济基础又适应又矛盾,而基本上是在相适应情况下的矛盾运动。社会主要矛盾由资产阶级同工人阶级、资本主义同社会主义两个阶级两条道路的阶级矛盾,转变为人民日益增长的文化物质需要同生产力落后之间的矛盾。这种矛盾可以在社会主义制度下,对那些不适应生产力发展的旧的体制不断地进行改革,使社会主义制度在自我完善过程中推动社会发展。这就澄清了斯大林对社会主义社会矛盾认识上的形而上学观点和人们在思想认识上的迷津,深刻地指明了阶级基本消灭以后,我国社会主义社会历史发展的原动力。而资本主义社会的社会基本矛盾则表现为阶级的对抗与激烈的冲突,从根本上解决基本经济制度及其上层建筑,乃是社会基本矛盾运动发展的历史必然。

生产力是一切社会发展的最终决定力量。生产关系变革的目的在于解放和发展生产力,同时生产关系的变革要依据生产力发展的实际需要和水平。毛泽东关于生产力和生产关系的认识和实践,既有成功的经验,也有失败的教训。抗日战争时期,毛泽东亲自领导的大生产运动,打破了日本帝国主义和国民党顽固派对解放区的双重经济封锁,使各抗日根据地渡过了严重的财政经济危机,生产建设欣欣向荣,为争取抗战胜利准备了坚定的物质基础。此时,从思想上、理论上深刻认识和说明发展生产力问题,成为毛泽东最关心的问题之一。1944 年 3 月至 5 月,他发表了一系列关于共产党要努力解放和发展生产力的讲话,明确指出"最根本的问题是生产力向上发展的问题"[1]。因为"政治是上

---

① 《毛泽东文集》第三卷,人民出版社 1996 年版,第 109 页。

层建筑,经济是基础"。① "政治、军事的力量,是为着推翻妨碍生产力发展的力量;推翻妨碍生产力发展的力量,目的是为着解放生产力,发展经济。""生产力不能得到解放,就没有可能谈其他问题。"②关于生产力和生产关系的关系,毛泽东阐述得十分明确,指出:"新社会制度的建立,就是为着适应生产力的发展的,它是为着经济发展的,而且经济发展了才使新的社会制度获得巩固的基础。"③在《论联合政府》中,更进一步强调:"中国一切政党的政策及其实践在中国人民中所表现的作用的好坏、大小,归根到底,看它对于中国人民的生产力的发展是否有帮助及其帮助之大小,看它是束缚生产力的,还是解放生产力的。"④在硝烟弥漫的战争年代,正因为党和毛泽东对解放生产力,发展经济这一重要问题,认识如此深刻明确,才使战争环境中解放区的生产建设,出现了中外历史上前所未有的奇迹。

新中国成立后,毛泽东更加重视和强调解放和发展生产力这个根本问题,并以主要精力领导全党和全国人民把恢复和发展国民经济,作为头等大事来抓。强调党的中心任务"是动员一切力量恢复和发展生产事业,这是一切工作的重点所在"⑤。同时注意使当时生产关系的变革服从和服务于生产力的发展。紧接着开展的对生产资料私有制的社会主义改造,毛泽东仍然强调,社会主义改造对社会主义工业化而言,是车之两轮,鸟之两翼,而社会主义工业化才是主体。社会主义改造的目的是为了解放生产力和发展生产力。实践证明,党和毛泽东创造性提出的具有中国特色的社会主义改造的道路,是解放和发展生产力的唯一正确的道路。但是1958年以后,毛泽东在仍然重视大力发展生产力的同时,在如何更快发展生产力的思考中,违背了生产关系的变革要

---

① 《毛泽东文集》第三卷,人民出版社1996年版,第108页。
② 《毛泽东文集》第三卷,人民出版社1996年版,第109页。
③ 《毛泽东文集》第三卷,人民出版社1996年版,第126页。
④ 《毛泽东选集》第三卷,人民出版社1991年版,第1079页。
⑤ 《毛泽东选集》第四卷,人民出版社1991年版,第1429页。

适应生产力发展客观要求的原则,不顾生产力发展现状,力图通过不断变革生产关系来促进生产力的发展,结果导致逐渐偏离发展生产力这个根本任务,背离了自己的初衷。1958 年到 1960 年,毛泽东和党中央在关于生产关系的变革方面,考虑四个过渡问题:即高级农业生产合作社向人民公社过渡;人民公社的生产队所有制向基本私有制过渡;集体所有制向全民所有制过渡;社会主义向共产主义过渡。当时认为,实现了"全面的全民所有制",就是社会主义建成之日,也就是开始向共产主义过渡之时。毛泽东认为实现"一大二公",不能由农业生产合作社过渡到人民公社。他说:大,人多地多,综合经营,工农商学兵,农林牧副渔;大,人多势众,办不到的事情就可以办到;大,好管理,好纳入计划。公,就是比合作社更要社会主义,把资本主义残余逐步搞掉。而所有制形式越大越公,就越先进,越有利于生产力的发展。因而需要不断地变革生产关系,不断向所有制的更高形式前进。这样,就违背了马克思主义关于只有当生产关系成为生产力桎梏的时候,才去变革生产关系的基本原理,结果 60 年代不得不退回去,退到以生产队为基本核算单位。十一届三中全会以后,又再次退回到生产资料公有制前提下的家庭联产承包责任制。这说明必须遵循生产关系要适应生产力发展的客观经济规律,否则,必然受到惩罚。这里不能不指出,这个时期,毛泽东对生产力和生产关系的认识存在矛盾性。他一方面强调"先要改变生产关系,然后才有可能大大地发展社会生产力,这是普遍的规律"。[①]同时又强调:"要以生产力和生产关系的平衡和不平衡,生产关系和上层建筑的平衡和不平衡,作为纲,来研究社会主义社会的经济问题。"[②]因此,造成了主观上要努力发展生产力,而客观上却严重破坏了生产力的历史憾事。

农、轻、重的关系问题是中国工业化道路问题。实现国家工业化的

---

① 辛逸:《事论人民公社额历史地位》,《当代中共史研究》2001 年第 3 期。
② 《毛泽东文集》第八卷,人民出版社 1999 年版,第 130 页。

基础是重工业的大发展。我国"一五"计划期间,基本上是按照苏联办法去安排国民经济的,这是当时国防环境和国内建设的需要。"一五"计划完成后,毛泽东从中国是一个人口众多,底子薄,经济落后的农业大国的特殊国情出发,及时提出中国不能机械搬用外国经验,要以农业为基础,以工业为主导,正确处理重工业同农业、轻工业的关系,走出一条适合我国国情的中国工业化道路。毛泽东关于农轻重关系的重要思想,对中国工业化道路的形成和社会主义建设的发展发挥了极为重要的指导作用。

早在土地革命战争时期,毛泽东就指出:"我们的经济建设的中心是发展农业生产,发展工业生产,发展对外贸易和发展合作社"①,而"农业生产是我们经济建设工作的第一位"②。抗日战争时期,毛泽东多次强调组织边区和根据地农民,发展农业生产,解决部队和人民的供给问题。同时批评"有些同志不顾此时此地的具体条件,空嚷发展,例如要求建设重工业……都是不切实际的,不能采用的"③。在新中国成立前夕的七届三中全会上,毛泽东更明确指出,旧中国的经济十分落后,现代化的工业只占国民经济的10%左右,而分散的个体的农业和手工业却占国民经济的90%左右。这是在中国革命时期内和革命胜利后,一个相当长的时期内一切问题的基本出发点。新中国成立后,毛泽东又多次指出中国人口众多,经济落后,农村人口占全国人口的80%左右,组织和发展国民经济,必须以农业能够提供的粮食、原料和市场的数量和范围大小,作为发展整个国民经济的基本条件和出发点。1956年,毛泽东为探索社会主义建设道路而发表的著名篇章《论十大关系》中,专门阐述了农、轻、重的关系,指出在重点抓重工业发展的时候,必须注意抓轻工业和农业的关系,使重、轻、农在整个国民经济中协调发展,互相促进。毛泽东特别强调要通过更多的发展农业、轻工业,

① 《毛泽东选集》第一卷,人民出版社1991年版,第130—131页。
② 《毛泽东选集》第一卷,人民出版社1991年版,第131页。
③ 《毛泽东选集》第二卷,人民出版社1991年版,第893页。

以提供更多的粮食、原材料增加积累,来促进重工业的发展。翌年2月,毛泽东在《关于正确处理人民内部矛盾的问题》的报告中,进一步指出:中国"工业化道路的问题,主要是指重工业、轻工业和农业的发展关系问题。我国的经济建设是以重工业为中心,这一点必须肯定。但是同时必须充分注意发展农业和轻工业"①。因为农业是国民经济的基础。轻工业能够更好地满足人民生活的需要,更快地增加资金的积累。重工业的优先增长,能够保证用先进的技术装备农业、轻工业和重工业自身,加速我国的四化建设。如果孤立地、片面地强调发展重工业,而忽视农业和轻工业的发展,就会造成国民经济的比例失调。因此"发展工业必须和发展农业同时并举"②。1959年7月,在庐山会议上,毛泽东在初步总结1958年"大跃进"经验教训的基础上,又提出以农、轻、重为序安排国民经济的观点,要求首先抓好农业和轻工业的生产,改变过去着重抓重工业生产,忽视农业、轻工业生产的思想。同年毛泽东在读苏联《政治经济学(教科书)》谈话中,更为全面地说明了在优先发展重工业的条件下,工农业同时并举的方针。他指出:"我们实行的几个同时并举,以工农业同时并举为最重要。""每一个并举中间,又有主导的方面。""工业与农业,以工业为主导。""所谓并举,并不否认重工业优先增长,不否认工业发展快于农业;同时,并举也并不是要平均使用力量。""提法要适当,不能把工业强调到不适当的地位,否则一定会发生问题。"③1960年3月,在天津中央工作会议上,毛泽东首次明确提出了以农业为基础的思想。党的八届九中全会提出的对整个国民经济实行"调整、巩固、充实、提高"的八字方针,其主要目标就是"加强农业生产战线",并把整个国民经济的发展比例,调整到适应当时农业发展的水平上。对当时国民经济的恢复和发展发挥了重要作用。在党的八届十中全会上,正式确定了毛泽东提出的以农业为基础,以工业

---

①　《毛泽东文集》第七卷,人民出版社1999年版,第240—241页。

②　《十六大以来重要文献选编》(下),中央文献出版社2008年版,第270页。

③　参见《毛泽东文集》第八卷,人民出版社1999年版,第122—124页。

为主导的发展国民经济的总方针,把发展农业放在首要地位,正确处理工业和农业的关系,坚决把工业部门的工作转移到以农业为基础的轨道上来。从而使遭受严重困难的国民经济走出困境,得到恢复和发展,使社会主义建设的发展出现良好的势头。

毛泽东关于以农业为基础,以工业为主导,正确处理农、轻、重关系的思想,改变了社会主义国家处理农、轻、重关系的传统模式,是对中国社会主义工业化道路的开篇章,这是毛泽东的首创,是对马克思主义经济理论的重大贡献。实践证明,它是实现国家工业化的正确道路,对今天的经济建设仍是必须遵循的方针和原则。

(二)两类矛盾理论

毛泽东在《关于正确处理人民内部矛盾的问题》中指出:"在社会主义社会中,基本的矛盾仍然是生产关系和生产力之间的矛盾,上层建筑和经济基础之间的矛盾。不过社会主义社会的这些矛盾,同旧社会的生产关系和生产力的矛盾、上层建筑和经济基础的矛盾,具有根本不同的性质和情况罢了。"[①]毛泽东基于对社会主义社会基本矛盾的科学分析提出了两类矛盾学说。提出正确处理人民内部矛盾的问题是社会主义社会政治生活的主题这一著名论断。指出这是由社会主义社会基本矛盾的性质及由此而呈现的社会主要矛盾所决定的。正确处理人民内部矛盾的根本目的与作用是为了调动一切积极因素,集中力量进行社会主义现代化建设,实质是解放与发展生产力。应在政治上、思想上,创造一个"既有民主又有集中,既有自由又有纪律生动活泼的政治局面。"

毛泽东还提出正确处理人民内部矛盾的一系列行之有效的方针、方法。主要有:从团结的愿望出发,经过批评与自我批评达到团结的目的;在意识形态领域百花齐放、百家争鸣;在党派关系上,长期共存,互

---

① 《毛泽东文集》第七卷,人民出版社 1999 年版,第 214 页。

相监督；在分配原则上，统筹兼顾，全面安排，兼顾国家、集体、个人三方面利益。当然，毋庸讳言，严格说来，毛泽东对社会主义社会基本矛盾不完全适应部分的认识上还有一定局限性。主要是过分看重生产关系对生产力的反作用；生产资料所有制这一经济基本制度同管理体制尚未明晰分清，对弊端认识不够深刻。

历史实践表明，毛泽东关于社会主义社会基本矛盾和正确处理人民内部矛盾的理论，极大地调动了亿万人民的进行社会主义建设的积极性，变成了巨大的物资力量，闪烁着耀眼光辉；背离这一理论原则，必然酿成思想禁锢和人为的紧张政治氛围，挫伤群众的积极性，给社会主义建设事业带来阻滞与挫折。这一重大理论是对马克思主义科学社会主义理论的重大突破，为社会主义改革和维护改革、发展、稳定的大局奠定了坚实的理论基础。

在社会主义制度基本建立后，我国进入了全面进行经济建设的新时期，党和毛泽东用极大的精力探索我国进行社会主义建设的道路。在这新时期即将到来的时刻，毛泽东发表了《论十大关系》。1956 年 9 月召开了具有重大历史意义的党的第八次全国代表大会。1957 年 2 月，毛泽东又发表了《关于正确处理人民内部矛盾的问题》。在"八大"决议和毛泽东著作中，正确地分析了社会主义改造基本完成以后国内的政治形势，指出："我国的无产阶级同资产阶级之间的矛盾已经基本上解决。""社会主义的社会制度在我国已经基本上建立起来了。"[①]（"八大"关于政治报告的决议）。今后全国人民的主要任务是"进行一场新的战争——向自然界开战，发展我们的经济，发展我们的文化"，"巩固我们的新制度，建设我们的新国家"[②]。同时，提出了关于正确处理两类不同性质矛盾的学说。指出在社会主义社会里，存在着敌我矛盾和人民内部矛盾。大量的主要的是人民内部矛盾。所谓人民内部矛

---

① 《建国以来重要文献选编》第九册，中央文献出版社 1994 年版，第 341 页。
② 《建国以来重要文献选编》第十册，中央文献出版社 1994 年版，第 74 页。

盾,包括工人、农民、知识分子和民族资产阶级内部矛盾和他们之间的矛盾。要正确区分和处理两类不同性质的矛盾。处理敌我矛盾用专政的方法;处理人民内部矛盾用民主的方法。也就是"团结—批评—团结"的方法,就是"从团结的愿望出发,经过批评或者斗争使矛盾得到解决,从而在新的基础上达到新的团结"①。毛泽东指出,我们是一个六亿人口的大国,我们做事情,必须实行"统筹兼顾,适当安排"的方针;在处理共产党和各民主党派关系上,要坚持"长期共存,互相监督"的方针;在发展文化艺术上,要实行"百花齐放,百家争鸣"的方针。他指出:"艺术上不同的形式和风格可以自由发展,科学上不同的学派可以自由争论。"②这样,才能"促进艺术发展和科学进步","促进我国的社会主义文化繁荣"③。

随着三大改造的完成,社会主义制度的建立,毛泽东强调:"社会主义制度的建立给我们开辟了一条到达理想境界的道路,而理想境界的实现还要靠我们的辛勤劳动。"④我国面临着全面建设社会主义的艰巨任务,如何结合新时期的实际需要,继承和发扬共产党人在革命时期形成的优良道德传统,运用新的道德楷模教育人民,一直是毛泽东思考的问题。如何妥善解决新时期的人民内部矛盾,调动和保护人民群众建设社会主义的积极性,继续发扬艰苦奋斗、顽强拼搏、勇于进取的革命精神,激励人民在贫穷落后的土地上建设富强民主文明的新中国?毛泽东总结以往的成功经验,结合社会主义建设的实际需要,及时提出了向雷锋、王杰、焦裕禄等人学习,同时提出农业学大寨、工业学大庆、人民解放军学习南京路上好八连等模范团体。号召全党全国人民要像雷锋那样"把有限的生命投入到无限的为人民服务之中去";像雷锋那样公而忘私、舍己为人、处处以党和人民的利益为重,在生活中始终保

---

① 《毛泽东文集》第七卷,人民出版社 1999 年版,第 210 页。
② 《毛泽东文集》第七卷,人民出版社 1999 年版,第 229 页。
③ 《毛泽东文集》第七卷,人民出版社 1999 年版,第 229 页。
④ 《毛泽东文集》第七卷,人民出版社 1999 年版,第 226 页。

持艰苦朴素、勤俭节约的精神和作风；像雷锋那样具有坚定的共产主义信念，在本职岗位上艰苦奋斗、鞠躬尽瘁；像王进喜那样，为了摘掉我国石油落后的帽子，"宁可少活二十年，拼命也要拿下大油田"。

　　1963 年 12 月至 1964 年 1 月，国务院在北京召开全国公交会议，毛泽东在会上号召全国人民向解放军学习。学习人民解放军："热爱国家，热爱人民，对社会主义事业无限忠诚；守卫祖国安全，捍卫世界和平；发扬大公无私精神，毫不利己，专门利人；奋不顾身投入社会主义建设事业，贡献出自己的最大力量；在危险面前坚定不移，毫不动摇；做到全心全意为人民服务，个人无条件服从集体；对敌人英勇顽强，宁死不屈；对人民无限热爱，必要时能够英勇献身；上下级之间、官兵之间和各部门之间，政治、思想和行动一致，能够团结协作，同心协力，互相尊重，相互帮助，严于律己，宽以待人；有'见困难就上，见荣誉就让，见先进就学，见后进就帮'的共产主义风格；发扬一方有难、八方支援的共产主义精神；顾大局、识大体，反对本位主义和分散主义；高度的批评和自我批评精神，对工作任劳任怨，埋头苦干，认真负责；有旺盛的革命创造性、政治热情和进取精神"①。人民解放军的优秀道德品质集中体现了我国各民族道德的精华，是社会主义建设所需要的巨大精神力量。毛泽东在提倡和树立典范的同时，自己以身作则、率先垂范。

　　在韶山的毛泽东纪念馆中，人们可以看到这位共和国的开国领袖生前用过的不少令人触目惊心的"文物"：补了 73 块补丁的睡衣、接见英国前首相时穿的罗纹补丁裤、韶山农民当年爱穿的长筒袜、接见尼克松时穿的千层底布鞋……②1955 年，国家实行薪金制，此后毛泽东一家的经济收入都由工作人员掌管。一份由李银桥写的《首长薪金使用范围、管理办法及计划》，记载了毛泽东全家一天的生活费用仅为三元，而保姆生活费、给孩子看病的汽车费和医药费都由自己掏，身边的工作

---

① 参见《建国以来重要文献选编》第十八册，中央文献出版社 1998 年版，第 73—75 页。

② 《毛泽东生活档案》（下），中共党史出版社 1999 年版，第 907 页。

人员因外出陪他吃饭,也都是由他的工资中支出。毛泽东之所以这样,他说:"要使全体干部和全体人民经常想到我国是一个社会主义的大国,但又是一个经济落后的穷国,这是一个很大的矛盾。要使我国富强起来,需要几十年艰苦奋斗的时间,其中包括执行厉行节约、反对浪费这样一个勤俭建国的方针。"①

毛泽东还多次强调集体主义,"共产党员无论何时何地都不应以个人利益放在第一位,而应以个人利益服从于民族的和人民群众的利益"②。但毛泽东也并不排斥个人利益,"必须兼顾国家、集体和个人'三个方面'的利益"③。毛泽东也认为,当个人利益和集体利益发生矛盾和冲突时,要顾全大局,把国家的利益和集体的利益看作高于自己的利益,应当牺牲个人利益服从集体利益。刘少奇同志也指出:"在我们党内,党员的个人利益要服从党的利益,为了党的利益,还要求党员在必要的时候牺牲自己的个人利益。但是,这并不是说,在我们党内,不承认党员的个人利益,要抹杀党员的个人利益,要消灭党员的个性。党员总还有一部分私人的问题需要自己来处理,并且也还要根据他的个性和特长来发展他自己。"④

二、四个现代化目标和中国式工业化道路思想

(一)社会主义四个现代化宏伟目标的提出及基本构想

20世纪中国社会发展的主题归根到底是现代化。近代中国日益陷入贫穷落后、没能走上现代化发展之路的根本原因,是帝国主义和封建主义的残暴压迫、剥削和反动统治。因此,要获得民族独立和人民解放、国家富强和人民幸福,必须首先以武装斗争推翻压在中国人民头上

---

① 《毛泽东文集》第七卷,人民出版社1999年版,第240页。
② 《毛泽东选集》第二卷,人民出版社1991年版,第522页。
③ 《建国以来重要文献选编》第十七册,中央文献出版社1997年版,第726页。
④ 《刘少奇选集》(上),人民出版社1981年版,第135页。

的三座大山,建立独立民主的人民共和国为前提。只有改变社会制度,建立新的生产关系,才能解放生产力、发展生产力,逐步走上现代化历史航程,一切革命根本问题是政权问题。1949年民主革命的彻底胜利和新中国的成立,为社会主义现代化建设创造了根本的政治前提,提供了基本的保障。1956年生产资料私有制的社会主义改造的基本完成,以及社会主义制度的基本建立,为社会主义现代化建设开辟了道路。

目标的提出。新中国成立以后,毛泽东逐步提出了社会主义现代化建设的明确目标。新中国成立前夕,毛泽东在《在中国共产党第七届中央委员会第二次全体会议上的报告》中指出:"在革命胜利以后,迅速地恢复和发展生产,对付国外的帝国主义,使中国稳步地由农业国转变为工业国,把中国建设成一个伟大的社会主义国家。"[①]他还在科学地分析我国社会经济基本状况后指出,对占国民经济总产值90%的农业和手工业,是可能和必须谨慎地、逐步地而又积极地引导它们向着现代化和集体化的方向发展的。这里,毛泽东把工业化和社会主义现代化建设联系在一起,找到了中国社会发展的根本出路,这与以前仅从文化层面上来探讨中国发展的现代化论者相比,无疑是认识上的深化。也就是从这篇文章开始,毛泽东正式使用了"现代化"这个概念。

1954年6月,在中央人民政府委员会第30次会议上,毛泽东论述中国社会主义现代化问题时指出:"我们的总目标,是为建设一个伟大的社会主义国家而奋斗……要实现社会主义工业化,要实现农业的社会主义化、机械化,要建成一个伟大的社会主义国家……"[②]

同年9月,毛泽东在第一届全国人大第一次会议上的开幕词中提出:"准备在几个五年计划之内,将我们现在这样一个经济上文化上落后的国家,建设成为一个工业化的具有高度现代文化程度的伟大的国家。"[③]根据毛泽东的这个思想,周恩来在1954年一届人大一次会议上

---

① 《毛泽东选集》第四卷,人民出版社1991年版,第1437页。
② 《毛泽东文集》第六卷,人民出版社1999年版,第329页。
③ 《毛泽东著作选读》下册,人民出版社1986年版,第715页。

首先宣布了"四个现代化"的初步设想。他说:"我国的经济原来是很落后的。如果我们不建设起强大的现代化的工业、现代化的农业、现代化的交通运输业和现代化的国防,我们就不能摆脱落后和贫困,我们的革命就不能达到目的。"①这是"四个现代化"的最初提法,主要体现了物质文明的要求,还不是像今天所要求的四个现代化的完整内容。

1956 年 1 月,周恩来在《关于知识分子问题的报告》中明确指出:"科学是关系我们的国防、经济和文化各方面的有决定性的因素,""只有掌握了最先进的科学,我们才能有巩固的国防,才能有强大的先进的经济力量"②,并提出了"向现代科学进军"的口号。

1957 年二、三月间,毛泽东在《关于正确处理人民内部矛盾的问题》和《在中国共产党全国宣传工作会议上的讲话》中又指出:我们一定会建设一个具有现代工业、现代农业和现代科学文化的社会主义国家。这里提出了建设现代科学文化的问题,体现了现代化对精神文明建设的要求。

1959 年年底至 1960 年年初,毛泽东在读苏联《政治经济学(教科书)》的谈话中,又提出建设社会主义,除了要求工业现代化、农业现代化,科学文化现代化以外,还要加上国防现代化。从而第一次完整地表述了四个现代化的全部思想。

基本构想。关于社会主义现代化建设分两步走的战略构想。社会主义社会是一个相当长的历史阶段,建设社会主义现代化强国是极为艰巨的任务。为之,党中央和毛泽东明确规定了实现我国社会现代化这一战略目标的时间和步骤。毛泽东从中国的实际出发,设想先用三个五年计划,即 15 年左右,打个基础,然后再用七个五年计划,即从 1953 年起,十个五年计划,也就是到 2000 年,把我国建成一个伟大的社会主义现代化强国。1955 年 3 月,毛泽东在党的全国代表会议的讲

---

① 《周恩来选集》下卷,人民出版社 1984 年版,第 132 页。
② 《周恩来选集》下卷,人民出版社 1984 年版,第 181—182 页。

话中提出:要建成为一个强大的高度社会主义工业化的国家,就需要有几十年的艰苦努力,比如说,要有五十年的时间,即本世纪的整个下半世纪。

1956 年 8 月,在中共八大预备会第一次会议上,毛泽东又发出建设社会主义现代化强国的号召。他设想再有 50 年、60 年,就完全应该超过世界上经济发达的国家。1956 年 9 月,在中共八大会议上,毛泽东指出,要使中国变成富强的国家,需要 50 年到 100 年的时间。1962 年 1 月,毛泽东在扩大的中央工作会议上的讲话中指出"中国的人口多、底子薄,经济落后,要使生产力很大地发展起来,要赶上和超过世界上最先进的资本主义国家,没有一百多年的时间,我看是不行的。""我劝同志们宁肯把困难想得多一点,因而把时间设想得长一点。三百几十年建设了强大的资本主义经济,在我国,五十年内外到一百年内外,建设起强大的社会主义经济,那又有什么不好呢?"①

1963 年 9 月,毛泽东在修改《关于工业发展问题(初稿)》时,增写了一段文字,指出:"我国从十九世纪四十年代起,到二十世纪四十年代中期,共计一百零五年时间,全世界几乎一切大中小帝国主义国家都侵略过我国,都打过我们,除了最后一次,即抗日战争,由于国内外各种原因以日本帝国主义投降告终以外,没有一次战争不是以我国失败、签订丧权辱国条约而告终。其原因:一是社会制度腐败,二是经济技术落后。"因此,"如果不在今后几十年内,争取彻底改变我国经济和技术远远落后于帝国主义国家的状态,挨打是不可避免的"②。这是从历史教训的角度进一步阐明建设社会主义现代化强国的极端重要性。同年 12 月,毛泽东在修改周恩来向第三届全国人民代表大会第一次大会上的政府工作报告草稿时,又增写了如下文字:我们不能走世界各国技术发展老路,跟在别人后面一步一步地爬行。我们必须打破常规,尽量采

---

① 《毛泽东著作选读》下册,人民出版社 1986 年版,第 828 页。
② 《毛泽东文集》第八卷,人民出版社 1999 年版,第 340 页。

用先进技术,在一个不太长的历史时期内,把我国建设成为一个社会主义的现代化的强国。

1964 年 12 月,在制定国民经济的长远规划时,为了实现“四化”任务,周恩来根据毛泽东等人的意见,提出两步走的设想:“从第三个五年计划开始,我国的国民经济发展,可以按两步来考虑:第一步,建立一个独立的比较完整的工业体系和国民经济体系;第二步,全面实现农业、工业、国防和科学技术的现代化,使我国经济走在世界的前列。”①

由上述可知,以毛泽东为核心的党中央第一代领导集体对中国社会主义现代化的目标进行了不懈的探索,确立了社会主义现代化蓝图。由于受历史条件的限制和毛泽东主观认识的局限,他设计的中国社会主义现代化蓝图只能是初步的,且一度急于求成,对在一个比较落后的处于初级阶段的社会主义国家实现现代化的长期性、艰巨性还是估计不足,有些方面由于受世界历史潮流的影响,还存在很大的局限性。

中共十一届三中全会以后,邓小平对毛泽东设计的我国现代化目标作了修正和补充,使之进一步完善和具体化,进一步与中国的实际相结合,更加符合发展变化了的新的世界主题和时代潮流。邓小平在提出分“三步走”基本实现我国现代化的战略目标和战略步骤的同时,充分肯定毛泽东、周恩来在设计中国现代化目标方面所做的贡献。他指出:“四个现代化建设的方针和目标是毛泽东主席和周恩来总理生前提出的。”②这是一种尊重历史事实的态度。邓小平在提出和完善建设有中国特色的社会主义理论中,继承和发展了毛泽东思想。

“自力更生为主,争取外援为辅”的现代化建设方针。1958 年 6 月,毛泽东在为国家计委起草的《第二个五年计划指标》写的批语中指出:“自力更生为主,争取外援为辅,破除迷信,独立自主地干工业、干农业、干技术革命和文化革命,打倒奴隶思想,埋葬教条主义,认真学习

① 《周恩来选集》下卷,人民出版社 1984 年版,第 439 页。
② 《邓小平文选》第二卷,人民出版社 1994 年版,第 234 页。

外国的好经验,也一定研究外国的坏经验——引以为戒,这就是我们的路线。"①周恩来在 1964 年 12 月召开的三届全国人大一次会议所作的《政府工作报告》上也特别强调了这一方针。他说:"自力更生是革命和建设事业的基本落脚点……国际合作必须建立在自力更生的基础上。"②同时他指出:"我们必须急起直追,力求尽可能迅速地扩大和提高我国的科学文化力量,而在不太长的时间里赶上世界先进水平。"③正是由于我国采取了自力更生为主、争取外援为辅的方针,在中苏关系恶化,苏联单方面撕毁重点工程建设合同,突然撤走专家、带走图纸,造成不应有的损失的艰难日子里,我们依靠自力更生为主的方针,充分激发了广大工人和工程技术人员的社会主义积极性,采取有力措施,较快地扭转了被动局面,有力地推进了重点工程建设事业。中国虽曾把苏联作为社会主义建设事业的盟友,然而由于始终坚持自力更生为主、争取外援为辅的方针,也就没有像东欧一些国家那样成为苏联的卫星国。20 世纪 80 年代末苏联解体,中国虽然受到冲击,但没有像东欧国家那样随之"树倒猢狲散",这就有力地证明了我们采取这个方针的正确性。

　　当然,贯彻自力更生为主、争取外援为辅的方针,不可避免地会遇到许多困难,主要是工业化资金问题、科学技术问题、管理经验问题、人才资源问题等。对此,我们一是靠勤俭节约、艰苦奋斗;二是靠开展技术革命;三是靠调动一切积极因素、化消极为积极为社会主义建设服务;四是靠解放思想,埋葬教条主义,正确分析对待外国经验。艰苦奋斗,勤俭节约是党和国家一贯倡导的重要思想。1957 年 2 月,毛泽东在《关于正确处理人民内部矛盾的问题》一文中,专用一节论述了这一问题。他明确指出:我们要进行大规模地建设,但我国还是一个很穷的

①　《毛泽东文集》第七卷,人民出版社 1999 年版,第 380 页。
②　《周恩来选集》下卷,人民出版社 1984 年版,第 440 页。
③　《周恩来选集》下卷,人民出版社 1984 年版,第 180 页。

国家,这是一个矛盾。全面地持久地厉行节约,就是解决这个矛盾的一个方法。

积极开展技术革命,大力发展科学技术的思想。科学技术是促进生产力发展,提高劳动生产率的关键。毛泽东一贯重视科学技术对于发展社会生产力和改造自然的重要作用。特别是对于我们这样一个落后的国家来说,要自力更生进行经济建设尤其需要科学技术的支撑,开展技术革命。早在革命战争年代,毛泽东就揭示了科学技术的认识功能和实践功能及其对社会发展的推动作用。1942年2月,他在出席延安边区自然科学研究会成立大会时说:"人们为着要在自然里得到自由,就要用自然科学来了解自然,克服自然和改造自然,从自然里得到自由。""自然科学是人们争取自由的一种武装。"①新中国成立初期,毛泽东向全党提出:"我们进入了这样一个时期,就是我们现在所从事的、所思考的、所钻研的,是钻社会主义工业化,钻社会主义改造,钻现代化的国防,并且开始要钻原子能这样的历史的新时期……这是我们的任务。"②

进入社会主义建设时期,开展科学技术革命提到议事日程,在毛泽东的关怀下,根据周恩来的提议,1956年国务院成立了科学委员会,经半年的筹备编制了我国12年科技发展远景规划纲要(草案)。这个规划的指导思想是:"必须按照可能和需要,把世界科学的最先进的成就尽可能迅速地介绍到我国的科学部门、国防部门、生产部门和教育部门中来,把我国科学界所最短缺而又是国家建设所最急需的门类尽可能迅速地补足起来,使十二年后,我国这些门类的科学和技术水平可以接近苏联和其他世界大国。"③这充分体现了要加快我国科学技术的发展的思想。1958年1月,毛泽东向全国发出了"把党的工作重点放到技术革命上去"的号召,要求各行各业破除迷信,解放思想,大力开展技

---

① 《毛泽东文集》第二卷,人民出版社1993年版,第269页
② 《毛泽东选集》第六卷,人民出版社1999年版,第395页。
③ 《周恩来选集》下卷,人民出版社1984年版,第184页。

术革命和技术新运动。在如何发展科学技术方面,毛泽东提出了"百花齐放,百家争鸣"的方针。早在 1953 年,毛泽东就提出了对历史问题的研究要开展"百家争鸣",1956 年 4 月 28 日,在中共中央政治局扩大会议的总结发言中提出:艺术问题上百花齐放,学术问题上百家争鸣,应该成为我们的方针。这实际上是要在科学技术问题上,集大家智慧、扬各人所长的发展道路。"百家争鸣"作为我国发展科学技术的方针,是毛泽东在这个领域的独特贡献。

(二)中国式工业化道路思想

从中国的实际情况出发,找到一条中国式的工业化发展道路,是毛泽东和党中央在社会主义建设时期的重要努力目标。围绕此目标,党中央和毛泽东开展了艰辛的探索。

1.毛泽东探索中国式工业化发展道路时的历史背景

首先,当时就国际上而言,美国统治集团面对中国共产党领导的新民主主义革命的胜利在望,并不甘心自己的失败,早在 1949 年 7 月,面对其扶持的蒋介石统治集团的节节败退,美国统治集团就已开始形成"和平演变"的战略。企图"招收中国的所谓'民主个人主义'分子,组织美国的第五纵队,推翻中国共产党领导的人民政府"①。与此同时,美国当局又决定,不仅自己不打算承认新中国,而且还准备积极与其盟国沟通,希望他们在承认新中国的问题上与其保持"步调一致"。1950 年 6 月 25 日,朝鲜战争爆发后,美国的第七舰队立即向台湾海峡出动,不久以后,美国又将战火从鸭绿江烧到中国东北,同时美国又派出 B-29 型重型轰炸机和其他作战飞机,对中国东北边境城市进行频繁的轰炸和扫射。从该年的十月起,美军又"派飞机袭扰山东半岛的青岛、烟台等地,大有将战火从中朝边境进一步扩大之势"②。在如此严

---

① 《毛泽东选集》第四卷,人民出版社 1991 年版,第 1509 页。
② 《毛泽东传(1949—1976)》(上),中央文献出版社 2003 年版,第 112 页。

峻的形势下,中国被迫派遣志愿军"抗美援朝,保家卫国"。可见,当时新中国处在美帝国主义强加的战争威胁中。

其次,就国内而言,当时年轻的共和国面临的是一个以轻工业为主、重工业非常薄弱的极其落后的工业基础。其中仅有的一点重工业也多为帝国主义在中国设立的修理厂及为其提供廉价原料、半成品的矿山和工厂。1949 年新中国成立时,我们没有真正的机器制造业,也没有现代化的国防工业,钢铁工业也非常薄弱。当时,以人口平均计算,我国人均拥有的钢为 1.7 公斤,原煤 114.1 公斤,石油 0.6 公斤,电 11 度。① 到了 1952 年,经过三年的国民经济恢复时期后,尽管情况已有所改变,然而,使用机器生产的现代工业产值,亦仅占工农业总产值的 28%左右。因此,年轻的社会主义中国如果不尽快建立和发展自己的重工业,就不能形成自己独立、完整的国民经济体系和现代化工业体系,也不能有效地支援农业和轻工业的发展。

此外,在新中国成立初期国内外严峻的形势下,中国与苏联及东欧国家之间,就关于中国是否需要搞自己完整的工业体系问题而发生了意见分歧。在这种情况下,党中央和毛泽东更加坚定地认为,新中国在自己的重工业建设方面是否能有所突破,不仅决定了新中国能否有效地抵御外敌入侵,决定了中国能否顺利开展社会主义现代化建设,而且更涉及中国能否真正独立于世界之林。当时党中央已达成一种共识,"我们的国家在政治上已经独立,但要做到完全独立,还必须实现国家工业化。如果工业不发展,已经独立了的国家甚至还有可能变成人家的附庸国。"②我们"如果不努力建设自己的工业,特别是建设重工业,那就不能立足于世界。""就不能完全独立,就不能持久,就不能避免遭受挫折。"③这是我党基于对当时国内外所处形势的科学分析而得出的必然结论,也是以毛泽东为核心的党中央第一代领导集体在当时所达

① 参见王骏:《毛泽东与中国工业化》,福建人民出版社 2001 年版,第 42 页。
② 《周恩来经济文选》,中央文献出版社 1993 年版,第 151—152 页。
③ 《周恩来经济文选》,中央文献出版社 1993 年版,第 152 页。

成的共识。鉴于此,在第一个五年计划期间,我国实行的是以重工业为中心,步骤上也是从建立重工业开始的工业化发展道路。

2.突破苏联工业化道路模式,走中国式工业化道路思想的形成

新中国成立伊始,我国急于改变贫穷落后的面貌,变农业国为工业国。在被美国包围封锁的困境里,进行大规模的经济建设,只能借助社会主义国家苏联的援助,按照优先发展重工业的模式走社会主义工业化之路。1956年掀起国民经济第一个五年计划建设高潮,各族人民劳动热情高涨,党和国家领导人十分关注经济建设中刚刚显露出的矛盾和问题,并进行了切实的大规模的调查研究工作。鉴于苏联在突出重视优先发展重工业的同时,严重忽视轻工业和农业的发展,暴露出粮食和生活日用品短缺以及和农民关系紧张的经验教训,我国虽然没有发生像苏联那样的严重问题,但也需引以为戒。毛泽东在听取刘少奇关于经济建设工作情况汇报后,又亲自听取了中央34个部门的工作汇报,在认真调查研究的基础上,于1956年4月在中央政治局(扩大)会议上发表《论十大关系》的重要讲话。毛泽东的讲话把调动一切积极因素,为社会主义服务作为我国社会主义建设的基本方针。翌年2月,毛泽东在最高国务会议上作了《关于正确处理人民内部矛盾的问题》的报告,并在报告的最后一部分专门提出了中国工业化道路问题,提出了工农业关系的思想。1962年,根据毛泽东的思考和建议,党中央正式确定以农业为基础、以工业为主导发展国民经济的总方针。综观党中央和毛泽东有关中国工业化道路的论述,其主要内容大致有以下几点:

(1)调动一切积极因素,为社会主义事业服务的总方针。毛泽东在《论十大关系》中,开宗明义地指出:"提出这十个问题,都是围绕着一个基本方针,就是要把国内外一切积极因素调动起来,为社会主义事业服务。"[①]从毛泽东的有关论述来看,他所提出的调动一切积极因素

[①] 《毛泽东文集》第七卷,人民出版社1999年版,第23页。

的涵义,一是主要调动占我国人口绝大多数的工人、农民、知识分子的积极性;二是利用反动势力,争取中间势力,化消极因素为积极因素;三是在对待国际上各种势力的问题上,一切可以团结的力量都要团结,不中立的可以争取为中立,反对的也可以分化和利用。一切积极因素,包括人的因素,物的因素;经济因素,政治因素;党内的因素,党外的因素;国内的因素,国外的因素。在毛泽东看来,只要把这些相互区别又相互联系的诸种因素进行合理配置,让人尽其才,物尽其用,发挥最大的效力,来为社会主义服务,那么,我们的社会主义建设就会像民主革命那样,甚至比民主革命还要快还要好地取得一个又一个的胜利。那么,怎样才能真正地做到调动一切积极因素,为社会主义建设服务呢? 毛泽东主张要从以下几个方面着手来调动一切积极因素。

其一,在经济层面上,要合理配置经济因素,发挥现有经济力量的最优效力。要调动一切积极因素为社会主义建设服务,首先要从宏观上对经济发展的布局进行合理安排,挖掘其潜力,发挥其最大作用。为此,他指出在经济上要处理好以下几种关系:一是重工业、轻工业和农业的关系,将这三者合理配置,使其相互促进,共同发展。重工业是我国建设的重点,因为没有重工业制造的机器,轻工业、农业也就没有生产工具,也就无法快速发展;但是要优先发展重工业,又不能只从重工业本身看问题,如果忽视了与重工业发展有密切联系的轻工业和农业的发展,就会达不到优先发展重工业的目的。相反,在一定的条件下,大力发展轻工业和农业,满足了人民生活的需要,积累了资金,扩大了工业品市场,从而为快速发展重工业提供了前提条件。二是沿海工业和内地工业的关系。由于长期处于半殖民地半封建社会,中国的经济发展极不平衡,近代工业多集中于沿海城市,内地工业十分落后。社会主义经济发展无疑要改变这种不平衡的工业发展布局,逐渐将发展内地工业作为重点,这也是合理的。但是,要发展内地工业,必须充分注重发展和利用沿海工业的现有基础,发挥沿海工业的技术优势、资金优势,以带动内地工业的发展。所以毛泽东指出,发展内地经济,就要重视沿海经济的发展,使二者相互促进。三是经济建设与国防建设的关系。中国的社会主义制度刚刚建立,还没有完全巩固,因此,建设强大的国防必须以强大的经济做后盾,决不能把国防建设同经济建设对立起来。所以,毛泽东说,你要真想加强国防,就一定要首先加强经济建设。除此之外,在经济层面上,毛泽东还论述了生产与需要、积累与消费、中央工业与地方工业等许多经济关系,以发挥经济因素的相互促进作用。

其二,在政治层面上,要处理好各种政治关系,以服务于社会主义经济建设。毛泽东始终注意政治在社会主义时期对经济作用的特点。在《论十大关系》、《关于正确处理人民内部矛盾的问题》等一系列讲话和文件中,他多次谈到处理好各种政治关系,以调动一切积极因素的问题。这些关系包括汉族和少数民族的关系,党与非党的关系,革命与反革命的关系,是非关系以及与此相关的知识分子问题,工商业者问题,等等。他认为,在这些关系上,必须根据不同的情况,采取正确的方针政策,才能团结一切可以团结的力量,化消极因素为积极因素,达到调动一切积极因素,为社会主义建设服务的目的。毛泽东指出,我国进入社会主义建设时期后,随着革命时期的大规模的疾风暴雨式的群众阶级斗争基本结束,"在这个时候,我们提出划分敌我和人民内部两类矛盾的界限,提出正确处理人民内部矛盾的问题,以便团结全国各族人民进行一场新的战争——向自然界开战……巩固我们的新制度,建设我们的新国家"①。

其三,在文化层面上,要采取有效的文化政策,调动文化界的积极性,发挥文化对经济建设的积极作用。对此,毛泽东根据文化领域特有的发展规律,提出了"百花齐放,百家争鸣"的方针。1956 年 4 月 18 日,一份上报的材料提及:德国统一社会党一名党的干部谈到该国内遗传学界曾强制推行李森科学派。毛泽东马上作了批示:"此件值得注

---

① 《毛泽东文集》第七卷,人民出版社 1999 年版,第 216 页。

意,请中宣部讨论一下这个问题。讨论时,邀请科学院及其他有关机关的负责同志参加。"①北京大学教授李汝祺后来写了《从遗传学谈百家争鸣》一文发表在《光明日报》上,毛泽东阅后让胡乔木在《人民日报》上转载,还亲自写了"本报编者按",并将题目改为《发展科学的必由之路》,深刻地阐明了"百家争鸣"的积极作用。1956 年 4 月 25 日,毛泽东在中共中央政治局扩大会议上作了《论十大关系》的报告,号召大家以苏为鉴,走自己的路。在 4 月 28 日的总结发言中,毛泽东指出:"百花齐放、百家争鸣问题。艺术问题上的百花齐放,学术问题上的百家争鸣,我看应该成为我们的方针。"②从而首次将"百花齐放,百家争鸣"放在一起,作为科学文化发展的指导方针。1956 年 9 月,我党在八大的政治报告和决议中也对此作了明确阐述,指出:"科学上的真理是愈辩愈明的,艺术上的风格是必须兼容并包的。党对于学术性质和艺术性质的问题,不应当依靠行政命令来实现自己的领导,而要提倡自由讨论和自由竞赛来推动科学和艺术的发展。"③从而使"双百方针"成为我党指导科学和文化发展的指导方针。

其四,在经济权益的层面上,要处理各种利益关系。他特别提出要处理好国家、生产单位和生产者个人的关系。毛泽东说:"国家和工厂、合作社的关系,工厂、合作社和生产者个人的关系,这两种关系都要处理好。为此,就不能只顾一头,必须兼顾国家、集体和个人三个方面,也就是我们过去常说的'军民兼顾'、'公私兼顾'。"④关于国家和生产单位的关系,他主张要给工厂以独立性。他说,把什么东西都集中到中央或省市,不给工厂一点权力,一点机动余地,一点利益,恐怕不妥,因此,原则上应该要保证各个生产单位都要有一个与统一性相联系的独立性,有一定的物质利益和经济权力,只有这样,才能调动企业的积极

① 《建国以来毛泽东文稿》第六册,中央文献出版社 1992 年版,第 74 页。
② 《毛泽东文集》第七卷,人民出版社 1999 年版,第 54 页。
③ 《建国以来重要文献选编》第九册,中央文献出版社 1994 年版,第 78 页。
④ 《毛泽东文集》第七卷,人民出版社 1999 年版,第 28 页。

性。关于个人物质利益。他说，我们历来反对把个人物质利益看得高于一切，但这并不是反对关心群众生活。拿工人来讲，工人的劳动生产率提高了，他们的劳动条件和集体福利就需要逐步有所改进。随着国民经济的发展，工资也需要适当调整。在合作社和农民问题上，我们也要兼顾国家和农民的利益，不能剥夺农民。在利益关系问题上，毛泽东还特别提出了要正确处理整体利益和局部利益的关系，以发挥中央和地方两个积极性的问题。

其五，在人员安置的层面上，要处理好各种复杂的关系，做到"统筹兼顾，适当安排。"上述各种因素，归根结蒂是人与人的关系问题。毛泽东指出：天上的空气，地上的森林，地下的宝藏，都是建设社会主义所需要的重要因素，而一切物质因素只有通过人的因素，才能加以开发利用。为此，毛泽东特别注意研究人的问题。1957 年 1 月，毛泽东在省市自治区党委书记会议上的讲话中讲到：我们的方针就是统筹兼顾，各得其所。包括把国民党留下来的军政人员都包下来，连跑到台湾去的也可以回来，对反革命分子，凡是不杀的，都加以改造，给生活出路。民主党派保留下来，长期共存，对它的成员给予安排。所有这些，都是统筹兼顾。这是一个什么方针呢？就是调动一切积极因素，以利于社会主义建设，为社会主义建设服务。这是一个战略方针。同年 2 月 27 日，在《关于正确处理人民内部矛盾的问题》的讲话中，他列专节讲了"统筹兼顾、适当安排"的问题，并着重指出，之所以要统筹兼顾、适当安排，就是为了"调动一切积极因素，团结一切可能团结的人，并且尽可能地将消极因素转变为积极因素，为建设社会主义社会这个伟大的事业服务"①。

（2）处理好重工业、轻工业、农业的发展关系问题。1957 年 2 月，毛泽东在《关于正确处理人民内部矛盾的问题》报告中，明确提出中国工业化道路的思想。他所指的工业化道路，主要是指重工业、轻工业和

---

① 《毛泽东文集》第七卷，人民出版社 1999 年版，第 228 页。

农业的发展关系问题。优先发展重工业是苏联实施的工业化道路,因而人们都把它作为社会主义工业化的道路,以便与资本主义工业化道路区别开来。毛泽东以苏联为鉴戒,总结我国经验,以马克思主义理论勇气和大胆创新精神,解放思想,实事求是,明确指出,我国的经济建设在以重工业为中心的同时,必须充分注意发展农业和轻工业,提出发展农业和发展工业并举的主张。随后,经过对"大跃进"失误的沉痛反思,党中央进一步认识到了我国比苏联和东欧国家更加落后的现实。20世纪60年代初期,随着农业问题的突出和三年经济困难时期的到来,毛泽东在总结社会主义建设正反两方面经验教训的基础上,明确提出以农业为基础,以工业为主导的重要思想。1962年,党中央根据毛泽东关于重工业同轻工业、农业关系的新认识,把"以农业为基础,以工业为主导"确定为发展国民经济的总方针。这个方针的提出,表明以毛泽东为核心的第一代党中央领导集体找到了一条符合我国国情的社会主义工业化道路,突破了那种把优先发展重工业作为社会主义工业化道路标志的传统观念,从而为进一步探索中国特色社会主义现代化建设道路提供了宝贵经验。

以农业为基础,主要是因为我国是世界上人口最多的农业大国,农村人口占全国人口的80%以上。只有依靠自己的力量发展农业才能解决众多百姓的生存问题。农业是轻工业原料的主要来源和主要市场;农业是发展重工业的重要资金来源,农业的发展可为重工业扩大积累,同时也是重工业的重要市场,农业的发展需要大批的农机物资,可为重工业提供广阔市场。可见,"我们现在发展重工业可以有两种办法,一种是少发展一些农业、轻工业,一种是多发展一些农业、轻工业。从长远观点来看,前一种办法会使重工业发展得少些和慢些,至少基础不那么稳固,几十年后算总账是划不来的。后一种办法会使重工业发展得多些和快些,而且由于保障了人民生活的需要,会使它发展的基础更加稳固"①。

---

① 《毛泽东文集》第七卷,人民出版社1999年版,第25页。

　　以工业为主导,主要是因为工业是实现社会主义工业化的主体部分,是因为其生产具有创造性、发明性和社会化的特点而成为先进生产力和先进生产方式的代表。工业的主导作用,实质上是工业特别是重工业对国计民生的支撑、改造和引导作用,体现了工业在整个国民经济中的带动作用。具体体现在工业主要是重工业为国民经济其他部门包括轻工业、农业、交通输送新的技术装备,提供能源和原材料,起输送血液支撑其生命力的作用。

　　为了贯彻以农业为基础、以工业为先导的发展国民经济的总方针,毛泽东提出以农、轻、重为序安排国民经济计划。这种安排是以农业为基础、以工业为主导的国民经济发展总方针在工作上的落实和具体体现。即安排国民经济计划必须从发展农业出发,在资金、物资、劳动力的分配方面,首先考虑农业,再考虑轻工业,然后根据轻工业的情况安排重工业。而重工业的安排,又必须首先考虑同农业有关部门和行业的统筹协调。

3.毛泽东在确立中国式工业化发展道路方面的开创性贡献

　　以毛泽东为核心的第一代党中央领导集体提出的中国社会主义工业化道路的发展战略,是对马列主义社会主义工业化思想的创造性发展,也是对苏联工业化道路传统模式的突破。马克思、恩格斯创立科学社会主义时,西方已经实现了资本主义工业化,不再存在社会主义工业化问题,因此他们鲜有这方面的论述。列宁、斯大林在十月革命胜利后,把工业化作为巩固和发展社会主义的物质基础,而工业化特别是重工业的资金积累只能依靠本国的节约和农业、轻工业的积累,不可能像资本主义国家那样靠掠夺殖民地的办法来积累资金,其工业化道路主要是把优先发展重工业放在压倒一切的首位。中国则既重视发挥工业,特别是重工业在发展国民经济中的主导作用;同时又从长远考虑,把重工业发展建立在稳定的基础上,强调了农业的基础地位,以农、轻、重为序安排国民经济计划。

　　换言之,毛泽东和党中央关于中国式工业化道路的思想之所以正确,是因为它完全是从中国特殊国情出发,借鉴苏联、总结我国社会主义建设经验得出的科学结论。

首先,毛泽东的中国式工业化思想,深刻论证了按照农业、轻工业、重工业次序安排国民经济的必要性和重要性,对开辟我国有自身特色的社会主义工业化道路具有重大的经济意义。

毛泽东认为重工业固然是我国国民经济建设和发展的重点,实现工业化固然应优先发展生产资料的生产,但是决不可以因此而忽视生活资料特别是粮食的生产。只有"商品性的农产品发展了,才能供应工业人口的需要,才能发展工业。要在发展农业生产的基础上,逐步提高农产品特别是粮食的商品率"①。在整个工业化进程中,之所以必须将三者处理好,按照农业、手工业、重工业次序来安排建设,首要意义即在于此。毛泽东指出,"农业是轻工业原料的主要来源,农村是轻工业的重要市场。只有农业发展了,轻工业生产才能得到足够的原料,轻工业产品才能得到广阔的市场"②。同时,农村又是重工业的重要市场,"但是随着农业的技术改革逐步发展,农业的日益现代化,为农业服务的机械、肥料、水利建设、电力建设、运输建设、民用燃料、民用建筑材料等等将日益增多"③,如果农业和轻工业发展了,重工业有了良好的市场和资金基础,就能获得更好的发展。

以毛泽东为核心的党中央第一代领导集体关于中国式工业化道路思想的提出及其实践探索,极大地改变了旧中国遗留下来的畸形的经济发展局面,特别是通过第一个五年计划的努力,我国终于逐步建立起独立的、比较完整的工业体系和国民经济体系。1978 年同新中国成立时相比,全国粮食产量增长 1.7 倍,棉花产量增长 3.9 倍。工业生产能力大幅度提高,新建和扩建了大批重要企业,如包头、武汉钢铁基地、鞍山钢铁基地和攀枝花钢铁基地。许多新的工业部门从无到有,从小到

---

① 《毛泽东文集》第七卷,人民出版社 1999 年版,第 199 页。
② 《毛泽东文集》第七卷,人民出版社 1999 年版,第 199 页。
③ 《毛泽东文集》第七卷,人民出版社 1999 年版,第 241 页。

大地发展起来。特别是石油工业实现了消费原油和石油产品的自给，这对于保证我国独立自主地发展经济、巩固国防，具有重要而深远的意义。工业的地理布局大为改观，不但原有的沿海工业基地得到进一步的加强，而且广大内地和边疆各省、自治区也都新建了不同规模的现代工业，少数民族地区的现代工业也有了很大发展。全民所有制企业的固定资产已相当于旧中国近百年积累起来的工业固定资产的25倍。交通运输业有相当大的发展。建成了众多的铁路干线，使闽、宁、青、新四省区第一次通了火车，实现了除西藏外各省区都有铁路的目标。科学技术方面取得了卓越成就。首次人工合成牛胰岛素结晶，在世界上处于领先地位，得到国际科学界的高度评价，原子弹、氢弹、导弹的试验成功，人造地球卫星的发射和回收，集中反映了我国科学技术当时所达到的新水平，打破了美苏的核垄断，提高了国防能力。有了这样一个独立的、比较完整的工业体系和国民经济体系，就为我国后来社会主义现代化建设的全面推进奠定了重要的物质技术基础。

其次，毛泽东的中国式工业化思想，从政治和社会稳定的视角，深刻揭示了按农业、轻工业、重工业次序安排国民经济，对开拓适合自身国情的社会主义工业化道路的深远政治意义。

毛泽东指出，对农、轻、重关系的发展次序的处理，实际上关系到处理工人和农民两大阶级之间的经济关系和政治关系。安排好国计民生，是一个国家长治久安的根本要求，而农业则与国计民生之间有着极大的关系。中国作为一个人口大国，吃饭乃是国计民生第一要事，只有手中有了粮才能心不慌，国家才能"脚踏实地，喜气洋洋"①。反之，如果党和政府不重视农业，不抓紧农业生产，就会给政治稳定和社会发展构成极大的威胁，社会主义工业化的目标也就无从实现。毛泽东认为，如何对待农业、农村、农民，如何处理农业、轻工业和重工业的关系，实际上是一个政治问题。如果在这个问题上犯了错误，就会脱离农民，就

---

① 《毛泽东文集》第八卷，人民出版社1999年版，第84页。

会使敌人高兴,所以全党应高度重视这一问题。毛泽东又对斯大林片面强调生产资料的优先增长的做法提出了批评,认为斯大林实际上忽略了产业关系处理中所蕴含的政治问题。毛泽东指出:"斯大林的缺点是过分强调了重工业的优先增长,结果在计划中把农业忽略了。前几年东欧各国也有这个问题。我们把这个规律具体化为:在优先发展重工业的条件下,工农业同时并举。我们实行的几个同时并举,以工农业同时并举为最重要。"①毛泽东的论述,表明了中国共产党人所选择的中国式工业化道路,实际上又是"通过正确处理社会阶级关系而在社会政治稳定中来实现经济持续、协调、健康发展的工业化道路"②。

在上述正确思想和理论的指导下,在进入社会主义建设时期后,以毛泽东为核心的党中央第一代领导集体从中国的具体国情出发,确立了一条富有中国特色的工业化发展道路,共和国在工业建设中取得了重大成就,其中一个标志性的成果就是逐步建立了独立的、比较完整的工业体系和国民经济体系。③ 这不仅使新中国在政治上独立的同时又取得了经济上的独立和自主,而且为改革开放以来中国特色社会主义事业的进一步推进奠定了不可或缺的经济基础。胡锦涛在党的十八大指出,以毛泽东为核心的党中央第一代领导集体"在探索过程中,虽然经历了严重曲折,但党在社会主义建设中取得的独创性理论成果和巨大成就,为新的历史时期开创中国特色社会主义提供了宝贵经验、理论准备、物质基础"④。用这句话来评价和总结以毛泽东为核心的党中央第一代领导集体对于当时中国式工业化道路的探索及其取得的成就,是客观公正的。

---

① 《毛泽东文集》第八卷,人民出版社 1999 年版,第 121 页。
② 高宝柱:《开拓适合中国国情的工业化道路》,《党史文汇》2003 年第 5 期。
③ 参见《十一届三中全会以来重要文献选读》(上),人民出版社 1987 年版,第 301 页。
④ 胡锦涛:《坚定不移沿着中国特色社会主义道路前进 为全面建成小康社会而奋斗——在中国共产党第十八次全国代表大会上的报告》,人民出版社 2012 年版,第 10 页。

综上所述,在社会主义现代化建设事业全面展开的过程中,毛泽东等党和国家领导人在总结国内外社会主义建设经验基础上,提出的上述精辟见解,是对适合国情的中国特色社会主义建设道路的可贵探索,也是对马克思主义关于社会主义现代化建设理论的重要发展。同时,由于受主客观诸种因素的影响,毛泽东的探索并不是一帆风顺的,他的探索是在曲折中艰难进行的。这个探索的过程呈现给后人的是一幅顺利与挫折、胜利与失败、成功与失误相互交织而构成的历史画卷。

2011 年,胡锦涛在庆祝中国共产党成立九十周年大会上的讲话中指出,以毛泽东为核心的党中央第一代领导集体,不仅系统回答了在一个半殖民地半封建的东方大国,如何实现新民主主义革命和社会主义革命的问题,而且"对建设什么样的社会主义、怎样建设社会主义进行了艰辛探索,以创造性的内容为马克思主义宝库增添了新的财富"[①]。新形势下,在我们沿着中国特色社会主义道路,全面建设小康社会的进程中,毛泽东及其战友在 20 世纪关于社会主义现代化建设的实践探索和宝贵经验,值得我们倍加珍惜。

三、毛泽东探索中国社会主义 建设道路的思想火花

(一)社会主义有发达的与不发达的之分

对中国特色社会主义事业的探索是从以毛泽东为核心的党中央第一代领导集体开始的。尽管这项探索工作在第一代领导集体手里没有取得最终成功,但是在探索过程中却产生了不少对今天的社会主义建设仍有宝贵的理论价值和实践意义的重要思想,毛泽东的不发达社会主义思想就是其中的重要内容。

---

① 胡锦涛:《在庆祝中国共产党成立九十周年大会上的讲话》,人民出版社 2011 年版,第 8 页。

1.马克思、恩格斯、列宁和斯大林关于社会主义发展阶段的相关理论思考与实践探索

任何思想的产生都有其一定的客观背景和理论渊源。作为一个在落后的东方大国领导人民开展社会主义艰辛探索的执政党的核心人物,作为一个坚定的马克思主义者,毛泽东不发达社会主义思想的形成,不能不受到马克思主义经典作家的有关论述以及世界上第一个社会主义国家——苏联的有关社会主义建设实践和理论总结的影响。因此,在考察毛泽东不发达社会主义思想时,有必要先回顾一下马克思、恩格斯、列宁和斯大林的相关理论思考和实践探索。

马克思主义经典作家认为,无产阶级要改变自己的命运,就必须从资产阶级手里夺取政权。那么,无产阶级在夺取政权后,道路该怎样走呢？马克思恩格斯指出:"无产阶级将利用自己的政治统治,一步步地夺取资产阶级的全部资本,把一切生产工具集中在国家即组织成为统治阶级的无产阶级手里,并且尽可能快地增加生产力的总量。"[①]当然,上述仅为普遍原理,"至于这些原理的实际运用……随时随地都要以当时的历史条件为转移"[②]。这就要求各国共产党在夺取政权后,必须依据本国具体国情,正确作出既符合马克思主义普遍原理,又适合本国实际情况的决策。很显然,这不是一项容易的任务,这就决定了各国共产党在领导本国社会主义建设实践的进程中,必然会面临各种考验,经历各种曲折的探索。

同中国共产党后来所面临的情况相似,当时,列宁领导布尔什维克并不是在一个先进的资本主义国家取得社会主义革命的胜利,而是在一个资本主义统治相对薄弱、经济发展相对落后的沙皇俄国取得了社会主义革命的首先胜利。十月革命胜利后,列宁指出:"由于历史进程的曲折而不得不开始社会主义革命的那个国家愈落后,它由旧的资本

---

① 《马克思恩格斯选集》第1卷,人民出版社1995年版,第293页。
② 《马克思恩格斯选集》第1卷,人民出版社1995年版,第248页。

主义关系过渡到社会主义关系就愈困难。这里除破坏任务以外,还加上了一些空前困难的新任务,即组织任务"①,也就是组织人民开展社会主义经济建设的任务。在这里,列宁指出了经济落后是决定了俄国不能立即向社会主义过渡的根本原因,也指出了俄国在过渡阶段加快发展经济的必要性,以及将面临种种困难的必然性。

然而,形势的变化并未给列宁更多思考的时间,十月革命胜利后不久,针对外国侵略者对新生苏维埃政权的武装干涉,苏俄不得不实施战时共产主义政策。一方面,全国的大中小企业都收归国有或由国家监管,同时普遍实行义务劳动制及产品分配制;另一方面,又在农村实行余粮收集制,以保证全国的粮食供给。战时共产主义政策的施行在保障苏俄战胜侵略者中发挥了不可磨灭的作用。然而,在1921年春战争基本结束时,列宁发现,该政策的实施不仅阻碍了生产力的发展,而且酿成了政治上新的不稳定因素。列宁为之对该政策进行了深刻的反思:"我们犯了错误:决定直接过渡到共产主义的生产和分配。当时我们认定,农民将遵照余粮收集制交出我们所需数量的粮食,我们则把这些粮食分配给各个工厂,这样,我们就是实行共产主义的生产和分配了","经过一段不很长的试验我们终于确信,这种构想是错误的,是同我们以前关于从资本主义到社会主义的过渡的论述相抵触的,以前我们认为,不经过一个实行社会主义的计算和监督的时期,即使要走到共产主义的低级阶段也是不可能的"②。基于上述深刻检讨和自我反思,列宁在战争结束后放弃了战时共产主义政策,转而施行有利于恢复经济、巩固政权的新经济政策。当时,列宁之所以出现上述失误,固然有其客观背景,但是主观上对社会主义建设的长期性认识不够也是一个重要因素。

列宁逝世后,斯大林领导苏联人民进行了卓有成效的社会主义建

---

① 《列宁全集》第34卷,人民出版社1985年版,第3—4页。
② 《列宁全集》第42卷,人民出版社1986年版,第182—183页。

设,将一个原本是相对落后的资本主义国家建设成为当时世界上第一大经济强国。这是一方面,另一方面,斯大林在领导苏联开展社会主义建设的进程中,同样出现了急于求成的问题。1936 年,苏联基本完成了社会主义工业化和农业集体化,然而尚存在农村中有不少个体户、剥削阶级刚刚被消灭等问题。尽管如此,斯大林还是改变了联共(布)十七大在 1932 年 1 月作出的关于全盟集体化"并不意味着已经确立了无产阶级社会主义社会"的结论,宣布苏联已经建立了社会主义制度,"即实现了马克思主义者又称为共产主义第一阶段或低级阶段的制度。这就是说,我们已经基本上实现了共产主义第一阶段,即社会主义"①。斯大林对社会主义建设标准的降低带来了诸多不利影响,其中一个重要方面是减弱了社会主义在人们心目中的吸引力,也不利于人们认清社会主义建设的长期性、阶段性和艰巨性。

2.形成过程与基本构想

毛泽东的不发达社会主义思想既是在解读马克思主义经典作家有关论述、吸取苏联社会主义建设经验教训的基础上形成的,更是在领导中国开展社会主义建设艰辛探索过程中不断反思与总结的基础上产生的。在一个古老落后的东方大国探索社会主义建设,对中国共产党人来说是一项全新的尝试。通过独立自主取得民主革命胜利的中国第一代共产党人,在社会主义建设实践中努力将马克思主义普遍原理与中国具体国情结合起来。然而,由于缺少经验,加上时而出现急于求成的问题,党中央和毛泽东在社会主义建设实践中既有成功经验,也有失败教训。正是在关于社会主义建设的艰辛探索中,毛泽东进一步认识到社会主义建设的长期性、阶段性,逐步形成其不发达社会主义的基本构想。

(1)形成过程。1949 年至 1952 年,经过三年努力,党领导人民取得了国民经济基本恢复的胜利后,开始进入社会主义改造和建设时期,

---

① 《斯大林文集》,人民出版社 1985 年版,第 108 页。

我国的社会主义建设面临着一个如何定位的问题。当时的中国既是一个人口大国，又是一个经济落后的穷国。工业方面，发展水平低，不会造飞机、大炮、坦克、汽车、精密机床；农业方面，农村人口占总人口的80%以上，生产力水平极低；教育文化方面，人民受教育程度低，存在大量文盲。对于当时中国的基本国情，毛泽东是十分清楚的，他指出："要建成一个伟大的社会主义国家，究竟需要多少时间？现在不讲死，大概是三个五年计划，即十五年左右，可以打下一个基础。到那时，是不是就很伟大了呢？不一定。我看，我们要建成一个伟大的社会主义国家，大概经过五十年即十个五年计划，就差不多了，就像个样子了，就同现在大不一样了。"①在这里，毛泽东实际上已经提出两步走的初步构想，即用十五年打基础，再用五十年建成社会主义。1956 年 1 月，在中央关于知识分子的会议上，毛泽东提到，我国现在"社会主义已经进入，尚未完成"。从而初步形成了将社会主义分为"建立"和"建成"的有关思想。1956 年 9 月，在中共召开八大期间，毛泽东在会见南斯拉夫代表团时谈到，"要使中国变成富强的国家，需要五十到一百年的时光"②。1957 年 2 月，毛泽东在其撰写的《关于正确处理人民内部矛盾的问题》一文中提到，"我国的社会主义制度还刚刚建立，还没有完全建成，还不完全巩固"。因此，"我们的社会主义制度还需要有一个继续建立和巩固的过程"③。在此，毛泽东正式提出关于社会主义建设之"建立"、"建成"两个概念，将社会主义建设划分为不同阶段。在同年7 月，毛泽东进一步发挥了其上述思想："只有经过十年到十五年的社会生产力的比较充分的发展，我们的社会主义经济制度和政治制度，才算有了自己的比较充分的物质基础（这个基础现在还很不充分），我们的国家（上层建筑）才算充分巩固，社会主义社会才算从根本上建

①　《毛泽东文集》第六卷，人民出版社 1999 年版，第 329 页。
②　《毛泽东文集》第七卷，人民出版社 1999 年版，第 124 页。
③　《毛泽东文集》第七卷，人民出版社 1999 年版，第 214—216 页。

成。"①在这里,毛泽东虽然将社会主义建成的时间缩短为十到十五年,已露出急于求成的思想端倪,但是对如何建设社会主义的认识却更深入了,开始将生产力作为建设社会主义的重要基础。

1957年,反击右派的斗争结束之后,从下半年开始,毛泽东重新将注意力转移到经济建设上来,并越来越注重社会主义建设的速度问题,开始将经济上赶美超英与向共产主义过渡放在同一进程来考虑。1957年11月,毛泽东在各国工人党、共产党参加的莫斯科会议上宣布:"十五年后,苏联可以超过美国。我也可以讲,十五年后我们可能赶上或者超过英国。"②根据毛泽东的上述提法,《人民日报》在1958年元旦的社论中提出了社会主义建设的新设想:先用十五年左右的时间在主要工业产品产量方面赶超美国,然后再逐步由社会主义过渡到共产主义社会。在中央的号召和要求下,全国人民迸发出一股社会主义建设的冲天干劲。在生产关系方面,只用几个月时间即在全国农村实现了人民公社化,并将其视为加快社会主义建设和向共产主义过渡的理想形式。经济建设方面,毛泽东和党中央发动了"大跃进",企图用群众运动的方式搞社会主义建设,发动全民炼钢,赶美超英,生产指标层层加码。发展战略方面,认为全国人民建设社会主义的积极性调动起来后,工农业方面赶上资本主义先进国家已经不需以前设想的时间了。超过英国不是十五年,也不是七年,可能只需2—3年。③ 在1958年8月29日通过的《中共中央关于在农村建立人民公社问题的决议》上,更是提出:"看来,共产主义在我国的实现,已经不是什么遥远将来的事情了,我们应该积极地运用人民公社的形式,摸索出一条过渡到共产主义的具体途径。"④这样,在党中央和毛泽东越来越亢奋的精神状态下,我国关于社会主义建设的远景规划变成了现实规划,党中央和毛泽东原本

①　《建国以来重要文献选编》第十一册,中央文献出版社1995年版,第6页。
②　《毛泽东文集》第七卷,人民出版社1999年版,第325—326页。
③　《毛泽东传》第4卷,中央文献出版社2011年版,第1789页。
④　《建国以来重要文献选编》第十一册,中央文献出版社1995年版,第450页。

提出的分阶段建设社会主义的战略构想变成了不日将建成社会主义并向共产主义过渡的现实发展战略。

随着"大跃进"运动的发动和人民公社化运动的开展，片面追求高指标、"浮夸风"以及急于向全民所有制乃至共产主义过渡的问题在干部和群众的思想和行动中不断暴露出来。毛泽东是党内较早发现这个问题并予以纠正的领导人之一。从1958年11月第一次郑州会议到1959年7月庐山会议前期，毛泽东结合对"大跃进"和人民公社化运动中暴露出来的问题的反思，开始了纠"左"的努力。在1958年11月召开的第一次郑州会议上，针对当时急于从集体所有制向全民所有制、从社会主义向共产主义过渡的思潮，毛泽东指出："把全民、集体混起来，恐怕不利。好像我们现在差不多了，共产主义已经来了。这么快，太快了！奋斗太容易了！把它们提得过高，跟鞍钢一样，而实际上不是，就不好了。这是客观规律。"他又不无担心地指出："我现在顾虑，我们在北戴河开那个口子，说少者三四年，多者五六年，或者更多一点时间，即由集体所有制搞成全民所有制，像工厂那样，是不是开了海口，讲快了？""北戴河决议要有点修改才好。"①1959年2月，针对农村中的瞒产私分、农产品抢购等现象，毛泽东在第二次郑州会议上指出，"但是我以为主要地应当从我们对农村人民公社所有制的认识和我们所采取的政策方面去寻找答案"②。毛泽东承认："我们在生产关系的改进方面，即是说，在公社所有制问题方面，前进得过远了点。"③基于上述认识，第二次郑州会议规定将管理区（生产大队）作为人民公社的基本核算单位，从而在改变公社一级所有制到三级所有制方面迈出了实质性的步伐。

尽管如此，毛泽东对"大跃进"和人民公社化中存在问题的认识还是有限度的，他并没有从根本上意识到"大跃进"和人民公社化运动本

① 《毛泽东传》第5卷，中央文献出版社2011年版，第1858页。
② 《建国以来重要文献选编》第十二册，中央文献出版社1997年版，第126页。
③ 《建国以来重要文献选编》第十二册，中央文献出版社1997年版，第133页。

身已经脱离了中国的现实国情,他要纠正的只不过是比他还要显得亢奋、显得"左"倾的言论和做法。因此,当在 1959 年庐山会议上,彭德怀向毛泽东写信提出更进一步纠"左"的建议,从而超过了毛泽东所能容忍的限度时,毛泽东即错误地发动了对彭德怀的批判,并进而在全党开展了"反右"斗争。这在政治上,从中央到地方的民主生活进一步遭到损害;在经济上,则打断了从第一次郑州会议开始的纠"左"进程,毛泽东开始重新将注意力转移到反右方面,从而"使得持续不到一年、成果还很不巩固的纠'左'付诸东流,以'五风'为主要标志的'左'倾错误重新泛滥。一个严重经济困难局面的出现,就是很难避免的了"①。主要的由于"大跃进"及"反右倾"的错误,加上灾害及苏联背信弃义地撕毁合同,1959 年至 1961 年,中国出现了异常困难的经济局面。

在严峻的事实面前,毛泽东展开了深刻的自我反思。他要求各级干部认真阅读斯大林《苏联社会主义经济问题》、苏联《政治经济学教科书》等书,借以弄清社会主义建设中的一些基本问题。他自己则率先垂范建立了读书小组,边读边思,对社会主义发展的长期性和阶段性等问题做了认真的思考。在 1959 年 12 月到 1960 年 2 月读苏联《政治经济学教科书》期间,毛泽东认识到:"社会主义这个阶段,又可能分为两个阶段,第一个阶段是不发达的社会主义,第二个阶段是比较发达的社会主义。后一阶段可能比前一阶段需要更长的时间。经过后一阶段,到了物质产品、精神财富都极为丰富和人们的共产主义觉悟极大提高的时候,就可以进入共产主义社会了。"②上述论述的重要意义在于,毛泽东在科学社会主义发展史上开创性地将社会主义再分为不同的阶段。在建成社会主义所需时间的估计方面,毛泽东的认识也更为切合实际。1962 年 1 月 30 日,毛泽东《在扩大的中央工作会议上的讲话》中再次强调了社会主义建设的长期性。他指出:"建设强大的社会主

① 《毛泽东传》第 5 卷,中央文献出版社 2011 年版,第 1977 页。
② 《毛泽东文集》第八卷,人民出版社 1999 年版,第 116 页。

义经济,在中国,五十年不行,会要一百年,或者更多的时间","中国的人口多、底子薄,经济落后,要使生产力很大地发展起来,要赶上和超过世界上最先进的资本主义国家,没有一百多年的时间,我看是不行的"①。至此,毛泽东对中国社会主义发展阶段性的认识,已经比较符合实际了。

(2)基本构想。毛泽东在领导党和人民群众探索社会主义建设进程时,虽然对中国的"一穷二白"的现实国情有一个清醒的认识,认为在中国建成社会主义并不是件容易的事。然而,由于缺少建设的实际经验,也由于充满了早日建成社会主义的迫切心情,后来还是出现了急于求成的"左"倾错误。正是在遭受了一系列挫折和教训后,毛泽东才更进一步地认识到社会主义建设的长期性和阶段性,逐渐形成了一些关于不发达社会主义的基本构想。

一是不发达社会主义阶段包括社会主义制度从确立到建成的整个发展时期。毛泽东认识到,党在取得民主革命的胜利后,尽管夺取了政权,建立了社会主义基本制度,国家工业化的任务却尚未完成。因此,中国仍然属于一个不发达的经济文化落后的国家。中国需要经过一个很长的时期逐步完成提高经济、文化发展水平,建设现代化的工业、农业、文化教育的任务。这整个时期就是属于不发达社会主义阶段。毛泽东指出:"一切事物总是有'边'的。事物的发展是一个阶段接着一个阶段不断地进行的,每一个阶段也是有'边'的。"②这个所谓的"边",也就是只有当中国实现了高度的工业化,成为一个现代化的社会主义国家时,才能进一步巩固社会主义制度,中国才算是迈进了比较发达的社会主义阶段。

二是不发达社会主义阶段的中心任务是加强经济建设。在领导全党探索社会主义建设的进程中,毛泽东逐渐将注意力从建立社会主义

① 《毛泽东文集》第八卷,人民出版社1999年版,第301—302页。
② 《毛泽东文集》第八卷,人民出版社1999年版,第108页。

先进的生产关系转移到发展生产力上,认识到经济建设对建立社会主义现代化强国的重要性。他认为:"搞上层建筑、搞生产关系的目的就是解放生产力。现在生产关系是改变了,就要提高生产力。"①在毛泽东看来,不夯实社会主义的物质基础,社会主义只不过是徒有虚名而已。因此,在夺取了民主革命的胜利、社会主义政权比较巩固后,党的中心任务是"团结全国各族人民进行一场新的战争——向自然界开战,发展我们的经济,发展我们的文化,使全体人民比较顺利地走过目前的过渡时期,巩固我们的新制度,建设我们的新国家"②。

三是不发达社会主义国家的建设目标是将经济文化落后的中国建成一个社会主义现代化经济强国。使中国实现工业、农业、科学技术、国防现代化。为之,毛泽东提出了两步走的战略构想。第一步是在中国初步建立独立、比较完整的工业和国民经济体系,经济发展赶上和接近世界先进水平。第二步是在上述基础上全面实现工业、农业、国防、科学技术现代化,使中国的经济、文化发展水平跨入世界先进发达国家的行列。

四是不发达社会主义阶段的另一个重要任务是改革不适应生产力发展的生产关系和上层建筑。在毛泽东看来,社会主义生产关系是和生产力相适应的。但是,"它又还很不完善,这些不完善的方面和生产力的发展又是相矛盾的。除了生产关系和生产力发展的这种又相适应又相矛盾的情况以外,还有上层建筑和经济基础的又相适应又相矛盾的情况"③。因此,对于不适应生产发展要求的生产关系和上层建筑必须予以改革。当时,针对中国城乡比较落后的生产力发展水平,毛泽东的一个重要思路是要打破高度集中的统一的管理体制,发挥中央和地方的两个积极性,要让企业拥有一定的自主权,搞点自由市场,"可以

---

① 《毛泽东文集》第八卷,人民出版社1999年版,第351页。
② 《毛泽东文集》第七卷,人民出版社1999年版,第216页。
③ 《毛泽东文集》第七卷,人民出版社1999年版,第215页。

消灭了资本主义,又搞资本主义"①。

五是不发达社会主义时期需要经历上百年的时间。在发动"大跃进"的时候,精神高度亢奋的毛泽东曾经信心十足但又是相当轻率地认定,只要经过几年或十几年的时间,中国就可以赶上或超过最发达的资本主义国家。然而事实是无情的,在遭受一系列困难和挫折之后,毛泽东的头脑终于冷静下来,在读苏联《政治经济学教科书》的谈话中,他提醒大家:"在我们这样的国家,完成社会主义建设是一个艰巨任务,建成社会主义不要讲得过早了。"②

1961年9月,毛泽东在会见英国蒙哥马利元帅期间,当蒙哥马利表示中国的建设工作做得不错时,毛泽东认为:"做了一点,还不够,要有几十年到一百年的时间,比如五十年到一百年。一个世纪不算长。你们英国的发展用了两三个世纪。"③1962年1月"七千人大会"期间,毛泽东在一次全体大会上发表的讲话中再次坦承:"在社会主义建设上,我们还有很大的盲目性。社会主义经济,对于我们来说,还有许多未被认识的必然王国。拿我来说,经济建设工作中间的许多问题,还不懂得。""社会主义建设,从我们全党来说,知识都非常不够。我们应当在今后一段时间内,积累经验、努力学习,在实践中间逐步加深对它的认识,弄清楚它的规律。"④由此可见,在经历了一段曲折坎坷的社会主义建设实践后,毛泽东对社会主义建设的长期性、复杂性和艰巨性,终于有了一个比较符合实际的认识。

3.毛泽东后来未能将其不发达社会主义思想坚持下去之原因的思考

毛泽东的不发达社会主义思想产生于对我国社会主义建设的艰辛探索实践中,它代表了以毛泽东为核心的党中央第一代领导集体对当

---

① 《毛泽东文集》第七卷,人民出版社1999年版,第170页。
② 《毛泽东文集》第八卷,人民出版社1999年版,第116页。
③ 《毛泽东传》第5卷,中央文献出版社2011年版,第2138页。
④ 《毛泽东传》第5卷,中央文献出版社2011年版,第2168页。

时社会主义建设长期性、阶段性认识的水平。该认识既具有重大的理论价值，又具有不可估量的实践意义，并在当时有效指导了 60 年代初的国民经济调整工作。然而，遗憾的是，后来，毛泽东在指导社会主义建设的实践中并未能将其不发达社会主义思想进一步系统化，未能将其转化为当时指导社会主义建设的基本理论和党的基本纲领，反而在"左"的道路上越走越远。其中原因何在？是值得理论工作者深入思考的问题。

（1）1957 年"反右"斗争后，对不发达社会主义阶段社会主要矛盾判断的失误。对毛泽东而言，"主要矛盾"不仅仅是一个哲学概念，更是其解剖中国各个发展时期社会现象的工具。社会主义革命时期，毛泽东和党中央基于对当时中国国情的深入考察，正确把握当时中国社会的主要矛盾是工人阶级和资产阶级、社会主义道路和资本主义道路之间的矛盾，并以此为据制定了"一化三改"的过渡时期总路线，从而胜利完成了社会主义革命，基本完成了对生产资料私有制的社会主义改造任务。

进入社会主义建设时期后，毛泽东和党中央审时度势，立足现实，在党的八大上提出关于社会主义社会主要矛盾的正确论断。八大的决议指出："我们国内的主要矛盾，已经是人民对于建立先进的工业国的要求同落后的农业国的现实之间的矛盾，已经是人民对于经济文化迅速发展的需要同当前经济文化不能满足人民需要的状况之间的矛盾。"决议又说，"由于社会主义革命已经基本上完成，国家的主要任务已经由解放生产力变为保护和发展生产力"[①]。正确地指出社会主义社会的主要矛盾，并指出现阶段党和国家的主要任务是"保护和发展生产力"，这无疑是八大最重要的理论贡献之一。

然而，1957 年的"反右"斗争，使毛泽东的思想观点产生了改变。

---

① 《建国以来重要文献选编》第九册，中央文献出版社 1994 年版，第 341—351 页。

本来,毛泽东在中国进入社会主义建设时期后,对中国社会形势的估计还是比较理想化的,没有料到社会主义建设时期还有如此尖锐的斗争。因此,1957年发生的国际、国内政治风波,使他的观点发生了改变。在1957年10月9日党的八届三中全会上,他重提阶级斗争是主要矛盾。他指出:"无产阶级和资产阶级的矛盾,社会主义道路和资本主义道路的矛盾,毫无疑问,这是当前我国社会的主要矛盾。"①在1958年5月党的八大二次会议上,根据毛泽东的提议,更正了八大一次会议对主要矛盾的论断,将两个阶级、两条道路的矛盾是我国社会主要矛盾的观点写进了党的文件。而在1962年党的八届十中全会上,毛泽东更是提出阶级斗争要"年年讲、月月讲、天天讲",以至于逐渐形成一条"以阶级斗争为纲"的基本路线。

毛泽东在阶级斗争上的迷误,使他原先形成的以经济建设为中心的思维框架逐渐被以阶级斗争为纲的思想框架所取代,从而给整个社会主义建设的探索带来严重的负面影响。从此以后,以保护和发展生产力为关注焦点的不发达社会主义思想被严重边缘化了,这不能不说是一个极大的遗憾。

(2)没有找到适合不发达社会主义阶段生产力发展的生产资料所有制形式。面对不发达社会主义阶段比较落后的生产力,采用什么样的生产资料所有制形式以促进经济的发展,是一个非常重要的问题。在社会主义建设初期,毛泽东曾在这个问题上迸发出正确的思想火花。1956年12月,毛泽东在同民建和工商联负责人谈话时指出,可以让上海的资本主义性质的地下工厂成为地上,合法化;可以开私营工厂,同地上的作对,还可以开夫妻店,请工也可以。② 然而,从1957年下半年开始,毛泽东在领导社会主义建设中急于求成的思想逐渐占了上风,特别是在1958年发动"大跃进"、开展人民公社化运动后,毛泽东更是陶

---

① 《建国以来重要文献选编》第十册,中央文献出版社1994年版,第606页。
② 参见《毛泽东文集》第七卷,人民出版社1999年版,第170页。

醉于人民公社的"一大二公"而不能自拔。在"大跃进"中,毛泽东以欣喜的心情谈到人民公社的组织形式,他说:"人民公社的特点是两个,一为大,二为公,叫大公社。""大,这个东西可了不起,人多势众,办不到的事情就可以办到。公,就是比合作社更要社会主义,把资本主义的残余,比如自留地、自养牲口可以逐步取消。"①

然而,现实是无情的,任何企图超越生产力发展水平的政策和实践必然受到客观经济规律的惩罚。后来,随着严重经济困难局面的出现,毛泽东逐渐改变了其生产资料"越大越好,越公越好"的想法。特别是通过深入细致的调查研究,毛泽东终于认识到,集体经济并非越大越有利于生产力的发展,相反,由于规模太大而随之形成的平均主义只会破坏农民的生产积极性,只会影响和束缚生产力的发展。1962 年 2 月 13日,经过扩大的中央工作会议讨论后,中共中央正式发出关于改变农村人民公社基本核算单位问题的指示,以后,以生产队为人民公社基本核算单位的规定更是载入了 1962 年 9 月中共八届十中全会通过的《农村人民公社工作条例修正草案》。

令人遗憾的是,毛泽东对不发达社会主义阶段应该实行的生产资料所有制形式有一种固执的看法,那就是生产资料的集体所有制成分越多,就越是社会主义。因此,就人民公社的生产资料所有制形式而言,他能够容忍的底线就是退到以生产队为基本核算单位,任何企图进一步往下退的思想和行为,在他看来都是政治问题,是动摇社会主义根基的行为。其后来对"包产到户"毫不留情的批判正是说明了这一点。正因为毛泽东有上述这种不正确的认识,我党在当时始终没有能采取适合不发达社会主义阶段生产力的所有制组织形式。

(3)对马克思和列宁过渡时期理论的错误解读,影响了其不发达社会主义基本构想的落实。对于无产阶级革命的问题,马克思曾经设想经过几个重大阶段。后来,马克思在其《哥达纲领批判》中,又指出

_____

① 《毛泽东传》第 4 卷,中央文献出版社 2011 年版,第 1801—1802 页。

无产阶级在取得革命胜利后,需要经过一个"革命转变时期",才能进入共产主义社会,同时马克思又将共产主义社会分为低级阶段和高级阶段。作为世界上第一个社会主义国家的缔造者,列宁尤其重视马克思后来的这一构想,并将从资本主义社会到共产主义社会的这一革命转变时期称为"过渡时期"。在此,不管是马克思还是列宁,其所言的共产主义社会实际上就是指共产主义社会的低级阶段,即社会主义社会。

对于马克思和列宁的上述"过渡时期理论",毛泽东和党中央在新中国成立初期是认可和接受的。从1956年,党的八大对形势的基本估计可以看出。然而,1957年的反"右"斗争,使毛泽东受到很大的震惊和冲击。极少数右派疯狂进攻的事实表明,阶级斗争在社会主义的中国并没有熄灭。而在马克思主义的经典理论中,阶级斗争正是"过渡时期"的典型特征。上述发现使毛泽东怀疑,中国从资本主义社会到社会主义社会的过渡时期是不是结束得太早了。基于这一思考,毛泽东在其修改后发表的《关于正确处理人民内部矛盾的问题》中一方面认为社会主义制度已在我国基本建成,另一方面又指出"资产阶级还是存在,小资产阶级刚刚在改造……在这一方面,社会主义和资本主义之间谁胜谁负的问题还没有真正解决"[1]。毛泽东认为,在该时期,无产阶级和资产阶级意识形态领域的阶级斗争还是很长期的,有时甚至是很激烈的。在1963年6月14日经毛泽东修改后发表的《关于国际共产主义运动总路线的建议》中,对此观点作了更明确的阐述:"马克思和列宁都认为,在进入共产主义社会的高级阶段以前,都是属于从资本主义到共产主义的过渡时期,都是无产阶级专政时期。"[2]

应该承认,毛泽东的思考并非毫无根据,然而,毛泽东却在当时面临复杂的社会状况时犯了一个严重的错误——他没能对当时的阶级斗

---

[1]　《毛泽东文集》第七卷,人民出版社1999年版,第230页。

[2]　《建国以来重要文献选编》第十六册,中央文献出版社1997年版,第447页。

争形势进行严谨的量的分析。诚然,在不发达的社会主义阶段,由于刚刚完成社会主义革命,阶级矛盾和阶级斗争是难以避免的。问题是,在社会主义制度基本建立之后,上述矛盾和斗争已不占主导地位,中心任务应是解放和发展生产力,大力加强社会主义的经济和文化建设。遗憾的是,毛泽东并没有始终抓住这一事物的本质。在不发达社会主义时期,是应以阶级斗争为主,还是应以经济建设为主? 由于对国情判断的失误,由于对马克思和列宁过渡理论的错误解读,毛泽东那旨在强调经济和文化建设的不发达社会主义思想,最终被其强调阶级斗争的大过渡理论淹没。

(二)利用价值法则　发展商品经济

1.从人民公社基本经济核算单位的变化中,毛泽东总结出运用价值法则、发展商品经济的重要性

进入社会主义建设时期后,在生产上发动"大跃进"运动的同时,毛泽东对农业生产组织形式也进行了一次重大探索。1958年8月,北戴河会议讨论和通过了《关于在农村建立人民公社问题的决议》,决定在全国农村普遍建立人民公社。毛泽东轻率地发动农村人民公社化运动,是与思想上对中国社会主义所处的发展阶段认识不清,认为共产主义近在眼前的思想根源分不开的,主要表现在生产关系和社会制度变革等方面的冒进。随着人民公社化运动在全国的开展,到1958年秋,很多地方就宣布人民公社为全民所有制,开始搞"向共产主义过渡"的试点;在宣布全民所有制的同时,分配上实行了完全的供给制。短短几个月,一股强烈的"共产风"一哄而起。

这种情况大大超出了毛泽东的预想,引起了他的警觉,使他开始对混淆社会主义和共产主义、集体所有制和全民所有制两个界限的问题有所思考。1958年11月2日,毛泽东主持召开了第一次郑州会议。他在会上批评了急于由集体所有制过渡到全民所有制、由社会主义过渡到共产主义,以及企图废除商品生产等错误主张,划清了社会主义同共产主义、集体所有制与全民所有制的两个界限,明确指出我国现阶段仍处在社会主义社会,现阶段人民公社是社会主义的集体所有制,而"只要存在两种所有制,商品生产和商品交换就是极其必要、极其有用的"①。

要求取消商品生产和商品交换的错误思想是急于过渡和混淆"两个界限"的必然结果和突出表现。因此,要想刹住"共产风",当务之急就是澄清人们头脑中关于取消商品生产的种种混乱思想。针对人们对恩格斯"一旦社会占有了生产资料,商品生产就将被消除"这一论断的误解,毛泽东赞同斯大林的分析:"恩格斯在他的公式中所指的,不是把一部分生产资料收归国有,而是把一切生产资料收归国有",在这样的国家中,才应该消除商品生产。而我国具体实际则是,"全民所有是一小部分,只占有生产资料和社会产品的一小部分"②。因此,我国现阶段不仅不能消除商品生产,而且"只有经过商品生产、商品交换,才能引导农民发展生产,进入全民所有制"③。

阐明商品生产的必要性后,毛泽东又针对一部分人以为在社会主义制度下发展商品生产就是发展资本主义生产,就是搞资本主义的错误思想,明确指出"商品生产不能与资本主义混为一谈",深刻地揭示了商品生产的本质属性,"商品生产,要看它是同什么经济制度相联系,同资本主义制度相联系就是资本主义的商品生产,同社会主义制度相联系就是社会主义的商品生产"④。毛泽东的这一论断,从本质上把握住了资本主义商品生产和社会主义商品生产的根本区别。

为鼓励人们发展商品生产,毛泽东进一步从所有制和生产力发展水平角度论述了商品生产和按劳分配的重要作用。他在1958年11月至12月的武昌会议上指出:"继续发展商品生产和继续保持按劳分配

---

① 《毛泽东文集》第七卷,人民出版社1999年版,第440页。
② 《毛泽东文集》第七卷,人民出版社1999年版,第438页。
③ 《毛泽东文集》第七卷,人民出版社1999年版,第437页。
④ 《毛泽东文集》第七卷,人民出版社1999年版,第439页。

的原则,对于发展社会主义经济是两个重大的原则问题,必须在全党统一认识。有些人在企图过早地'进入共产主义'的同时,企图过早地取消商品生产和商品交换,过早地否定商品、价值、货币、价格的积极作用,这种想法是对于发展社会主义建设不利的,因而是不正确的。"①武昌会议明确地把发展商品经济、实行按劳分配作为发展社会主义经济的两个重大原则问题,并开始将它们同超越所有制形式和生产力发展水平等问题联系起来,为解决人民公社内部的所有制问题奠定了理论基础。

但是,划清"两个界限"与鼓励商品生产的努力始终"治标不治本"。由于毛泽东当时对一些"左"的、超越历史阶段的思想,仍持肯定态度,尤其是对人民公社内部的所有制问题认识不清,从而导致人民公社内部的"共产风"仍难以制止,愈刮愈烈。

通过调查研究,毛泽东深刻揭示出瞒产私分的思想根源是"广大基层干部和农民惧怕集体所有制马上变为国有制,'拿走他们的粮食',所造成的一种不正常的现象。"②人民公社采用"穷队富队拉平(的)平均主义分配办法,是无偿占有别人的一部分劳动成果,是违反按劳分配原则的"。同时,"公社和县从生产队的总收入中抽去的积累太多……社员个人所(得)只有 47%以下,这太少了"。③ 毛泽东透过"瞒产私分"现象,找到了"共产风"屡禁不止的"病根":高度集中、统得过死的大规模公社存在严重问题,只有调整人民公社内部的所有制,才能"标本兼治",从根源上解决"共产风"问题。

1959 年 2 月 27 日,毛泽东召集第二次郑州会议。他一针见血地指出:"在公社内,由队的小集体所有制到社的大集体所有制,需要一个过程,这个过程要有几年时间才能完成。他们误认人民公社一成立,各生产队的生产资料、人力、产品,就都可以由公社领导机关直接支配。

---

① 《建国以来重要文献选编》第十一册,中央文献出版社 1995 年版,第 611 页。
② 《建国以来毛泽东文稿》第八册,中央文献出版社 1993 年版,第 52 页。
③ 《建国以来毛泽东文稿》第八册,中央文献出版社 1993 年版,第 62 页。

他们误认社会主义为共产主义，误认按劳分配为按需分配，误认集体所有制为全民所有制。他们在许多地方否认价值法则，否认等价交换。因此，他们在公社范围内，实行贫富拉平，平均分配，对生产队的某些财产无代价地上调；银行方面，也把许多农村中的贷款一律收回。'一平、二调、三收款'，引起广大农民的很大恐慌。这就是我们目前同农民关系中的一个最根本的问题。"①毛泽东进一步分析到，"共产风"有两种突出倾向：平均主义倾向和过分集中倾向。即否认各个生产队和个人的收入差别，否认生产队的所有制和应具有的权利，任意把生产队的财产上调到公社，"在某种范围内，实际上造成了一部分无偿占有别人劳动成果的情况"②。这不仅否认了价值法则、否认了等价交换思想，而且也否认了按劳分配、多劳多得的社会主义分配原则，必然引起各生产队和广大社员的不满。毛泽东回顾了新中国成立之初对民族资产阶级的生产资料并没有采取无偿剥夺的办法，而是采取赎买政策的历史，动情地说："同志们，我们对于剥削阶级的政策尚且是如此，那么，我们对于劳动人民的劳动成果，又怎么可以无偿占有呢？"③

要改变这种状况，克服平均主义，就要改变人民公社一级所有的经济核算方式，"实行权力下放，三级管理，三级核算，并且以队的核算为基础。在社与队、队与队之间要实行等价交换"④。而要想把等价交换落到实处，就必须运用价值法则。毛泽东指出："这个法则是一个伟大的学校，只有利用它，才有可能教会我们的几千万干部和几万万人民，才有可能建设我们的社会主义和共产主义。否则一切都不可能。"⑤毛泽东要求所有的经济单位，包括国营企业和集体企业，"都要利用价值规律，作为经济核算的工具，以便不断地改善经营管理工作，合理地进

① 《建国以来毛泽东文稿》第八册，中央文献出版社 1993 年版，第 67—68 页。
② 《建国以来毛泽东文稿》第八册，中央文献出版社 1993 年版，第 71 页。
③ 《建国以来毛泽东文稿》第八册，中央文献出版社 1993 年版，第 72 页。
④ 《毛泽东文集》第八卷，人民出版社 1999 年版，第 12 页。
⑤ 《毛泽东文集》第八卷，人民出版社 1999 年版，第 34 页。

行生产和扩大再生产,以利于逐步过渡到共产主义"①。

第二次郑州会议明确提出了整顿和建设人民公社的方针,共十四句话②,其中"队为基础"、"三级核算"正式把经济核算单位下放到生产队(后来,这个经济核算单位在 1959 年 3 月召开的上海会议上被进一步下放至生产小队),同时,在人民公社内部实行等价交换和按劳分配原则也被写入方针。尽管这一举措并没有突破当时对人民公社"一大二公"的定性,但毕竟稳定了生产关系,促进了生产力的发展,遏制了愈刮愈烈的"共产风"。

应对屡禁不止的"共产风"的过程,就是毛泽东不断探索社会主义经济建设规律的过程。他在处理因"共产风"而带来的种种混乱思想时,首先划清了"两个界限",继而敏锐地抓住了取消商品生产这个关键,指出了在我国进行商品生产和商品交换的必然性和积极作用,确立了判断商品生产性质的标准,厘清了将商品生产与资本主义混为一谈的错误思想,提出了发展商品生产为社会主义建设服务的任务。在这些理论的基础上,毛泽东创造性地运用经济学原理解决人民公社的所有制问题,对当时脱离生产力发展水平的公社一级所有制所带来的"共产风"追根溯源,清醒地认识到:按劳分配和等价交换两个原则,"是在建设社会主义阶段内人们决不能不严格地遵守的马克思列宁主义的两个基本原则"③,而在社会主义建设的初期,企图废除商品生产和交换,实行物质调拨的做法,恰恰否定了这两个基本原则,是对农民的剥削,必然会影响工农联盟,阻碍生产发展。只有大力发展商品生产和商品交换,高度重视社会主义商品生产中价值规律的作用,将它们

---

① 《毛泽东著作专题摘编》(上),中央文献出版社 2003 年版,第 981 页。

② 这十四句话是:统一领导,队为基础;分级管理,权力下放;三级核算,各计盈亏;分配计划,由社决定;适当积累,合理调剂;物资劳动,等价交换;按劳分配,承认差别。

③ 《建国以来毛泽东文稿》第十册,中央文献出版社 1996 年版,第 8 页。

"作为有用的工具,为社会主义服务"①,才能贯彻等价交换和按劳分配原则,实现"队为基础"、"三级核算"的经济核算单位的变化,进而从根源上解决人民公社内部的所有制问题,遏制"一平、二调、三收款"的"共产风"。

2.毛泽东关于运用价值法则、发展商品经济思想的理论价值和现实意义

毛泽东关于社会主义商品经济理论的有关探索和实践,在继续马克思主义经典商品经济理论的基础上又有所超越,是科学社会主义在社会主义中国获得发展的重要成果之一,代表着以毛泽东为核心的党中央第一代领导集体在社会主义商品经济理论上当时所能达到的认识水平。社会主义国家的经济运行到底应该遵循怎样的规律?对于马克思主义经典作家留下的这个理论难题,毛泽东立足于对社会主义中国实践经验的总结,作出了新的科学的破解,为马克思主义商品经济理论探索增添了新的内容,作出了重要贡献。

首先,在斯大林关于社会主义商品经济理论有关认识的基础上,毛泽东首先提出"社会主义商品生产"的概念,从而在社会主义社会明确了商品生产的属性。在一定范围内肯定了商品生产和价值法则在社会主义建设中的积极作用。毛泽东认为,不能孤立地看待商品生产的属性,而应当与一定的社会制度相联系。换言之,商品生产并不等于资本主义,社会主义国家应该更好地运用价值法则和商品生产为自己的现代化建设服务,从而为后来我党对社会主义商品经济认识的升华提供了理论前提。

其次,毛泽东创造性地运用辩证唯物主义和历史唯物主义原理剖析了社会主义国家存在商品生产和交换的原因,超越了斯大林在这方面达到的水平。斯大林认为,社会主义社会存在商品生产的主要原因是"两种所有制的存在"。毛泽东则在此基础上,进一步指出了社会主

---

① 《毛泽东文集》第七卷,人民出版社 1999 年版,第 435 页。

义国家商品生产的存在与生产力发展水平相关的思想,从而有利于从更深层次上解读社会主义商品生产存在的原因,有利于进一步冲破"商品生产属于资本主义社会"的思维框架,为社会主义社会商品生产和交换的发展奠定了理论基础。

再次,毛泽东认为,在社会主义国家,不仅仅个人消费品属于商品,而且部分生产资料也属于商品,这就突破了斯大林在这一问题上的认识局限,使社会主义商品经济理论获得新的发展。当然,毛泽东对于这一问题的认识也有不足,他并没有将全部生产资料纳入商品的范畴,他也没有认识到全民所有制企业内部交换的劳动产品其实也是商品。尽管如此,他那关于在社会主义国家部分生产资料也是商品的观点,是对社会主义社会产品经济传统观念的超越,也为社会主义社会商品生产和交换的发展提供了理论依据。

最后,毛泽东突破了斯大林关于价值规律在社会主义生产中不起作用,而只在流通领域起作用的认识。在毛泽东看来,价值规律在社会主义社会生产中同样发挥着作用,价值法则是"一个伟大的学校",投身于社会主义建设的每位干部和群众都要认真学习,更好地运用。毛泽东认为,价值规律和等价交换既存在于公社内部,也存在于全民所有制和集体所有制之间,同时也存在于各社会主义社会生产部门之间。在此基础上,毛泽东又将价值法则上升到关系到工农联盟能否巩固、社会主义建设能否取得成功的高度,从而超越了斯大林关于这一问题的认识水平。

总之,毛泽东关于商品经济和价值规律的探索过程仍闪烁着智慧的光芒,它既萌发于对恩格斯、斯大林关于商品经济经典论述的深刻理解,又来源于对中国现实的敏锐观察和对实际问题的抽丝剥茧。通过层层深入的理论分析,毛泽东抓住了解决"共产风"的关键,并成功地运用于实践之中;它不仅为马克思主义理论宝库增添了新的科学内容,而且为探索中国特色社会主义经济建设的道路作出了突出贡献,对邓小平在新时期提出社会主义市场经济思想具有重要的启迪。

（三）统筹兼顾　综合平衡

1.社会主义建设初期毛泽东的统筹兼顾、积极平衡的思想

在社会主义改造后期和探索社会主义建设道路的前期,毛泽东比较注重以苏为鉴,十分注意吸取苏联在社会主义建设中的有关教训和经验。同时,通过大规模的调查研究,毛泽东也进一步看到了我国自己在执行"一五"计划进程中所存在的一些顾此失彼、比例失调的现象。鉴于此,毛泽东明确提出了在社会主义建设中应统筹兼顾,以调动各方面积极性的思想。1956 年 4 月,毛泽东在北京召开的中央政治局扩大会议上,发表了《论十大关系》的著名讲话,毛泽东全面阐述了社会主义建设中的十个问题,也就是十大关系。即重工业与轻工业、农业的关系,沿海工业与内地工业的关系,经济建设与国防建设的关系,国家、生产单位和生产者个人的关系,中央和地方的关系,汉族和少数民族的关系,党与非党的关系,革命与反革命的关系,是非关系,中国和外国的关系。毛泽东认为,"这十种关系,都是矛盾","我们的任务,是要正确处理这些矛盾"①,以调动各方面的积极因素,为社会主义建设服务。譬如,在处理国家、集体、劳动者个人利益的关系方面,就要注意统筹兼顾,综合平衡。具体而言,"国家和工厂,国家和工人,工厂和工人,国家和合作社,国家和农民,合作社和农民,都必须兼顾,不能只顾一头。无论只顾哪一头,都是不利于社会主义,不利于无产阶级专政的"②。又如,在国家和农民的关系上,毛泽东指出,"我们对农民的政策不是苏联的那种政策,而是兼顾国家和农民的利益",批评苏联,"你要母鸡多生蛋,又不给它米吃,又要马儿跑得好,又要马儿不吃草。世界上哪有这样的道理!"③在合作社和农民的关系方面,毛泽东认为:"合作社同农民的关系也要处理好。在合作社的收入中,国家拿多少,合作社拿

---

① 《毛泽东文集》第七卷,人民出版社 1999 年版,第 44 页。
② 《毛泽东文集》第七卷,人民出版社 1999 年版,第 30—31 页。
③ 《毛泽东文集》第七卷,人民出版社 1999 年版,第 30 页。

多少,农民拿多少,以及怎样拿法,都要规定得适当。"①

　　1957年2月,毛泽东在最高国务会议第十一次(扩大)会议上,又作了《关于正确处理人民内部矛盾的问题》的讲话。毛泽东指出:"我们的方针是统筹兼顾、适当安排","我们作计划、办事、想问题,都要从我国有六亿人口这一点出发"②。为此,就要统筹兼顾,调动各方面的积极因素,团结一切可以团结的力量,同时应特别注意消极因素转化为积极因素,以共同建设伟大的社会主义国家。

　　毛泽东也是党中央第一代领导集体中较早注意到社会主义建设中应重视各方面平衡问题的领导人之一。薄一波曾经回忆:"早在1956年4月28日政治局扩大会议上,毛主席就说过:全国的平衡还是要的。没有全国的平衡,就会搞得天下大乱。没有一点平衡,没有一点调剂,我们全国的大工业,全国的工业化搞不起来。"③

　　然而,在社会主义改造的后期及"大跃进"运动前期,也即是在社会主义建设比较顺利的时期,毛泽东所强调的平衡,有别于周恩来、陈云等提出的"综合平衡",而是一种"积极平衡"的理论。他的这种"积极平衡"理论在社会主义改造的后期逐渐反映出来,而在1957年下半年开始随着社会主义建设急于求成思想的升温而得到系统体现。毛泽东提出"积极平衡"论的目的,正是为了批评社会主义建设中的所谓"消极平衡"论(也即"综合平衡"论),这是毛泽东在社会主义经济建设指导方针上批评"反冒进"、主张"大跃进"的重要体现。在1956年,也就是"一五"计划的第四年,为了如期完成乃至提前完成"一五"计划规定的任务,在社会主义建设中出现了冒进的迹象。由于建设过快,投资过多,财政信贷资金超支了30亿元,生产资料和生活资料的供应也显得很紧张。为了遏制上述经济过热的局面,刘少奇、周恩来、陈云等

① 《毛泽东文集》第七卷,人民出版社1999年版,第30页。
② 《毛泽东文集》第七卷,人民出版社1999年版,第227—228页。
③ 薄一波:《若干重大决策与事件的回顾》下卷,中共党史出版社2008年版,第457页。

中央领导人都主张或支持"反冒进",以保证国民经济运行的综合平衡。基于此,从1956年年底到1957年上半年,刘少奇、周恩来、陈云等在中央经济工作会议上多次提出要反对经济建设中的"冒进",主张"综合平衡"。

　　毛泽东也看到了1956年国民经济运行中的冒进势头,但是他不主张予以批判。他的观点是,"反冒进"是给干部和群众的建设热情泼冷水,会挫伤各方面对社会主义建设的积极性。但是,考虑到当时的中央其他主要领导均主张"反冒进",毛泽东也就没有对此提出公开批评。1957年下半年,在国内反击右派的斗争中,毛泽东开始将右派反党反社会主义的倾向与"反冒进"联系起来。认为"反冒进"反掉了"促进委员会"、"农业发展纲要四十条"、"多、快、好、省"三样东西。1957年11月,毛泽东出席了在莫斯科召开的苏联社会主义革命胜利40周年庆祝大会。在大会报告中,赫鲁晓夫提出了在十五年内,苏联争取在主要工农业产品方面超过美国的设想。受其影响,毛泽东也提出了中国将在十五年内争取在主要工农业产品方面(特别是钢)超过英国的打算。此后,毛泽东在社会主义建设中急于求成的思想日趋浓厚。从1957年年底到1958年上半年,毛泽东多次公开批评"反冒进",反对经济建设中的"消极平衡"(即"综合平衡")理论,而主张所谓"积极平衡"。1958年1月,毛泽东在《工作方法六十条(草案)》中指出:"不平衡是普遍的客观规律。从不平衡到平衡,又从平衡到不平衡,循环不已,永远如此,但是每一循环都进到高的一级。不平衡是经常的、绝对的;平衡是暂时的、相对的。我国现在经济上的平衡和不平衡的变化,是在总的量变过程中许多部分的质变。"①由此可见,毛泽东从哲理性的思辨出发,在经济工作中特别强调重视矛盾发展中的不平衡性,将追求不平衡视为经济工作的出发点和目标,这就不可避免地将对我国经济建设的协调发展带来负面影响。

---

　　① 《建国以来毛泽东文稿》第七册,中央文献出版社1992年版,第54页。

2.从"大跃进"的高指标所带来的冲击中,毛泽东总结出经济建设必须搞综合平衡

国民经济的发展是一个错综复杂的系统工程,能不能按比例协调地发展,关键就是要看对平衡和不平衡这一对既矛盾又统一的事物的认识程度。"一五"计划期间,针对照搬苏联模式出现的国民经济失衡状况,毛泽东提出"以苏为鉴",发表著名的《论十大关系》,随后在党的八大既反保守又反冒进即在综合平衡中稳步前进的思想指导下,着手调整国民经济比例关系,使国民经济失衡状况在一定程度上得到调节。

但是,面对1955年第四季度开始的层层抬高数量指标和忽视综合平衡的冒进倾向,毛泽东对平衡与不平衡这一对矛盾的认识却出现了偏差:"客观事物的发展是不平衡的,平衡不断被冲破是好事。不要(按)平衡办事,按平衡办事的单位就有问题。"①在这一思想指导下,毛泽东逐步改变了在综合平衡中稳步前进的经济建设方针。随着1957年下半年农村出现的冬季农田水利建设的热潮和"一五"计划提前超额完成,毛泽东开始对反冒进提出批评,称反冒进束缚了群众正在高涨起来的生产热情,是"右倾保守"对社会主义建设事业起了"消极的'促退'的作用"②,甚至给其戴上了"非马克思主义"③的帽子。经八届三中全会、南宁会议和成都会议,"大跃进"的序幕徐徐拉开。1958年5月,八大二次会议通过了建设社会主义总路线和一系列不切实际的过急口号,"大跃进"进入高潮。

毛泽东对反冒进的批评无疑是发动"大跃进"的前奏,在极大地激发了人民群众劳动热情的同时,也带来了负面效应:在"大跃进"的高指标面前,一些部门和领导又把本已很高的指标层层加码,制定不切实际的虚假指标;另一方面,一些想要实事求是的人又害怕被扣上"反冒

---

① 薄一波:《若干重大决策与事件的回顾》上卷,中共党史出版社2008年版,第368页。

② 《必须坚持多快好省的建设方针》,《人民日报》1957年12月12日。

③ 《毛泽东传(1949—1976)》(上),中央文献出版社2003年版,第790页。

进"和"右倾保守"的帽子,不敢反映实情。于是,生产指标一涨再涨,完成任务的时限一缩再缩,超越实际的盲目攀比赶超之风,在一些地方愈刮愈烈,中央的"高指标"变成了地方难以完成的"假指标"。这些虚假指标,给国民经济带来了严重损失,国民经济比例严重失调。

公允地说,毛泽东本意并非要制定无法实现的高指标,而是要通过某些高指标的制定,留些缺口,更有效地调动潜在资源,实现高速增长。因此,从1958年下半年起,当毛泽东发现指标缺口过大、对经济发展不利时,便"压缩空气",降低指标。从1958年11月起,经武昌会议、上海会议和八届七中全会,毛泽东进行了一系列纠正高指标、浮夸风的努力。

1958年11月,毛泽东在武昌会议上克服了来自多方面的阻力和希望钢铁越多越好的主观愿望,冷静地作出了1959年的钢产量指标从3000万吨降到1800万吨的决定。1959年3—4月,在上海会议和八届七中全会上,毛泽东进一步觉察到高指标有完不成的危险,告诫人们说:"何必那么忙,急得要死,一定要搞一千多项,又搞不成。"[1]他已经意识到,工作过急过快、指标过高,只会给经济建设带来负面影响。会议下调了钢、粮、棉、煤等各项指标,尽管此次下调并未最终落实,但毕竟迈出了纠正高指标、浮夸风的第一步。

高指标在给经济发展带来巨大压力的同时,也给人民生活带来了巨大困难。1958年武昌会议期间,云南发生浮肿病致死的报告和1959年年初的粮食危机引发毛泽东的深思,使他认识到:高指标、浮夸风"同我们对于工作任务提得太重,密切有关。千钧重担压下去,县、乡干部没有办法,只好硬着头皮去干,少干一点就被叫作'右倾',把人们的心思引到片面性上去了,顾了生产,忘了生活"[2]。由于"以粮为纲"思想和浮夸风的影响,农业上弄虚作假,放高产"卫星",号称亩产万斤

① 薄一波:《若干重大决策与事件的回顾》下卷,中共党史出版社2008年版,第583页。
② 《毛泽东文集》第七卷,人民出版社1999年版,第451页。

粮。但 1958 年真正粮食产量比 1957 年只提高 3.4%,比前五年的平均产量增幅 3.8% 还略少一些。由于层层浮夸和高指标,农民的种子粮和口粮被收归生产队,加上大办公共食堂造成很大浪费,又恰逢严重自然灾害,造成了 1959 年的粮食危机。对于这一点,毛泽东在接到春荒缺粮报告和 15 个省春荒情况统计表后,认识更加明确:"经过十年八年奋斗,粮食问题可能解决。在十年内,一切大话、高调,切不可讲,讲就是十分危险的。""对各项增产措施,对实行八字宪法,每项都不可讲假话。""同现在流行的一些高调比较起来,我在这里唱的是低调,意在真正调动积极性,达到增产的目的。"①

在对农业高指标进行调整的同时,工业方面的问题也日益突显:从 1959 年 4 月份的生产情况来看,第二季度 250 万吨钢的方案难以完成。1959 年 6 月 13 日,中共中央发出了《关于调整 1959 年主要物资分配和基本建设计划的紧急指示》,降低了钢及其他产品的计划指标。这是第五次调整 1959 年钢产指标,造成了整个经济计划和工业生产的混乱。毛泽东对此分析道:"本来是一些好事,因为一些指标那么一高,每天处于被动。""过去就是片面性,只注意高炉、平炉的生产设备能力,煤的账不算,焦炭的账不算,矿石的账不算,容积也不算,运输也不算。真正一算,从前那么高的指标就不行。""不晓得讲了多少年的有计划按比例发展,就是不注意,不是综合平衡。各个工业部门的联系,工业部门跟农业部门的联系,重、轻、农的联系,就没有顾到。""今年还可以抓七个月,这七个月就要搞平衡。"②这是毛泽东从"大跃进"的高指标、浮夸风带来的危害中总结出的肺腑之言。沉痛的教训使他意识到,发展经济必须保持适度的平衡,不能在生产力水平尚未达到要求或正处于发展过程中时,就急于追求高指标。

从 1958 年 11 月武昌会议起,到庐山会议召开前夕,毛泽东经历了

---

① 《毛泽东文集》第七卷,人民出版社 1999 年版,第 49—50 页。
② 《毛泽东传(1949—1976)》(下),中央文献出版社 2003 年版,第 948—949 页。

一段艰辛的探索与总结之路。寄予无限希望与热情的"大跃进"运动出现了由高指标引发的种种危机,使他逐渐意识到,把钢产量作为衡量国家经济发展水平的核心指标,实际上是忽视了整个国民经济的平衡发展,结果只顾积累、忽视消费,只顾重工业、忽视农业和轻工业,才造成整个国民经济比例严重失调。在困难面前,毛泽东勇于承担责任,敢于纠正错误,果断地从压缩钢产高指标入手,逐步下调农业和工业的高指标,调整国民经济比例关系,并及时总结经验,抓住了综合平衡这个关键。他指出:"搞社会主义建设,很重要的一个问题是综合平衡。比如社会主义建设需要钢、铁等种种东西,缺一样就不能综合平衡……农业也要综合平衡,农业包括农、林、牧、副、渔五个方面。"①只有搞好农业本身与农林牧副渔之间的平衡,工业内部各个部门、各个环节之间的平衡,工业和农业之间的平衡,才可能正确处理整个国民经济的比例关系。"大跃进的重要教训之一、主要缺点是没有搞平衡。说了两条腿走路、并举,实际上还是没有兼顾。在整个经济中,平衡是个根本问题"②。

可见,毛泽东的社会主义经济平衡发展思想主要指通过国家经济计划来实现国民经济有比例的发展,而这个有比例的发展过程,就是"综合平衡"的过程。

3.毛泽东的"统筹兼顾,综合平衡"思想对于推进中国特色社会主义事业的现实意义

毛泽东的"统筹兼顾,综合平衡"思想是中国共产党在艰辛探索社会主义建设过程中取得的重要理论成果之一。这一重要思想,既有助于我党在领导社会主义建设进程中克服重重困难,又有益于我国在当时艰难困苦的历史条件下,初步建立起独立的、比较完整的工业体系和国民经济体系。这不仅为我国的社会主义现代化建设事业奠定了重要

① 《毛泽东文集》第八卷,人民出版社1999年版,第73页。
② 《毛泽东文集》第八卷,人民出版社1999年版,第80页。

的物质、技术基础,而且为我们这样一个生产力落后的东方大国积累了开展社会主义建设的宝贵经验。

今天,站在新的历史起点上,毛泽东的"统筹兼顾,综合平衡"思想无论对于建设社会主义市场经济,还是对于贯彻落实科学发展观,仍然有着重要的现实意义。

首先,深刻领会毛泽东的"统筹兼顾,综合平衡"思想,有利于新时期的社会主义市场经济建设。应该看到,毛泽东的"统筹兼顾,综合平衡"思想有其当时客观的历史背景,由于时代的不同和形势的变迁,在今天显然不宜全盘照搬套用。然而,毛泽东的"统筹兼顾,综合平衡"思想所蕴含的立场、观点和方法却没有过时。今天,随着我国社会主义市场经济的逐步建立,市场已成为资源配置的主要方式,国家既不能也不应用计划经济的方式来干预经济。但是,不管采取何种经济运行方式,保持国民经济有计划、按比例、协调地发展,都是一个国家经济发展的基本要求。因此,"统筹兼顾,综合平衡"仍然是现阶段我国制定经济政策的基本归宿和落脚点。

事实上,在新的历史条件下,如何认识和把握政府和市场的关系、市场和计划的关系、效率和公平的关系、积累和消费的关系、劳动致富和其他方式致富的关系、个别富裕和共同富裕的关系等方面的问题,也即是正确认识和处理"统筹兼顾,综合平衡"的问题。因此,只有有了这种"统筹兼顾,综合平衡"思想,我们才能处理好方方面面的关系,才能推动社会主义市场经济健康、有序地发展。

其次,深刻领会毛泽东的"统筹兼顾,综合平衡"思想,有利于进一步贯彻、落实科学发展观。科学发展观的核心是以人为本,这里的"人"无疑是指最广大的人民群众。这就要求我们在现阶段的任何工作都要从最广大人民群众的根本利益出发,"统筹兼顾,综合平衡",全面顾及各群体和各阶层人民的切身利益,运用全局性的思维来考虑各种问题。

毛泽东的"统筹兼顾,综合平衡"思想还要求在社会主义建设中抓住重点和中心,也即是抓住主要矛盾。而科学发展观的第一要务是发展,发展是新时期社会主义建设事业的重点和中心。毛泽东的"统筹兼顾,综合平衡"思想,提醒我们在当前既要着重解决好社会主义发展中的主要矛盾,又要关注社会发展中的各个薄弱环节,在综合平衡的基础上,统筹和处理好各方面之间的关系,促进经济的发展与社会的和谐。

　　总之,尽管历史在不断发展,时代在不断前进,我们今天所处的时代与毛泽东探索社会主义建设所处的时期相比发生了巨大的变化。但是,无论历史如何变迁,毛泽东的"统筹兼顾,综合平衡"思想以其所蕴含的真知灼见,依然给我们今天的中国特色社会主义建设事业提供了弥足珍贵的思想启迪。

参 考 文 献

1.《马克思恩格斯选集》第 1 至 4 卷,人民出版社 1995 年版。

2.《马克思恩格斯全集》第 29 卷,人民出版社 1972 年版。

3.《列宁选集》第 1 至 4 卷,人民出版社 1995 年版。

4.《列宁全集》第 4 卷,人民出版社 1984 年版。

5.《列宁全集》第 11 卷,人民出版社 1987 年版。

6.《列宁全集》第 26 卷,人民出版社 1988 年版。

7.《列宁全集》第 28 卷,人民出版社 1990 年版。

8.《列宁全集》第 33 卷,人民出版社 1985 年版。

9.《列宁全集》第 34 卷,人民出版社 1985 年版。

10.《列宁全集》第 36 卷,人民出版社 1985 年版。

11.《列宁全集》第 41 卷,人民出版社 1986 年版。

12.《列宁全集》第 42 卷,人民出版社 1986 年版。

13.《斯大林选集》(上、下),人民出版社 1979 年版。

14.《斯大林文集》下卷,人民出版社 1985 年版。

15.《斯大林全集》第 5 卷,人民出版社 1957 年版。

16.《斯大林全集》第 6 卷,人民出版社 1956 年版。

17.斯大林:《列宁主义问题》,外国文书籍出版局 1948 年版。

18.《毛泽东选集》第一至四卷,人民出版社 1991 年版。

19.《毛泽东文集》第一至八卷,人民出版社 1993、1996、1999 年版。

20.《毛泽东著作选读》下册,人民出版社 1986 年版。

21.《毛泽东传(1949—1976)》(上、下),中央文献出版社 2003 年版。

22.《毛泽东年谱(1893—1949)》下卷,中央文献出版社 2003 年版。

23.《毛泽东著作专题摘编》(上),中央文献出版社 2003 年版。

24.《毛泽东生活档案》(下),中共党史出版社 1999 年版。

25.《毛泽东思想年编(1921—1975)》,中央文献出版社 2011 年版。

26.《建国以来毛泽东文稿》第四册,中央文献出版社 1990 年版。

27.《建国以来毛泽东文稿》第六册,中央文献出版社1992年版。

28.《建国以来毛泽东文稿》第七册,中央文献出版社1992年版。

29.《建国以来毛泽东文稿》第八册,中央文献出版社1993年版。

30.《建国以来毛泽东文稿》第十册,中央文献出版社1996年版。

31.《建国以来毛泽东文稿》第十三册,中央文献出版社1998年版。

32.《周恩来选集》下卷,人民出版社1984年版。

33.《周恩来经济文选》,中央文献出版社1993年版。

34.《刘少奇选集》(上),人民出版社1981年版。

35.《刘少奇年谱(1989—1969)》(上),中央文献出版社1996年版。

36.《邓小平文选》第二卷,人民出版社1994年版。

37.《邓小平文选》第三卷,人民出版社1993年版。

38.《邓小平在联合国大会特别会议上的发言》,《人民日报》1974年4月11日。

39.邓小平:《永远记取党的斗争经验和教训(一九五一年六月二十五日)》,《党的文献》2005年第6期。

40.《瞿秋白选集》,人民出版社1985年版。

41.《彭德怀自述》,人民出版社1981年版。

42.聂荣臻:《对广州暴动的意见》(1927年12月),《广州起义》,中共中央党校出版社1982年版。

43.胡耀邦:《最好的怀念》,《人民日报》1983年12月26日。

44.薄一波:《若干重大决策与事件的回顾》上、下卷,中共党史出版社2008年版。

45.《江泽民文选》第一至三卷,人民出版社2006年版。

46.胡锦涛:《高举中国特色社会主义伟大旗帜　为夺取全面建设小康社会新胜利而奋斗——在中国共产党第十七次全国代表大会上的报告》,人民出版社2007年版。

47.胡锦涛:《坚定不移沿着中国特色社会主义道路前进　为全面建成小康社会而奋斗——在中国共产党第十八次全国代表大会上的报告》,人民出版社2012年版。

48.胡锦涛:《在庆祝中国共产党成立九十周年大会上的讲话》,人民出版社2011年版。

49.《十一届三中全会以来重要文献选读》(上),人民出版社1987年版。

50.《十三大以来重要文献选编》(上),人民出版社1991年版。

51.《十五大以来重要文献选编》(上),人民出版社2000年版。

52.《十六大以来重要文献选编》(上、下),中央文献出版社 2005、2008 年版。

53.《十七大以来重要文献选编》(上),中央文献出版社 2009 年版。

54.《中共中央文件选集》第一册,中共中央党校出版社 1989 年版。

55.《中共中央文件选集》第三册,中共中央党校出版社 1989 年版。

56.《中共中央文件选集》第五册,中共中央党校出版社 1989 年版。

57.《中共中央文件选集》第十册,中共中央党校出版社 1991 年版。

58.《中共中央文件选集》第十一册,中共中央党校出版社 1991 年版。

59.《建国以来重要文献选编》第四册,中央文献出版社 1993 年版。

60.《建国以来重要文献选编》第九册,中央文献出版社 1994 年版。

61.《建国以来重要文献选编》第十册,中央文献出版社 1994 年版。

62.《建国以来重要文献选编》第十一册,中央文献出版社 1995 年版。

63.《建国以来重要文献选编》第十二册,中央文献出版社 1996 年版。

64.《建国以来重要文献选编》第十三册,中央文献出版社 1997 年版。

65.《建国以来重要文献选编》第十五册,中央文献出版社 1997 年版。

66.《建国以来重要文献选编》第十六册,中央文献出版社 1997 年版。

67.《建国以来重要文献选编》第十七册,中央文献出版社 1997 年版。

68.《建国以来重要文献选编》第十八册,中央文献出版社 1998 年版。

69.《共产国际第二次代表大会文件》,中国人民大学出版社 1988 年版。

70.《苏联共产党代表大会、代表会议和中央全会决议汇编》第一分册,人民出版社 1956 年版。

71.《中华人民共和国开国文选》,中央文献出版社 1999 年版。

72.《中国共产党历史》第一卷(上册),中共党史出版社 2002 年版。

73.《中国共产党历史大事记》,中央党史出版社 2010 年版。

74.《中共中央关于加强和改进新形势下党的建设若干重大问题的决定》,人民出版社 2009 年版。

75.《斯特朗文集》第 3 卷,新华出版社 1998 年版。

76.克劳塞维茨:《战争论》第 1 卷,商务印书馆 1978 年版。

77.《必须坚持多快好省的建设方针》,《人民日报》1957 年 12 月 12 日。

后　记

　　2013 年是郑德荣先生为师从教的第 62 个年头。62 年来,学习毛泽东著作,研究毛泽东思想一直是郑德荣先生教学、科研工作的主旋律。

　　郑德荣先生 1948 年 9 月接受共产党的马克思列宁主义教育,从 1952 年担任东北师范大学教师起,他的名字就时刻与毛泽东思想研究相伴,1964 年作为吉林省唯一政治理论课教师代表出席全国会议,受到毛主席等党和国家领导人接见、合影。郑德荣先生主持的毛泽东思想研究所,在 1991 年国家教委对委属院校 147 个研究机构评估中,荣获第一名,同年获国务院特殊津贴。

　　六十余年来,郑德荣先生在毛泽东思想领域进行了开创性研究,提出了许多有价值的学术思想与观点。其中有些具有填补学术空白和匡正传统学术观点的性质,有些则开拓新领域或提出独到见解。郑德荣先生撰写、主编的著作在国家图书馆藏三十余种,在美国国会图书馆、哈佛大学图书馆均有藏书。

　　如今,郑德荣先生仍然艰辛耕耘在毛泽东思想研究的第一线,以坚定的信念与执着的追求精神,严谨求实与开拓创新的治学态度,广博的学识与高尚的人格魅力,把个人融入时代,把研究融入生命,把创新融入生活,以 87 岁的高龄,笔耕不辍,不断有新的思想和作品问世。《毛泽东思想纵横观》既是郑德荣先生研究毛泽东思想的精华荟萃和集大成之作,又饱含着郑德荣先生对伟大马克思主义理论家毛泽东的崇敬之情。

　　本书在郑德荣先生编著的《毛泽东思想史稿》、《毛泽东思想发展史》、《毛泽东思想论纲》（三卷本）、《毛泽东思想科学体系》、《延安时期和毛泽东思想》、《毛泽东思想概论》、《毛泽东与马克思主义中国化》、《毛泽东思想新论》等八部专著及 57 篇关于毛泽东思想研究的论文的基础上，以"毛泽东思想纵横观"为视角，按照与先生共同拟定的大纲，由我负责进行汇总、整合、提炼并作必要的补充加工整理，裴斌、黄伟、牟蕾、张小宝、胡范坤协助部分加工整理。由郑德荣先生最终定稿而成。能够协助先生完成这部著作，我感到无比激动和自豪，在此过程中，每当读到先生的精彩创见，我常常想起叶剑英元帅的诗句："导师创业垂千古，侪辈跟随愧望尘。"

　　此为后记。

王占仁

2013 年 4 月 17 日

责任编辑：崔秀军

图书在版编目（CIP）数据

毛泽东思想纵横观／郑德荣，王占仁 著. –北京：人民出版社，2014.10
（2024.10 重印）
ISBN 978 – 7 – 01 – 014033 – 9

Ⅰ.①毛…　Ⅱ.①郑…②王…　Ⅲ.①毛泽东思想研究　Ⅳ.①A84

中国版本图书馆 CIP 数据核字（2014）第 233626 号

毛泽东思想纵横观
MAOZEDONG SIXIANG ZONGHENGGUAN

郑德荣　王占仁　著

人民出版社 出版发行
（100706　北京市东城区隆福寺街 99 号）

北京汇林印务有限公司印刷　新华书店经销

2014 年 10 月第 1 版　2024 年 10 月北京第 5 次印刷
开本：710 毫米×1000 毫米 1/16　印张：18.5
字数：250 千字　印数：13,001–18,000 册

ISBN 978 – 7 – 01 – 014033 – 9　定价：59.00 元

邮购地址 100706　北京市东城区隆福寺街 99 号
人民东方图书销售中心　电话（010）65250042　65289539